アリストテレス

魂について

西洋古典叢書

凡例

一、この翻訳の底本としては、校訂の優劣への評価とは別に、最も普及しているという理由でOxford Classical Texts に収められているロスの校訂本 *Aristotelis De Anima*, recognovit brevique adnotatione critica instruxit W. D. Ross, Oxonii, 1956 を使用し、これと異なる読み方をした箇所は註によって示す（ただし読み方の相違が些細な点で訳に影響を及ぼさない場合は言及を省略した）。使用したその他の文献は「解説」に記す。

二、本文上欄の算用数字は、ベッカー版アリストテレス全集（*Aristotelis Opera*, ex recensione Immanuelis Bekkeri, edidit Academia Regia Borussica, Berolini, 1831-70）の頁数、aはその左欄、bはその右欄、それにつづく算用数字はその欄の行数との、おおよその対応を示す。

三、ギリシア語をカタカナで表記するにあたっては、

(1) φ, θ, χ と π, τ, κ を区別しない。

(2) 固有名詞は原則として音引きを省いた。

(3) 地名人名等は慣用に従って表示した場合がある。

四、本文中の改行はかならずしも底本に従わない。「 」、〈 〉、傍点は訳者による。また、角括弧［ ］は文意をわかりやすくするための訳者による補いである。

五、本文中の(1)(2)……、(i)(ii)……、(a)(b)……、は、内容を整理するために、訳者がつけたものである。

六、二重かぎ括弧『　』は書名を示す。訳註で著者名を付さないで示したものは、すべてアリストテレスの著作である。
七、やむをえず長くなる註は一括して「補註」とした。読みやすさを考慮して横組みとし、本文末に逆頁で配してある。
八、本文の内容目次は、訳者の手によるものである。

目　次

本文の内容目次

第三巻 …… 123

魂について

中畑正志 訳

第一巻

第一章

402a 知るという活動は、美しくまた貴い[1]ものの一つであるが、しかしその厳密さという観点から、あるいはその対象がいっそう善いもので、より驚嘆すべきものであるということによって、ある知は別の知よりもいっそう美しくまた貴いものであるとわれわれは考える。そこで、厳密さと知の対象の性格というこの両方の点に基づいて、魂についての探究に最上位に属する地位を与えるのは、理にかなったことであろう。そしてまた魂を認識することは、真理の全体にとっても寄与するところは大きいが、とりわけ自然の研究に対して資するところが最大であると思われる。なぜなら、魂は、いわば生物の始原〔原理〕だからである。

さて、われわれが目指すのは、魂の本性、すなわちその本質[2]を考察し認識することであり、次いで魂に付帯する事象[3]のすべてを考察し認識することである。この魂に付帯する事象のうち、あるものは魂に固有の様態〔感受状態〕[4]であるが、他のものは、そこに魂が存在するがゆえに、生物にもまた属すると思われる。

さてしかし、魂について何らかの確証を得ることは、あらゆる点でまたいかにしてもこの上なく困難な部類のことである。というのも、次のような事情があるからである。この場合に探究される事柄は他の多くの探究にも共通することであり、つまりそれは本質すなわちその「何であるか」についての探究である。そこで、おそらく、ひとはこう考えるかもしれない。――われわれが本質を認識したいと思うすべての事柄について、ちょうどそれぞれに付帯する固有の様態については「論証」という方法[5]が存在するのと同様に、何か一つの探究方法が存在する、したがって、この方法をこそ究明すべきであろう、と。しかし、もし「何であるか」についてある一つの共通する探究方法が存在しなければ、課題の遂行はいっそう困難になる。なぜな

---

(1) アリストテレスにおいて、事物や事象それ自体に内在する価値を表わす語。とくに原理的なものや神的なもの、そして「現実活動態（エネルゲイア）」などの形容として用いられる。

(2) ギリシア語で「ウーシアー（οὐσία）」。「ある（εἶναι, ὄν）」という動詞から派生した名詞で、アリストテレス哲学のキー・タームとしてそれぞれのものがまさにそのものであることの根拠となるものを指す。従来、文脈によって「本質」とも「実体」とも訳されてきた。本訳書でも、どちらの訳語も採用するが、必要に応じて説明的表現を補う。

(3) ここではそれぞれの事物に付帯する事象のなかでも、それ自体として当の事物に必然的に属する事象や性質、いわゆる「自体的に付帯する属性」（τὰ καθ' αὑτὰ συμβεβηκότα）を指す（『分析論後書』第一巻第七章参照）。事物に単にたまたま付帯するだけの事象は学問的知識の対象とはならない（『形而上学』Δ巻第三十章一〇二五a一四以下参照）。アリストテレスの学問的知識についての考え方とこの著作での方法論との関係については補註A参照。

(4) ギリシア語で「パトス（πάθος）」。一般にはある作用を受けた状態を表わす。ただし当該箇所を含め本章では、単に心の感情や情態だけを指すのでなく、学問的知識についてのアリストテレスの理論に関連して、前註の言う「自体的に付帯する属性」という広い意味で用いられている。補註A参照。

(5) 推論形式に集約される学問的知識あるいは理解のあり方。『分析論後書』第二巻第一―二章において詳しく議論されている。補註A参照。

ら、各々の場合についてそれぞれその探究の方式が何であるかを把握することが必要となるからである。だが、その探究方式が「論証」なのか「分割法」[1]なのか、それ以外の何らかの方法なのかということが明らかになったとしても、さらに、どんな事柄から探究を始めるべきかという点について、多くの困難な問題や錯誤の危険が存在する。というのも、異なった事柄には異なった始原［原理］[2]が対応するからである。ちょうど数の始原と面の始原とは異なるように[3]。

おそらく、まずはじめに必要なことは、

(1) 魂は、どの類[4]に属するのか、つまりはそれが「何であるか」

を判定することであろう。その意味するところは、魂は、〈あるこれ〉[5]すなわち実体であるのか、それとも性質なのか、量なのか、あるいはすでに区分されているカテゴリー[6]のなかの他のどれなのかを決定するということである。さらには、

(2) 魂は、可能態[7]にあるものに属するのか、それともむしろ現実態[8]の一種なのか、

を決定する必要がある。その相違は、けっして小さなものではないからである。また、

402b (3) 魂は部分に分かれるものなのか、それとも部分に分かたれないものなのか、

さらには、

(4) 魂はすべて同一の〈種〉なのか、それともそうではないのか、

ということも考察しなければならない。そして、

(5) もし同一の〈種〉ではないとすれば、その違いは、〈種〉における相違なのか、それとも〈類〉にお

いての相違にまで至るのか、という問題も考察すべきである。このことを指摘するのは、現在、魂について論じかつ探究しているひとびとがもっぱら人間の魂について考察を進めているように見えるからである。しかしながら、次の点の考察を怠らないように十分注意しなければならない。すなわち、魂の定義は、動物の定義がそうであるように、一つであるのか、それともそれぞれの魂に対応して定義は異なるのであって、ちょうど馬、犬、人間、神では、

(1) プラトンの後期対話篇などに見られる方法。探究の対象をその対象の属する概念をより広いものから細分化して絞りこむことで規定する。

(2) ギリシア語で「アルケー（ἀρχή）」。物事の原理であるとともに、それが成立する元のもの、出発点となるものを指す。以下では「始原」と訳される。

(3) 数の始原となるのは「一」、面の始原となるのは「線」である。

(4) 以下の説明で明らかなように、実体、量、性質などのいわゆるカテゴリーを指す。

(5) アリストテレスがいわゆる実体を表わすのにしばしば用いる表現（ときとして「これ（τόδε）」だけの場合もある）。「これ」という表現は、実体が特定の何かとして規定あるいは確定されていることを表わすと考えられる。

(6) 『カテゴリー論』とくに第四章を参照。

(7) ギリシア語で「デュナミス（δύναμις）」。「能力」を意味するとともに、アリストテレスの術語として、「何かとなったり何かをおこなったりすることが可能な状態」を意味する。

(8) ギリシア語で「エンテレケイア（ἐντελέχεια）」。事物や生物がその終極状態あるいは目的をそのうちで実現している、あるいは完全性を達成している状態を指す。文字通りには「終極実現態」とでも訳すべき言葉。『魂について』の中では、「エネルゲイア」とほぼ置換可能な概念として用いられているので、本書では基本的に「現実態」と訳す。ただし「エネルゲイア」については「現実活動（態）」を訳語として用いるので、訳語上も結果的に区別される。七一頁註（4）を参照。

それぞれその定義が異なり、他方普遍としての動物というのは、無に等しいか、あるいは二次的なものであるという事情と同様なのか、ということである[1]。他の何らかの共通のものが述語づけられる場合も、同様の問題が提起されるだろう。

さらにまた、

(6)もしさまざまに異なっているのは魂ではなく魂の部分であるとすれば、魂の全体と魂の諸部分のどちらを先に考察すべきであろうか、

ということも問題となろう。この場合の困難な問題は、

(7)その諸部分のうちで、どのようなものが本性上相互に異なっているのか、

を規定すること、また、

(8)諸部分とその諸部分の活動[2]とでは、どちらを先に探究すべきであるのか、

を規定することである。たとえば、優先して探究すべきは、思惟することと思惟[知性][3]のどちらか、または感覚する[4]ことと感覚する能力[5][部分]のどちらであろうか。他の諸部分についても、事情は同様である。だが、もしその活動の方を先に探究すべきであるとしても、再び、ひとは次のような問題に行き当たるであろう。すなわち、

(9)魂の諸活動に相関する対象[6]をそれらよりも先に探究すべきであるのか、

という問題であり、具体的には、たとえば感覚されるものを感覚する能力に対して、思惟されるものを思惟[知性]に対して優先して探究すべきであるかどうか[7]、という問題である。

ところで、「何であるか」を認識することは、本質〔実体〕に付帯する事象の原因を考察するために有益である（ちょうど数学において、「直」や「曲」が「何であるか」、あるいは線や面が「何であるか」を認識することは三角形の内角の和がどれだけの直角に等しいかを見届けるために有益であるように）。だが、それ

(1) 補註B参照。

(2) ギリシア語で「エルゴン（ἔργον）」。この著作では、その用例の大部分が、この直後の箇所のように、動詞の不定詞（〜すること）に対応するような「活動」の意味をもつ。事実、部分と活動との探究上の優先関係を問うこの問い(8)は、第二巻第四章四一五a一六―二〇で「可能態と現実活動態」との優先関係の問題として記述され、答えられている。

(3) ギリシア語で「ヌース（νοῦς）」。この言葉自体は、「知性」「理性」と訳される方がわかりやすいが、当該箇所を含めて「思惟する」と訳されたこの言葉の活動を表わす動詞「ノエイン（νοεῖν）」との対応が重要であるので、「思惟」を基本として「知性」を説明的に補う。

(4) ギリシア語 αἰσθάνεσθαι の訳語。補註C参照。

(5) ギリシア語は αἰσθητικόν。当該の文脈からも、また語形からも「感覚する能力をもつ部分」を表わすが、訳語として冗長になることと、また本書では実質的に「感覚する能力」を指しており、アリストテレスものちにそのように用いていることとを考慮して、「感覚する能力」を訳語として用いる。その他の「部分」を指す θρεπτικόν, διανοητικόν, ὀρεκτικόν などについても同様。

(6) ギリシア語 ἀντικείμενα の基本的意味は「対置されたもの」であり、ここでは、とくに「相関的なもの（πρός τι）」の一つとしての「対置されたもの」の意味で使われている（『カテゴリー論』一一b一六―三一参照）。つまり、魂の諸活動のいわゆる「対象」とは、あくまで、当の活動と相関的関係にあるものとして理解されている。

(7) 部分（能力）よりも活動を先に探究すべきであるという仮定のもとでの議論なので、本来なら「感覚する能力より感覚することが、思惟〔知性〕より思惟することが」という比較の方が適切かもしれない。

ばかりではなく、また逆に、本質［実体］に付帯する事象[1]の認識が、「何であるか」を知るために大きく寄与するように思われる。というのもわれわれが、付帯する事象について、そのすべてであれあるいはその大部分であれ、その「現われ」[2]に即応した説明を与えることができるとすれば、そのときにはまた本質［実体］についても、最も的確に語りうるようになるからである。なぜならすべての論証の始原となるのは「何であるか」という規定だからである[3]。したがって、定義のうちで、それに基づいて付帯する事象の認識に至ると 403a いうこともなく、またそればかりか付帯する事象について推測することさえ容易でないというような定義は、すべて、問答技術上のこととして、また空虚に述べられていることは明らかである。

さて、魂の諸様態[4]についても、難問がある。すなわち、その諸様態はすべて、〈魂をもつもの〉にも共通なのか。それとも、魂それ自身に固有の何らかの様態[5]も存在するのか、という問題である。実際、この点は必ず把握されねばならないが、容易には判定できない。とはいえ、魂の諸様態の大部分、たとえば、怒ること、勇むこと、欲すること、そして一般的に、感覚することなどは、どれ一つをとっても身体［物体］[6]を伴わなければ、何かの作用を受けたり何かに作用したりすることがないように見える。ただし、魂に最も固有の様態であるように思われるのは思惟することである。ところがこの思惟することもまた、一種の表象のはたらき[7]であるか、あるいは表象のはたらきを抜きにしては成立しえないものであるとすれば、思惟することも身体を欠いてはありえないであろう。すると一方では、魂の諸活動あるいは諸様態[8]のなかに何か魂だけに固有のものがあるとすれば、魂は身体から分離されることが可能ということになるだろう。しかし他方では、魂に固有のものは何一つないとすれば、魂は分離され離存するものではなく、むしろ真っ直ぐなものが直と

いう局面において捉えられた場合[9]に類比したものとなるだろう。つまり、真っ直ぐなものには、それが真っ

（1）「自体的に付帯する属性・様態」のこと。五頁註（3）を参照。

（2）ここでの「現われ」は、観察される事実だけでなく、当の事象についての有力な見解や通念的理解をも含む広い概念であり、アリストテレスにとって探究の着手点となるものである。

（3）『分析論後書』第二巻第三章参照。補註Aも参考にされたい。

（4）本章四〇二a七―八での魂についての本質と固有の様態との区別を念頭において、さらにいま確認された本質と付帯する事象（固有の様態）との関係を踏まえて、以下では様態の探究についての困難を挙げる。

（5）本章四〇二a九―一〇での「魂に固有の様態」と「そこに魂が存在するがゆえに生物にも属する様態」との区別に相当する。

（6）ギリシア語「ソーマ（σῶμα）」は、英語の body などと同じく、日本語での「物体」と「身体」との両方を含む概念である。しかしアリストテレスは、生きている（魂をもつ）もののソーマ（身体）とそうでないもののソーマ（物体）との間に決定的な相違を見る。第二巻第一章参照。

（7）ギリシア語で「パンタシアー（φαντασία）」。この著作内では、そのほとんどが、何かを表象するはたらきや活動を表わすために用いられ、表象された事柄や内容は基本的には「パンタスマ（φάντασμα）」という言葉で表現される（「パンタスマ」は第三巻第三章四二八a一までは出現せず、本格的に登場するのは第三巻第七章以後である）。したがって「パンタシアー」には、できるかぎり「表象のはたらき」「表象活動」の語を用い、「表象」は「パンタスマ」の訳語として用いる（一四一頁註（4）も参照）。パンタシアーおよびそれと思惟との関係については第三巻第三章で議論される。

（8）「活動（ἔργον）」と「様態（πάθος）」は、前者が能動的で、後者は受動的であるという含みをもつが、たとえば四〇二b一三では「活動」とされた「感覚すること」は、このあとたびたび「作用を受けること（様態）」であると語られるように、多くの箇所で同一の事態についての別の表現となっている。

（9）真っ直ぐなものの真っ直ぐさをそれとして、いわば一種の幾何学的対象としての直線として理解すること。ここでは魂が、この直線と同じように、物体から独立に存在するものではないことが論じられる。

直ぐであるかぎりで、たとえば青銅製の球がそれと一点において接するなどの多くのことが付帯するが、しかし直であることが［それが実現している物体から］分離されるならば、そのような仕方で接することにはならない、という事情と類比的なのである。実際、それはつねに何らかの物体を伴う以上、離存することはできないのである。そして魂のすべての様態［感受状態］――憤激、穏和、恐怖、憐憫、大胆、さらに喜びや愛すること、憎むことなど――もまた、身体を伴っているように見える。なぜならこれらの魂の様態が成立するのと同時に、身体は何らかの作用を受けているからである。このことの証拠となるのは、ある場合には強く明瞭な作用を及ぼす出来事が生じている状況でもまったく苛立ったり恐れたりしないにもかかわらず、しかしまた別の場合には、身体が興奮している、すなわち、ひとが怒っているときと同様の状態に身体があるときには、些細で微かなことによっても魂は動かされるという事実である。さらにこのことは次の事実からもいっそうはっきりするであろう。つまり何一つ恐ろしいことは起こっていないのに、ひとびとが恐怖する者の感受する様態になるということである。もし以上のような事情であるならば、魂の様態は、明らかに、素材［質料］に言及した説明規定（ロゴス）が与えられるべきものである。したがって定義は次のようになる。たとえば怒ることとは、「これこれの原因によるこれこれの目的のための、これこれの身体の、あるいはそれの部分ないしは能力の、一種の運動変化である」。また、以上のことからすぐに帰結するのは、魂について――その全体であるのか、それともいま言及したような諸様態であるのかはともかく――考察するのは自然学者の仕事であるということである。

ところで、自然学者と問答技術者とでは、魂の諸様態のそれぞれについて定義の仕方が異なるであろう。

たとえば、「怒りとは何であるか」ということについて、問答技術者は「復讐への欲求」とかそれに類した
403b ものとして定義し、自然学者は「心臓の周囲の血液のあるいは[1]熱いものの沸騰」と定義するであろう。ところで、これらの定義のうちで後者はその素材[2]［質料］を与えるものだが、前者の定義は形相つまり説明規定を与えている。なぜならば、問答技術者の定義は単に説明規定であるが、他方の自然学者の定義は事物についての説明規定なのであり[3]、もしそれが現に成立するとすれば特定の素材のうちに存在するのでなければならないからである。それはちょうど家について、一方は「風や雨や暑さによる破壊を防ぐ遮蔽物である」というような説明規定であり、他方は「石や煉瓦や木材である」と述べるであろうという場合に相当する。しかしまた別の定義は、「これこれの目的のためにこのような素材に内在する形相」であると述べるであろう。では、これらのうちのどれが自然学者にふさわしいのか。素材にかかわるが、説明規定については知らないひとだろうか。それとも説明規定にのみかかわるひとなのだろうか。むしろ素材と説明規定の両方に基づいて説明するひとなのではないか。しかしそれならば、それ以外の先の二つはそれぞれどのようなひとに相当するのか。むしろそのようなひとは、素材から離存せず、また離存したものとしても扱われない様態にかか

(1) 底本の καὶ（四〇三b一）ではなく、他のほとんどの校訂者たちと同じく ἢ を採る。このような怒りの捉え方については『動物部分論』第二巻第四章六五〇b三五以下を参照。

(2) ギリシア語は「ヒューレー（ὕλη）」。従来、多くの場合「質料」と訳されてきた語であるが、「素材」の訳語もしばしば使用されてきた。もともとは「木材」「材木」の意味で、アリストテレスもその意味を巧みに利用してこの概念を構築しているので「素材」と訳し、適宜「質料」を補う。

(3) 底本を含むほとんどの校訂者とは異なって、多くの写本の ὁ δὲ τοῦ πράγματος（四〇三b二）を読む。

(403b) わるという者ではないのであるが、[1] しかし自然学者とはこれこれという特定のあり方の身体［物体］すなわちかくかくという特定の素材に属する活動と様態のすべてを研究するのではないか。またそのように限定されない様態については他のひとが扱うのであり、そしてそのような様態のあるものについては、場合によっては技術者、たとえば建築家ないしは医者がたずさわるのではないか。他方、実際には離存しないが特定のあり方の物体に属する様態ではないものとして扱う、つまり抽象によって扱うのは数学者であり、分離され離存するかぎりにおいて扱うのは第一哲学を研究する者である。

しかしながら、一連の議論の出発点に戻らなければならない。われわれが論じたのは、魂の諸様態は動物の自然的な素材［質料］から離存しないのであって、憤激や怒りなどそのような性格のものはたしかにそのような素材に属しているということ、[2] そして線や面が離存しないというあり方とも異なるということである。

第二章

魂について考察するにあたっては、探究の前進に応じて解決しなければならない諸問題を定式化し通覧すると同時に、魂について何らかの意見を表明した先人たちの見解をよく参照しなければならない。このことは、彼らの言説の正しい点を把握し、もし不適切な点があれば用心して避けるために必要なのである。

探究の出発点となるのは、魂にその自然本性上、何にもまして属していると思われている事柄を提示することである。さて、「魂をもつもの」と「魂をもたないもの」との相違を最も顕著に示すと考えられているのは次の二つの点、すなわち動〔運動変化〕(3)と感覚することである。われわれが魂について先人から継承した見解も、ほぼこの二つの点に集約されるであろう。

実際、あるひとびとは、動かすものこそが、最も優れてまた第一義的な意味において、魂なのであると主張している。ただし、彼らは、それ自身が動かないものは他のものを動かすことはできないと想定したので、魂は動く(4)ものの一つであると考えるに至ったのである。

デモクリトスが、魂は一種の火や熱であると主張するのは、このような考え方からである。というのも、
404a 「形体」(5)すなわち不可分な原子が無限にあるなかで、球状の原子が火であり魂であると主張するからである（それは、扉の間を通して差し込んでくる光線のなかに見えるような、空気中に漂ういわゆる微塵に喩えら

（1）バルボタンの訳を参考にして一応の訳を与えたが、それ以外にもさまざまな解釈やテキストの改訂案が存在する。

（2）多くの写本に従って、底本の四〇三b一七 *οὕτως* の挿入を採らず、またb一八 *ἢ δὴ τοιαῦθ᾽ ὑπάρχει θυμὸς καὶ φόβος* と読む。

（3）「動（キーネーシス）」は、場所的な移動に限られない広い意味での運動変化を表わす。アリストテレスの運動変化の分類については、二九頁註（1）を参照。

（4）「動く」と訳される *κινεῖται* という言葉は、受動態として「動かされる」ことを意味すると解することができる。以下では「動く」という訳語を基本としながら、文脈に応じて訳し分けられるが、いずれにしてもアリストテレスが、運動あるいは「動く」という事態を、（全運動の最終的な原因である不動の動者を除けば）何かによって「動かされて動く」という視点から理解していることは念頭においた方がよい。

（5）ギリシア語は「スケーマ（*σχῆμα*）」。もともとは「形」を指すが、デモクリトスにおいて、しばしば「不可分の原子」と同義で使われることがある言葉。

(404a) れる）。デモクリトスはそうした諸々の原子の「全種子集合体（パンスペルミアー）[1]」が自然全体の基本要素であると語っているが（レウキッポスも同様な見解である）、こうした原子のうちで球状のものが魂なのであり、その理由は、そのような球状の形のものは、最も上手にあらゆるものの間を通って進入し、自分自身も動きながら他のものをも動かすことができるということにある。つまり彼ら原子論者は、魂とは諸々の動物に運動変化を提供するものであると想定していたのである。

このゆえにまた、呼吸こそが「生きる」ということを規定するものであると彼らは考える。つまり、身体を取り囲む空気が身体を圧迫して、原子のうちでもそれ自身が片時も静止することがないがゆえに動物に動きを提供する原子を押し出そうとすると、呼吸することで外から他の同様のはたらきをする原子が入り込み、救援が与えられるのである。すなわち、この入り込んだ原子は、外気の圧迫と固化に対して共同して抵抗することによって、自分自身と動物のうちにもとから属していた空気とが身体から外に出てしまうのを妨げるからである。そして動物は、このことをおこなうことが可能な間だけ、生きるのだ、というのである[2]。

ピュタゴラス派のひとびとによって語られていることも、同じ考え方を含んでいると思われる。実際、彼らのうちのあるひとびとは[3]、空気中の微塵が魂であると主張したのであり、また別のひとびとは、こうした微塵を動かすものがそれであると主張したが、微塵についてそのように言及されるのは、それらが、たとえ完全な無風状態であっても、絶え間なく連続的に動いているのが観察されるからである[4]。

魂が自己自身を動かすものであると主張するひとびとも[5]、そのかぎりで考え方は同じ方向にある。実際、彼らはすべて、動［運動変化］が魂にとって最も固有のものであり、他のものはすべて魂によって動かされ、魂は自己自身によって動かされると考えているように思われる。そしてこの見解は、自己自身も動くことのないものは何一つとして他のものを動かすことはないという彼らの観察に基づいている。

同じようにまたアナクサゴラスも、動きをおこすものが魂であると語っていて、(6) またもし思惟［知性］が万有を動かしたと語った人が他にいるならば、(7) その人も同様の見解をもっていることになる。しかしながら、アナクサゴラスは、デモクリトスの場合とまったく同じ意味で、そのように主張しているというわけではない。というのも、デモクリトスの方は、魂と思惟［知性］とを、無条件に同一のものであると考えたからである。なぜなら、デモクリトスは、われわれに現われること(8) はそのまま真であると考えたのであり、だから

(1) すべてのものがそこから派生する種子の合成体。デモクリトス独特の用語であろう。少し詳しい説明は『自然学』第三巻第四章二〇三a一八―二三を参照。

(2) デモクリトスの呼吸の理論については、『呼吸について』第四章四七一b三〇以下で詳しい説明が与えられている。

(3) ピュタゴラス派でも比較的後期に属するひとびとのことか。

(4) 四〇四a一九は有力写本およびテミスティオスらに従い、ὅτι ではなく διότι と読み、理由を表わすと解する。

(5) プラトンやクセノクラテスの説を指す。プラトンについては『パイドロス』二四五C五―二四六A二、『法律』第十巻八九五E一〇―八九六A四などにこのような考えが表明されている。

(6) アナクサゴラス「断片」B一二、一三（DK）を参照。

(7) クラゾメナイのヘルモティモスなどが推定されているが、確かなことは不明。

(8) ここでの「現われ」とはわれわれに感じられたり、感覚されたりすること、また思われることすべてを含むだろう。これらがすべて真となる理由は、この箇所ではデモクリトスが真理にかかわる知的能力を区別しなかったということに求められているが、その背景には、認知活動を物体的過程と同一視する思考傾向が存在するとアリストテレスは考える。この点については第三巻第三章四二七a二六以下での議論を参照。

こそ、「ヘクトルは遠のいた意識のまま横たわっていた」[1]というホメロスの詩句は見事な表現であると評価するのである[2]。こうしてデモクリトスは、思惟［知性］を真理にかかわる特定の能力として扱うことをせず、404b むしろ魂と思惟［知性］とを同一であると主張している。他方アナクサゴラスの説明は、この魂と思惟［知性］という二つの概念について、デモクリトスに比べて明晰さを欠いている。というのも、彼は多くの箇所で、物事が美しくまた正しくあることの原因は思惟［知性］であると語っているのだが[3]、別の箇所では思惟［知性］とは魂であると述べてもいるからである[4]。なぜなら、彼によれば、大小、貴賤を問わずすべての動物に思惟［知性］が属しているからである。しかし少なくとも思慮という意味での思惟［知性］については、すべての動物に同等にそなわっているようには見えないし、人間でさえそのすべてにそなわっているようにも見えないのである。

こうして、魂をもつものは動くということに注目したひとびとはみな、魂は動かす能力を最もそなえたものであると考えたのである。これに対して、魂をもつものが存在するものを認識したり感覚したりすることに注目したひとびとは、魂とはすなわち物事の始原［原理］であると述べており、そのうちでも始原を複数としたひとびとは、魂とはそれら複数の始原であると主張し、始原を一つとしたひとびとは、魂とはその一つの始原であると主張している。ちょうどエンペドクレスが、魂はすべての基本要素から構成されるとともにこれら基本要素のそれぞれもまた魂であるとして、次のように語っているのがそのような場合である。

なぜならわれわれは見る、土によって土を、水によって水を
空気によって神的な空気を、火によって焼き滅ぼす火を、

愛によって愛を、憎しみを陰鬱な憎しみによって見るのだから(5)。

これと同じ仕方で、プラトンも『ティマイオス』のなかで、魂を基本要素から作り上げている(6)。というのも、彼によれば、似たものは似たものによって知られ(7)、また各事物は諸々の始原から構成されるからである(8)。

(1) この詩句は現存のホメロスのテキストには存在しない。ただし『イリアス』第二十三歌六九八行には拳闘の結果倒されたエウリュアロスについて「遠のいた意識のまま（ἀλλοφρονέοντα）」という記述が、また同書第二十二歌三三〇行では「砂塵のなかに倒れた」ヘクトルについての言及が見られる。

(2)『形而上学』Γ巻第五章一〇〇九b二八以下参照。アリストテレスによれば、デモクリトスがホメロスのこの詩句を評価する理由は、打たれたという身体的変化によって思考状態もかわり、その結果正常の思考力を欠いた状態にある（「遠のいた意識のまま」と訳されたἀλλοφρονεῖν の本来の意味）人についても、何らかの意味で思考活動（φρονεῖν）を帰する表現であると解釈されるからである。

(3) アナクサゴラス「断片」B一二（DK）。

(4) アナクサゴラスが思惟と魂とを直接同一視しているような「断片」はわれわれには残されていない。この同一視は、以下で説明されるように、アナクサゴラスに見られる次のような考え方から帰結することとしてアリストテレスが推定したものであろう。つまり、アナクサゴラスは思惟がすべての動物に備わると主張する。しかしそのような思惟（知性）は、思慮という意味で語られるものではありえない。したがってそれは魂を意味していることになる。

(5) エンペドクレス「断片」B一〇九（DK）。

(6) プラトン『ティマイオス』三四C以下を参照。

(7) 同書四五B以下を参照。

(8)「したがって諸事物を知る魂も、始原すなわち基本要素から構成される」とアリストテレスはプラトンの思考を推論しているのである。

また、哲学について論じた書のなかでも(1)同様の規定が与えられている。それによれば、「動物それ自体(2)」は一のイデアそれ自体と第一次的な長さと幅と深さから成立し、それ以外のものも同様の仕方で構成されるのであり、さらに別の仕方でも［認識の局面について］述べられて、一は思惟［知性］、二は知識であり（なぜなら一へとひとすじに進むから）、面の数［三］は思いなし(3)、立体の数［四］は感覚であるとされている(4)。なぜならば、数は形相そのものつまりは始原であると表明されているが、その数は基本要素から構成されるからである。また、もろもろの事物は、あるものは思惟によって、あるものは知識によって、あるものは思いなしによって、あるものは感覚によって判別されるのである。そして以上の認識形態と同一視された数は、もろもろの事物の形相なのである。

　また魂は動きを引き起こしうるものであるとともに、いま述べたような意味で認識しうるものであると思われたので、あるひとびとはその両方を結合させて魂とは「自己自身を動かす数」であると表明した(5)。

　しかし始原がどのようなものであり、またいくつあるのかという点については、意見の相違があり、なかでも始原が物体的なものであると考えるひとびとと非物体的なもの(6)だと考えるひとびととの間の相違が最も著しい。またこのような論者に対して、この両方の要素を混合して始原は両方からできていると表明するひとびと(7)との見解も異なる。他方で始原の数についてもひとびとの意見は異なる。あるひとびとは一つだと主張するが別のひとびとは複数あると主張している。そして、それぞれの始原についての見解に一致する形で、彼らは魂についても説明するのである。実際、そのようなひとびとは、自然本性的に動きを引き起こしうるものが第一のもの［第一の始原］のうちに属すると考えたが、これはいわれなきことではない。そしてこのよう

(1)ここで参照されているものについてはさまざまな解釈があるが、比較的説得的なのは、アリストテレスが自分の著作『哲学について』において論じたプラトンあるいはクセノクラテスをはじめとしたアカデメイアのひとびとの考えに対する言及という解釈である。

(2)思惟の対象としての世界・宇宙を指す。プラトン『ティマイオス』三〇Bなどを参照。

(3)ギリシア語で「ドクサ(*δόξα*)」。知ることや感覚することからは区別された意味で「〜と思う、信ずる」という認識のあり方を表わす概念である(例、四一一a二七)。「判断」ではその区別が曖昧となり、「思い」では別の連想を伴うので、このような訳語を便宜的に採用する。

(4)それぞれの認知形態に対する数の割り当ての理由と推測されているのは、たとえば、思惟は形相の統一性あるいは一なる形相に対する直接的な認識であるから一、知識は前提と結論という二点を結ぶ一方向への推論(「ひとすじに進む」)として成立するものであるから二、ドクサは知識と異なり真偽という二つの方向への分岐をもつから三、また感覚の対象となるのは三次元的な物体でありそのような立体は、点を一とすると線および面を経て構成されるから四である、というものである。そしてこの認知形態が数的性格をもつことと諸々の対象も数的に構成されることから、アリストテレスはこのような理論によっても、魂が「似たものが似たものを知る」、および「各事物は始原あるいは基本要素から構成される」という思考が貫かれていることを論証している。
　ただし、アリストテレスがどう考えていたのかはともかく、少なくともプラトンにはこの教説をそのまま帰することはできないであろう。

(5)クセノクラテスの説。本巻第四章四〇八b三二以下でも検討される。

(6)ここでこのように「物体的」に対して強調的に対置される「非物体的」という魂の特徴づけは、プラトン学派の魂観を念頭に置いたものであると思われるが、しかしこのあとの論述では、アリストテレスはこの「非物体的」という概念を、むしろ比較的・相対的な意味で用いており、物体の微細性を意味するデモクリトスやさらにヘラクレイトスなどの教説に適用している。

(7)シンプリキオスやピロポノスは、この見解の持ち主の例としてエンペドクレスとアナクサゴラスを挙げている。

(405a)

な想定から、あるひとびとは、魂は火であると考えるに至ったのである。なぜなら火は最も微細なものであり、また諸要素のなかで最も非物体的なものであるが、さらに加えて、何よりもまず、自ら動くとともに他のものを動かすものだからである。そしてデモクリトスの場合は、この、微細でありかつ動き動かすものであるという二つの事柄のそれぞれの理由を明らかにしている点で、この見解を他のひとびとよりもいっそう巧みに語っている。すなわち、魂は思惟［知性］と同一であるが、しかるに思惟は第一の不可分な物体に属するのであり［だから微細である］、またその微細さとその形体のおかげで他のものを動かす力をそなえているのである。彼の主張では、形体のうちで最も動きやすいのは球形であり、思惟［知性］と火とはこのような形をしている、というのである。

これに対してアナクサゴラスは、以前にも述べたように(1)、魂と思惟［知性］とは異なるものであると語っているようにみえるが、実際には両者を単一の本性のものとして取り扱っているのである。ただし少なくとも、思惟［知性］こそが何にもまして万物の始原(2)であると措定している点は別である。たしかに彼は思惟［知性］こそが存在するもののなかで唯一単純で混じり気がなく純粋であると主張している。だが、思惟［知性］が万有を動かすと語るとき、彼は認識することと動かすことの両方をこの同じ始原に帰している(3)のである。

タレスもまた、ひとびとが記憶しているところからして、鉄を動かすという理由で石［磁石］が魂をもっていると語ったのだとすれば、魂は何らかの動かす力をもつものであると考えていたようである。

だがディオゲネス(4)は、ほかのあるひとびと(5)もそうであるが、魂とは空気であると考えた。空気が万物のなかで最も微細であり始原であると想定したからである。また、魂が認識したり動かしたりするのも、そのことが理由である。つまり、それが最も原初的であり、それ以外のものがそこから派生するというかぎりで魂は認識するのであり、最も微細であるかぎりで動かすことができるというのである。

またヘラクレイトスも、「蒸発気」(6)が魂であり、他のものはそれから形成されるとする以上、始原が魂であると主張しているのである。そしてその蒸発気は最も非物体的で、つねに流転するものである。だが、動くものは動くものによって知られる。かの人ヘラクレイトスもまた、多くのひとびととともに(7)、存在するものは動きのうちにあると考えたのである。

---

(1) 本章四〇四b一以下参照。

(2) テミスティオス、ロディエ、トリコらの解釈に従っているが、ピロポノス、シンプリキオス、ヒックスらの解釈では、「ただし少なくとも、思惟を他のすべてに優先する始原であると措定している点は別である」となる。どちらもアナクサゴラスの「断片」B一二（DK）に典拠を見出すことができる。

(3) アナクサゴラスの思惟（知性）概念は、アリストテレスにとって自分自身の思惟（知性）の概念を構築する上で重要であるとともに問題提起的であった。この点については本章四〇五b二〇以下、およびそこに付せられた補註Dを参照。

(4) アポロニアのディオゲネス。「断片」B四、五（DK）参照。

(5) アナクシメネスをはじめとするひとびと。アエティオス『学説誌』第四巻三-二ではさらにアナクサゴラス、アルケラオスなどの名前が挙げられている。

(6) ヘラクレイトス「断片」B一二（DK）参照。

(7) プラトン『テアイテトス』一五二D－Eでは、万物が運動変化の状態にあると考える点では、「パルメニデスを除くすべての知者が同一の歩調をとっている」として、具体的にはヘラクレイトスのほかに、プロタゴラスやエンペドクレス、その他の著作家が挙げられている。

アルクマイオンの魂についての見解も、こうしたひとびと[1]に近いように思われる。なぜなら、魂は不死なるものに似ているので不死なのだと彼は主張しているからである。ところでこの不死という性格が魂に帰属する理由は、それがつねに動いているということに求められている。なぜなら、月や太陽、諸星、天界の全
405b 体など、神的なものはすべて、絶え間なく連続的に動いているからだ、というのである[2]。

以上の論者と比べて考察の仕方が粗雑なひとびとのなかには、魂とは水であるとさえ主張したひとびともいて、たとえばヒッポンがそうである。こうしたひとびとの確信は、精液の役割から得られたものであり、それがすべての動物において湿ったものであるという理由に基づいているようである。実際ヒッポンは、魂が血であると主張するひとびとを、精液は血ではないという理由で論駁したが、これは精液こそが原初的な魂であると考えてのことである。しかし他のひとびとは、クリティアスのように、魂は血であると主張しているが[3]、それは感覚することが魂に最も固有な活動であり、また感覚活動は血の本性によって成立すると考えたからである。実際のところ土を除けば、すべての基本要素が支持者を獲得しているのである。ただし、土については、何人も魂がそれであると表明してはいない。魂がすべての基本要素から成り立っている、あるいは魂は基本要素のすべてであるなどと語った人を別とすればであるが。

こうしてすべての論者が、魂をいわば次の三つの特質によって定義しているのである。すなわち、動［運動変化］、感覚、非物体性である。そしてこれらの特質はそれぞれ、諸々の始原へと遡って説明される。だからこそ認知するという活動によって魂を定義するひとびとは、魂を一つの基本要素と同一視するか、あるいは複数の基本要素から成立すると考えるのであり、彼らの説明は、一人を除けば[4]、互いにきわめて近似し

たものである。すなわち、彼らの主張するところでは、「似たものは似たものによって知られる」のである。実際魂はすべてのものを知るのだから、彼らによれば、魂は［万物の構成要素である］始原のすべてから構成される。そこで何らかの成立原因が一つである、すなわち基本要素が一つであるとするひとびとは、魂もまた、火とか空気など、一つの基本要素であると措定し、他方で始原が複数であると主張するひとびとは、これに対応して、魂は複数のものから成ると考えるのである。

けれども唯一アナクサゴラスだけは、思惟［知性］は他から作用を受けることはなく、他のいかなるものとも何一つ共通性をもたないと語っている(5)。しかし思惟が、そのような性格のものでありながら、どのような仕方で、またいかなる原因によって認識することになるのかという点については彼は述べていないし、彼の発言からも明確な答えは得られない(6)。また諸々の始原のうちに反対関係にある性質の対を含めるひとびとは、魂もそのような反対の性質から構成されると考える。だが反対性質の一方、たとえば熱あるいは冷また

---

(1) 念頭におかれているのは、直前に言及されたヘラクレイトスおよび彼と同じく万物は動きのなかにあると考えたひとびとであろう。

(2) アルクマイオン「断片」B二（DK）参照。アルクマイオンは感覚の座を脳に求めたことなどで知られる。

(3) エンペドクレスが念頭におかれている（「断片」B一〇五（DK）参照）。

(4) この例外はアナクサゴラスである。

(5) アナクサゴラスの思惟（知性）についてのこのような特徴づけはアリストテレス自身の概念的枠組みに基づく。補註D参照。

(6) 第三巻第四章四二九b二三―二六であらためてこの問題が取り上げられる。

は他のそれに類したものを始原とするひとびとは、同様に魂もそれら反対のもののうちのある一つであると措定する。だからまた彼らは、名称の語源的な説明にも従うのである。つまり、魂を熱であると主張するひとびとは、［魂の活動である］「生きる（ゼーン）」という名前が用いられているのはこの熱［によって「沸騰すること（ゼイン）」］に由来するからであるとし、魂を冷であると主張するひとびとは、［魂がおこなう］呼吸つまり冷却作用（カタプシュクシス）のゆえに魂（プシューケー）と呼ばれるのだというのである。[1]

魂について継承されている諸見解と、そうした諸見解が依拠している理由は、以上である。

第三章

406a さてそこで、まず最初に考察しなければならないのは、動［運動変化］についてである。というのも、あるひとびとは自己自身を動かすもの、あるいは動かすことのできるものこそ魂だと語っているが、[2]魂の本質を彼らの主張するような性格のものだと理解することは、おそらく虚偽であるというばかりでなく、魂に動［運動変化］が属するということは不可能な事柄の一つに数えられるからである。[3]

さて、何かを動かすものはまた必ずそれ自身も動く［動かされる］[4]というわけではないということは、以前に述べられている。[5]だが、いかなるものも、動く［動かされる］のには二通りの仕方がある。すなわち、「他のものに依拠して動く」か、それとも「それ自体として動く」かのどちらかである。「他のものに依拠して動く」とわれわれが語るのは動くもののなかにあることによって動くものについてであり、たとえば船員たちがそうである。というのも、船員たちは船と同じ仕方で動くのではないからである。なぜなら、船の方はそれ自体として動くのであるが、船員たちは動くもののなかにいることによって動くからである。このことは身体の諸部分について見るならはっきりする。つまり足に固有の動きは歩行であるが、これは人間に固有の動きでもある。しかしこの歩行は、いま問題としている場面での船員たちに帰属するわけではない。――そこで、「動く」ということは二通りの意味で語られるので、魂に関してわれわれの当面する考察課題は、それがそれ自体として動くのか、つまり自体的な動きに与っているのか、ということである。

---

(1) 四〇五b二八は底本のように διὰ τὸ を挿入しない。

(2) プラトンおよびクセノクラテスなどアカデメイア派のひとびとを指している。プラトンについては、『パイドロス』二四五E六―二四六A一においては「自己自身を動かすもの」、『法律』第十巻八九六A一―二においては「自己自身を動かすことのできる動」という規定が魂に与えられている。

(3) この章では魂の本質を動において理解する見解が批判されるが、諸注釈者がみな注意するように、その批判はアリストテレス自身の運動の理論に基づいている。ただしそれがどこまでどのように基づいているのかという点については、十分な解釈がおこなわれているとは思われない。補註E参照。

(4) 一五頁註(4)を参照。

(5) おそらく『自然学』第八巻第五章への言及。ただし本書第一巻第二章四〇三b二八―三一にも関連する記述が存在する。

(406a)

ところで動［運動変化］には四つの種類、すなわち場所移動、性質変化、減少と増大があるから[1]、魂が動くとすればこれらの動［運動変化］のうちの一つ、あるいは複数、あるいはそのすべてのいずれかの仕方で動くことになるだろう。そしてその動きが付帯的なものではないのだとすれば[2]、動［運動変化］は魂に自然本性的に属することになるだろう。だがもしそうだとすれば、魂には場所も属することになるだろう。なぜなら、先に言及された動はすべて、場所のうちにあるからである[3]。

しかし、かりに魂の本質が自己自身を動かすことであるとするならば[4]、動くことは、それが白あるいは三ペーキュスの長さに属する場合のように、付帯的な仕方で魂に帰属するのではないということ［つまり魂はそれ自体として動くこと］になるだろう。なぜなら、白色や三ペーキュスも動きはするが、しかしその動きは付帯的なものにすぎないからである。というのも、こうした白色や三ペーキュスという性質が属する当のもの、すなわち物体が動くからである。それゆえにまた、これらの性質には場所は帰属しないのである。だが、魂が本性的に動［運動変化］に与ると想定する以上、魂には場所が帰属することになるだろう[5]。

さらに、魂が自然本性的に動くと仮定するならば、強制によっても動くということになるだろう。また強制によって動くならば、自然本性によっても動くことになるだろう。静止についても同じ事情が成り立つ。なぜなら、そこへと自然本性的に動くその位置において、また自然本性的に静止するからであり、同様にまた、そこへと強制によって動くその位置において強制によって静止するからである。しかし魂に属する強制的な動や静止とはいったいどのようなものとなるのかは、物語を作り上げようとするひとびとにとってさえ[6]説明するのは容易ではない。

（1）「動」の形態については、『自然学』第二巻第一章一九二b一四以下、第五巻第一章などで次のように分類されている。

- 運動変化（μεταβολή）
  - 生成消滅（γένεσις καὶ φθορά）――実体に関する変化
  - 動（κίνησις）
    - 増大減少（αὔξησις καὶ φθίσις）――量に関する変化
    - 性質変化（ἀλλοίωσις）――性質に関する変化
    - 場所移動（φορά）――場所に関する変化

したがってこの準公式的分類によれば、厳密には動（キーネーシス）は三つに分類される。またこの分類が示すように、「動」（動き）は、最も広い意味での運動変化のうちで、生成消滅を除いた三つのタイプの運動変化を含みうる広い概念である。

（2）「動きが付帯的なものではない」とは動の分類のうち「それ自体として動く」ということに相当する。補註E参照。

（3）アリストテレスは場所移動以外の動についても場所のうちに生起すると考える。増大と減少については、『自然学』第八巻第七章二六〇b一三以下、『生成消滅論』第一巻第五章三二〇a一八以下を、性質変化については、『自然学』同章二六〇b一、『生成消滅論』同巻第六章三二二b九以下を参照。もちろん魂に場所を帰属させることをアリストテレスは誤りであると考えるので、これは一種の帰謬法である。

（4）この「自己自身を動かす」ことは「それ自体として動く」ことの一つの形態である。

（5）従来、この箇所について提出された、a一六ですでに到達した結論の繰り返しではないかという疑問（トレンデレンブルク）に対して、多くの注釈者たちは、ここでの「場所」は（a一六とは異なり）「固有の本性的な場所」という意味であることを指摘することで、この疑問に対して答えてきた（ロディエ、ヒックス、トリコ他）。しかしa一二―一六では魂に運動が非付帯的に（すなわち、それ自体として）属するとすれば魂には場所が属することを一般的に論じたのであり、当該箇所では、より具体的に魂が自己自身を動かすというプラトン派のひとびとの主張を取り上げて、彼らの想定する「自己自身を動かす」ことはアリストテレスの分類では「それ自体において動く」ことのうちに含まれるので、魂に場所が属するということが導かれることを論証しているのである。したがって、ここではすでに展開された議論と同じ議論を繰り返しているのではないのだから、「場所」の二義性の想定の必要はない。

（6）プラトンの『パイドロス』などに見られるミュートス（神話的な物語）による説明への当てこすりであろう。

さらにまた、魂が上方へ動くと仮定するならば、それは火であるということになり、下方へ動くとするなら、土であるということになるだろう。なぜなら、そうした上方や下方への動きがこのような諸物体の動だからである。同じ理屈が中間的な動についても成立する[1]。

さらに加えて、魂が身体［物体］を動かすことは明らかである以上、魂は自分自身が動くその動き方で身体を動かすということは理にかなっている。しかしもしそうであれば、順序を逆にして、身体が動くその動
406b を魂自身も動くと言っても正しいことになる。しかるに身体の動く動とは場所移動である。したがって、魂も身体の動きに従って[2]、全体としてあるいは部分的に、位置を変えつつ動くことになるだろう。しかしそのようなことが可能だとすれば、魂は身体から抜け出たあとに再びなかへ入ってくるということも可能となってしまうだろう。そしてこのことは動物のうち死んでしまったものが甦るという帰結を伴うことになるだろう[3]。

他方、付帯的な動についてならば、魂はたしかに他のものによって動かされてそのような動きをすることもあるだろう。実際、動物は力によって強制的に押しやられることがあるだろうから。しかし、自己自身によって動くことがその本質のうちに存するものにとって、それが他のものによって動かされるということは、そのように付帯的に動くという場合を除けば、あるはずのない事態である。それはちょうど、それ自体として善いもの、あるいはそれ自身のゆえに善いものは、他のもののゆえに善いものであったりあるいは他のもののために善いものであるはずがないのと同様である。しかし魂は、それがいやしくも動く［動かされる］とすれば、最も特徴的な動きとは感覚対象によって動かされることだと人は主張するであろう[4]。

しかしながらそれでも魂が自己自身を動かすとするならば、魂自身も動く［動かされる］ことになる。したがって、もしあらゆる動が、動いているというそのかぎりにおいて当の動いているものからの離脱であるとすれば、魂もまた、その本質から離脱することになるだろう――自己自身を動かすことが付帯的ではなく魂自身の本質にそれ自体として属するという仮定のもとでは。

また、あるひとびとは、魂はそれが内在するところの身体を、それ自身が動くのと同じ仕方でたしかに動かすと主張する。たとえばデモクリトスがそうであって、彼の説は、この点で喜劇作家ピリッポスの説くところに近い[5]。すなわちピリッポスによれば、ダイダロス[6]は木製のアプロディテ[7]を動かすのに水銀を注入したというのであるが、デモクリトスの説くところもまた同じ趣旨である。すなわち［魂である］不可分な球体は、けっして静止することのない自然本性をもっているから、自分自身が動きつつ、身体全体を牽引して動かす

（1）アリストテレスによれば、基本要素である火、空気、水、土にはこの順で上方からそれぞれの固有の場所があり、そこに向かって自然本性的に運動する。中間的な動とは、ここでは空気と水の運動を指す。

（2）四〇六b二は底本の τόπου への変更に従わず、写本通り τὸ σῶμα を読む。

（3）これはもちろんアリストテレス自身は認めえない不合理な事態で、帰謬法を構成する。

（4）このパラグラフの論理構造については補註Fを参照。

（5）ピリッポスは著名な喜劇作家アリストパネスの息子で自身喜劇を書いた。「断片」二二（『ギリシア喜劇作家断片集（*FCG*）』Ⅱ一七二（Koch））参照。

（6）アテナイの伝説的彫刻家。彼の制作した彫像は縛り付けておかないと動き回ったと伝えられている。

（7）愛、美、豊饒の女神。

のだと主張している。――だがこれに対して、われわれは、まさにその球体が静止もさせるのかを問いただすであろう。ところがそれがどのように静止を生み出すことになるのかを語ることは、困難でありむしろ不可能でさえある。一般的に言って、魂が動物を動かすように見えるのは、そのような仕方ではなく、むしろ何らかの行為選択や思惟の活動を通じてなのである。

ティマイオスも[1]、魂が身体［物体］を動かすということをこのデモクリトスと同様の自然学的説明によって主張している。すなわち、魂はそれ自身が動くことによって身体をも動かすが、それは魂が身体に対して織り合わされているからだというのである[2]。というのも、魂が音階の調和に対して生来同族の感覚能力を所有することと[3]万有が協和音的［共鳴的］動きによって運行することを目的として、魂は諸々の基本要素から構成され[4]、調和的数に従って分かたれたからである[5]。その上で、製作者はこの真っ直ぐな魂を折り曲げて円形にした[6]。そしてこの一つの円環を二点で交わるような二つの円環へと分割し、再びそのうちの一方の円環
407a を七つの円環へと分割したのであるが[7]、その一連の作業は宇宙の運行は魂の動きと同じであるという想定に基づいている。

この見解には次のような問題が指摘されるだろう。

まず第一に、魂が大きさ［空間的拡がり］のあるものであると語るのは正しくない。なぜなら、ティマイオスは、万有の魂ということで、明らかに、それが思惟［知性］と呼ばれるような性格のものであることを意味しようとしているからである（実際、それは少なくとも感覚する魂に類するものでも、また欲求する魂に類するものでもないのは確かである。なぜなら、こうした魂の動きは、円環運動ではない[8]からである）。ま

た思惟［知性］は、思惟活動がそうであるのと同じ意味で、一にして連続的なものである。ところで思惟活動とは、諸々の思惟された事柄［思惟内容］と同一であり、[9] この思惟された事柄は、数がそうであるように、継起的な意味で［離散量として］一なのであって、大きさがそうであるような意味において一なのではない。[10] だから思惟［知性］もそのような意味で連続的なのではなく、部分をもたないものであるか、あるいは連続的であるにせよ一定の大きさが連続的であるというのとは異なった意味においてそうなのである。

実際、大きさ［空間的拡がり］のあるものならば、それはいったいどのように思惟するのであろうか。[11]

(1)自

(1) プラトンの対話篇『ティマイオス』で主要に議論を展開する登場人物。

(2)『ティマイオス』三六E二―五。

(3) 同書三七A―B。「生来同族の感覚能力」という言葉は四二A五―六に見える。

(4) 同書三五A―B。

(5) 同書三五B―三六B。

(6) 同書三六B六―C四。

(7) 同書三六C七―D七。

(8) 同書四三C―四四C。

(9) のちに第三巻第六章などで詳しく展開されるアリストテレスの見解に基づく主張。

(10) 思惟された事柄（思惟内容）は、たとえば論証の前提と結論というように、ある意味では一続きのものであっても、一つ一つは別個でそれが〈次々と〉という継起的なかたちで連続するのであり、一つの大きさのように区分なく連続するものではない。

(11) 以下では、『ティマイオス』において思惟活動が円環の（物理的）運動として捉えられているという解釈を前提として、さらに思惟（知性）が大きさをもっていると仮定した場合の諸困難を、いくつかのケースに細分して、それぞれ指摘していく。円環が回転しながら対象と接触することによって、その対象についての思惟が成立するというイメージを浮かべると、批判されている見解が理解しやすいかもしれない。

20

分自身のいずれかの部分によって思惟するのだろうか。(a) その部分は、大きさのあるものという意味の部分だろうか、(b) それとも、点という意味での部分――かりにそれも部分と言わなければならないとしてであるが[1]――であろうか。

そこで、かりに(b) 点という意味での部分によって思惟するのであり、点は無限にあるとすれば、明らかに、それを最後まで行き尽くすということはけっしてないであろう。他方で、(a) 大きさのあるものという意味での部分であれば、同じものを数多く、あるいは無限回も思惟することになるだろう[2]。しかし一度だけでも思惟することができることは明白である。また、(c) どの部分であってもそれが接触するだけで思惟するに十分であるとするならば、なぜ思惟［知性］は円環運動する必要があるのだろうか、いやさらに、そもそも一般的に大きさをもつ必要があるのだろうか。

だがもし、(2) 思惟するのには円環の全体で接触するのでなければならないとするならば、部分による接触とはどのような意味をもつというのか。

さらに、(3) 部分をもたないものによって可分的なものを思惟したり、可分的なものによって部分をもたないものを思惟することは、いったいどのようにして可能だろうか。

しかし思惟［知性］はこのような円環でなければならないはずである[3]。なぜなら、思惟［知性］の動［運動変化］は思惟活動であり、円環の動は回転だからである。そこで、思惟活動が回転であるとすれば、思惟活動であるそのような回転が属す円環は、思惟［知性］でもあることになるだろう。

しかしそうすると、思惟［知性］がつねに思惟するその対象となるものは何であろうか。（「つねに」というのは、回転運動は永遠である以上、そのように思惟するのでなければならないからである）。というのも、行為にかかわる思惟活動には一定の限りがあり（すなわちそのような思惟活動はすべて、思惟活動自身とは別の目的を目指すものである）、観想にかかわる思惟活動は、それを表わす説明規定と同じように限定されているからである。ところで、説明規定はすべて、定義であるか論証であるかのどちらかである。さて一方のもろもろの論証(4)は、始原〔原理となる出発点〕から始まるとともに、推論あるいは結論というある意味での終極するところをもつ（もしかりに論証が限界づけられないとしても、それでも少なくとも再び始原へと復帰するということはなく、そのたびごとに中項と末項をつけ加えて真っ直ぐに進んでいく。しかし回転運動は再び始原へと復帰するのである）。もう一方の定義はすべて限界づけられているものである。

さらに、もし同じ回転運動が何度も繰り返されるとすれば、同じものを何度も思惟しなければならないということになるだろう。

（1）アリストテレスにとっては、点は大きさをもつものの部分ではない（『自然学』第四巻第十一章二二〇ａ一七―一八）。

（2）これは、大きさは有限のあるいは無限の数の部分に分割できる、というアリストテレス自身の理解からの帰結である。

（3）アリストテレスは、自分自身の反論が、思惟（知性）と円環との同一視という前提に基づいていることを自覚しており、ここでその正当化を試みている。それを支えるのは「その活動が同一なものはその活動の主体となるものも同一である」ということである。

（4）四〇七ａ二六は *αἱ μὲν οὖν ἀποδείξεις*、ａ二七は *ἔχουσι* と読む。

またさらに、思惟活動は動［運動変化］よりも一種の静止や停止に似ている[1]。同じことが推論についても当てはまる。

407b しかしさらに加えて、容易ではないもの、強制によるものというのはけっして幸福ではない[2]。だが動［運動変化］は魂の本質ではないとすれば[3]、それはその自然本性に反して動かされることにもなるだろう。そして身体に混ぜ合わされて解き放たれることができずにいることも辛いことであり、まして、そう言い慣わされておりまた多くのひとびとの同意するように、思惟［知性］にとっては身体を伴っていない方がいっそうよいことであるならば[4]、そのような状態は避けるべきことである。

また、天界が円環的に運行することの原因も不明瞭である。というのも、魂の本質は円環的に運行することの原因ではなく、むしろ魂にとってそのような仕方で動くことは付帯的なことでしかないし、また身体もその動きの原因ではない。魂の方がむしろ身体の動きの原因である。しかしさらに、そのように魂が動くことがよりよいことだということも説明されていない。だが少なくとも、神が魂を円環運動するようにした理由は、魂にとって止まるよりも動くことが、そして他の運動形態よりもそのように円環に動くことがよりよいからだ、ということであったはずである[5]。

しかしこのような考察は、別の論究[6]にいっそうふさわしいので、当面はこれ以上立ち入らないことにしよう。しかしそれでも、以上の議論にも、また魂についての言説の大部分にも、以下のような不合理な帰結が伴っている。すなわち、そのような言説は魂を身体に結びつけ身体のなかに入れ込みながら、それはいかなる原因によるのか、またその身体はどのような状態にあるのかという点について、それ以上の規定をまったく与えていないのである。けれども、そうした説明は不可欠であると思われるだろう。なぜなら、一方が作用し他方が作用を受けること、また一方が動かし他方が動かされるということは、両者の共通性に基づく[7]のであり、任意にとりあげたものの間ではそのような相互の関係は成立しないからである。ところが先のように論じるひとびとは、もっぱら魂がどのようなものであるかを述べようとするだけであって、それを受け入れるべき身体については、もはやそれ以上には何一つ規定してはいないのである。あたかもそれは、ピュタゴラス派の物語のとおりに、どれであれ任意の魂がどの任意の身体へも入り込むことができるといっているかのようである。しかしこれは不合理であり、実際それぞれの身体は固有の形相あるいは形姿をもっていると考えられる。だが彼らの語るところは、まるで建築術が笛のなかへと入り込むと主張しているのに近い。実際には、技術は本来それにふさわしい諸道具を使用しなければならず、魂はそれの身体を使用しなければならないのである。

（1）第三巻第十一章四三四a一六、『自然学』第七巻第三章二四七b一一―一二参照。
（2）プラトン『ティマイオス』三四Bでは、宇宙の魂が幸福であると述べられている。
（3）四〇七b一は底本のἤへの変更に従わず、写本のμήを読む。
（4）プラトンおよびプラトン学派の見解。
（5）これは、思惟（知性）を万有の原因とするアナクサゴラスの説に対するソクラテスの批判（プラトン『パイドン』九七D以下）を想起させる言い方である。
（6）『自然学』第八巻、あるいは『天について』第一巻などが推定されている。
（7）『生成消滅論』第一巻第七章とくに三二三b三〇以下を参照。また八五頁註（5）も参考にされたい。

第四章

魂については、なお他の見解も伝えられており、それは多くのひとびとにとっては、いままで論じられた見解のどれにもまったくひけをとるところのない説得力をもつものだが、しかしすでにこの見解は、公におこなわれている議論においても、まるで監査を受けて弁明をしている状態にある[1]。

すなわち、魂は一種の調和であると主張されているのである。というのも、彼らによれば、調和は相反するものの混合または結合・組み合わせであり、そして身体は相反するものから合成されているというのである。けれども、たしかに調和は混合されたものの一種の比であるかあるいは組み合わせではあるが、魂はそのどちらでもありえない。さらに、ものを動かすということは調和の特性ではないが、ほとんどすべてのひとびとが何にもまして魂に帰属させているのがこのはたらきなのである。

また魂についてよりも、健康について、また一般的に身体の良好な状態について、それが調和であると語る方がいっそう事実と調和している。このことは、魂のさまざまな様態［感受状態］ないし活動についてある特定の調和を当てはめて説明しようとすれば、最も明瞭となるだろう。実際、調和させるのは困難である。

さらに、われわれが「調和」と語るときに着目するのは、二つの意味である。その一方は最も本来的な意味であって、つまり、大きさのあるもののうちで動きと位置をもつもの[2]において、同種類の他のものをそれ以上まったく受け入れることがないほどに互いによく調和している場合に、それらの組み合わされた状態を称するのであり(3)、また他方はそこから派生した意味であって、混合されたものの比のことである。さてもしこのような意味で「調和」と語るのであれば、そのどちらの意味でも魂を一種の調和であると語ることは理にかなっていない。しかし、魂は身体の諸部分の組み合わせであるという見解の方が、きわめて容易に論駁できる。

というのも、諸部分の組み合わせというのは数多くある上に、組み合わせの仕方も多様だからである。とすれば、われわれは、思惟［知性］や、あるいはまた感覚する能力とか欲求する能力とかを、どのような部分からなる、どのような仕方での組み合わせであると考えるべきなのか。

また魂が混合の比（ロゴス）であるという見解も、同様に不合理（アロゴン）である。なぜなら、肉を成立させる混合と骨を成立させる混合とでは、混合される基本要素の比は同じではないからである。すると、すべての身体的部分は基本要素が混合されることから成立し、その混合の比が調和である、つまり魂であるとす

（1）このテキストには問題があり、さまざまな校訂や解釈が提出されている。ここでは底本の校訂ではなくひとまずほとんどの写本通りに読む。いずれにしてもこの言葉は、プラトンの『パイドン』での魂調和説への批判、およびそれを継承したアリストテレスの失われた作品『エウデモス』での同説の批判などによって、この説がすでに分析、批判されているということを念頭においたものであろう。

（2）つまり大きさ（拡がり）をもつもののなかで、数学的対象を除いた具体的に存在する事物。

（3）『自然学』第六巻第一章二三一a二一―二三参照。連続性とも接続関係とも区別される、一定のパターンに従った系列関係。家屋が等間隔に並んだ街並みなど。

(408 a)

るならば、数多くの魂がしかも身体の全体にまでわたって存在するという結果になるだろう。

またこの点についてならエンペドクレスにも説明を求めてもよいであろう[1]。なぜなら彼は、身体〔物体〕的部分のそれぞれが一定の比によって成立していると主張しているからである[2]。では、魂とはそのような比であるのか、それともむしろ魂は諸部分のなかに生成するがそれとは別のものであろうか。さらに〈愛〉[3]は任意のどんな混合についてもその原因なのか、それとも一定の比に従った混合の原因なのか、そして〈愛〉は比そのものなのか、それとも比とは異なる何かであるのか。

こうした見解は、以上のような諸困難を抱えているのである。とはいえ、もし魂が混合とは別の何かであるとすれば、ではいったい、「肉であること」〔肉の本質規定〕や動物の他の「諸部分であること」〔諸部分の本質規定〕が消失すると同時に魂も消失するのはなぜであろうか[4]。これに加えて、もし魂が混合の比ではないと想定して、それぞれの部分が魂をもつことを否定するならば、魂が身体を残して去るとき、消滅するのは何なのかが問われよう。

さて、こうして魂が調和であるということも円環運動をするということも不可能であるということは、以上の議論から明白である。ただし、われわれがすでに述べたように[5]、魂が付帯的な仕方で動くこと、また自己自身を付帯的に動かすことも可能である。後者の運動は、具体的には、魂がそのなかにあるもの〔身体〕が動き、そしてこれが魂によって動かされるという場合のことである。けれども、魂が場所的に動くということは、他の仕方では不可能である。

だがいっそう当然の問題が提起されるのは、魂について、それが動くと想定しながらも、次のような点に

408b 注意するときである。すなわちわれわれは、魂が、苦しむ、喜ぶ、勇む、恐れる、さらに怒る、感覚する、思考すると語る。これらはすべて、動〔運動変化〕であると思われる。このことから、ひとは、魂は動くと考えるに至ったのであろう。しかしそれは必然的に帰結することではない。なぜなら、もしかりに百歩譲って、苦しむことや楽しむこと、思考することなどが動〔運動変化〕であり、つまりこれらの活動のそれぞれが動くことであり、そしてそれぞれの動は魂によって動かされて成立するのであるとしよう。たとえば、怒ることや恐れることは心臓がこれこれという特定の仕方で動くことであり、思考することはおそらく何かそれに類した器官が、あるいはそれとは異なる器官が動くことである、などがその例であり、またこの動のうち、あるものは何らかの身体的部分が場所移動という仕方で動くことによって生起し、またあるものは何らかの部分が性質変化という仕方で動くことによって生起するものであるとする（それぞれがどのようなものであり、

（1）同様の批判は、『自然学』第二巻第二章一九四a二〇以下および『形而上学』A巻第十章九九三a一七以下などに見られる。

（2）これはエンペドクレスに対するアリストテレスの（かなり強引な）解釈である。より詳しくは『動物部分論』第一巻第一章六四二a一八以下を参照。

（3）エンペドクレスにおける、万物を結合する原理。

（4）アリストテレスによれば、生物、すなわち魂をもつものの諸部分は生きているかぎりでそれぞれの部分としての本質が成立しており、生物が死ぬ、すなわち魂を失うとその諸部分はもはやその本質を失う。この見解については第二巻第一章参照。したがって肉が肉としての本質を失うことは魂も失われていることを意味する。

（5）本巻第三章四〇六a三〇―b一一参照。

またどのような仕方で起こるのかはまた別の話である）。しかしかりにそうだとしても、(1)「魂が怒る」と語るのは、あたかもひとが「魂が機を織る」とか「魂が家を建てる」と語るのと同然だということになるだろう。実際のところ、「魂が憐れむ」「魂が学ぶ」「魂が思考する」と語るのではなく、「人間が魂によってそうする」と語る方が、おそらくより適切であろう。ただし、それの意味するところは、魂のうちに動［運動変化］が存在するということではなく、あるときには魂にまで動［運動変化］が到来するし、またあるときには魂から動［運動変化］が生起するということであり、たとえば感覚はこれという確定したあり方の事物を起点とするのであり、想起は魂から始まって感覚器官の内部の運動変化あるいはその残留物へと至るのである。

しかし思惟［知性］は、一種の実体［あるということの主体］であって、身体のうちに生じるが、滅びることはないようである。(2)なぜなら、万一それが滅びるとしても、それはきっと老年の衰弱のせいであろうが、しかし実際に起こっているのは、おそらく、感覚器官に起こるのと同じ事情であると思われるからである。というのも、老人がある特定の性質の眼をもつことができたなら、若者と同じようにものを見ることができるであろう。したがって、老いとは魂自身が何らかの作用を受けたために起こるのではなく、酩酊や病気の場合のように、魂がそこに内在するものが作用を受けたために起こるのである。だから思惟することも観想することも、たしかに身体の内部の何か他のものが滅びるときには衰弱するが、しかし思惟するものそれ自身は作用を受けることはない。だが、思考することや愛したり憎んだりすることは、思惟［知性］の感受する様態ではなく、思惟［知性］をもつ特定のあり方のもの［思惟［知性］をもつ身体］が思惟［知性］をもつかぎりにおいて、それに属する様態である。このことがまた、この思惟［知性］をもつものが滅びると想起することも愛することもないということの理由である。なぜならこれらの活動は、確認されたように、思惟［知性］に属するのではなく魂と身体とからなる共通の結合体に属しているのであり、滅びたのはそれなのである。思惟［知性］は、おそらく、いっそう神的なあるものであり、作用を受けるものではないのである。

こうして魂が動くことが不可能であることは、以上の議論から明白である。しかし、もしそれが動くこと全般が否定されるなら、自己自身によっても動かされることができないことは明らかである。

だが、これまで言及した見解のなかで最も不合理なのは、魂は自己自身を動かす数であるという説である。(3) というのも、このように主張するひとびとは、まずそもそも魂が動くという見解から帰結する不可能な事柄ばかりでなく、さらに魂を数であると語ることから帰結する固有の困難をも引きうけるはめになるからである。

409a (1) すなわち、〈単位的一〉が動くということをどのように考えたらよいのだろうか。(4) 部分も差異もない

(1) τὸ δέ（四〇八b一一）と読む。

(2) 思惟（知性）と身体との関係は、より本格的には第三巻第四、五章において論じられる。ここでは未だ示唆にとどまるため、いくつか断定を避ける表現が用いられている。

(3) アカデメイアでアリストテレスと同僚で、同学園第三代の学頭でもあったクセノクラテスの説。ただし当該箇所でもこの説を唱える者が複数形で表現されているように、クセノクラテスだけに帰されるものではないかもしれない。

(4) アリストテレスは数を「〈単位的一〉が多数であること」として規定している（『形而上学』Ｉ巻第一章一〇五〇a三〇）。したがって「自己自身を動かす数」という想定は、〈単位的一〉が動くということの理解可能性というかたちで問題とされる。

ものであるのに、何によって、どのような仕方で動くのだろうか。[1] というのも、動かすことができるものでありまた動かされるものであるというかぎりにおいて、それは差異をもたねばならないからである。

(2) さらにこの見解を唱えるひとびとは、線が動くことで面が、点が動くことで線ができると主張するのであるから、〈単位的一〉の動きも線になるであろう。なぜなら、点は位置をもつ〈単位的一〉であり、また魂に属する数は、もちろん、どこかに存在し、位置をもつからである。[2]

(3) さらにまた、もしひとが数から数または〈単位的一〉を抽き去るならば、残るのは別の数である。[3] しかし植物や動物の多くは、分割されても生き延び、それぞれの切片は〈種〉において同一の魂をもっているように思われる。

(4) また、もろもろの〈単位的一〉と呼ぶのと微小な物体と呼ぶのとでは、〔数的には〕まったく異なるところのないように思われるだろう。なぜなら、もしかりにデモクリトスの言う〔魂と同一視される〕球形の諸原子から点が生じたとするなら、つまり〔この変換において延長的な大きさや形は捨象されて数的な〕量だけがとどまって残るとするならば、その〔数的な〕量のうちには、〔もとの原子がそうであった〕大きさをもつ連続的なもののうちに存在するのと同様に、何らかの動かすものと動かされるものとが存在することになるだろう。[4] なぜなら、いま述べた動かすものと動かされるものとの区別が成立するのは、〔原子の〕大きいとか小さいという点での相違に基づくのではなくて、〔諸原子の集合を変換したものである可分的〕量であることによるからである。それゆえ何か諸々の〈単位的一〉を動かすべきものが存在しなければならない。しかし動物においては動かすものは魂であるとすれば、それは数の場合にもそうであり、したがって魂は動かし動かされるものではなく、ただ動かすだけのものということになる。するとしかし、この動かすものが〈単位的一〉であるということはいかにして可能だろうか。というのも、その〈単位的一〉には、他の諸々の〈単位的一〉と比較して何らかの相違が属していなければならないが、しかし〈単位的一〉としての点に、位置以外のどのような相違が帰属するだろうか。

(5) こうして、身体内の〈単位的一〉すなわち点が魂を構成する〈単位的一〉と異なるとすれば、同じところに複数の〈単位的一〉が存在することになるだろう。なぜならそれぞれの〈単位的一〉は点の占めている場を占有することになるであろうから。しかしながら、同じところに二つのものが存在するとすれば、また無限に多く存在することに何の差し支えがあるだろうか。というのも、それの占める場所が不可分であるなら、その占有しているもの自身も不可分だからである。

(6) 他方でもし身体内の点が魂を構成する数と同じだとすれば、あるいはもし身体内の点の数が魂である

(1) これは「不可分なものは、付帯的な仕方でしか動く（動かされる）ことはできない」というアリストテレス自身の動の理解に基づく疑問である。『自然学』第六巻第十章二四〇b八以下参照。

(2) 魂の数である〈単位的一〉は位置をもち、したがって点であるから、魂が動くことは線を生み出すという不合理を帰結する。

(3) すなわち一を引くと偶数であったものが奇数に、奇数であったものが偶数になり、〈種〉において異なる数が成立する。

(4) 「魂すなわち自己自身を動かす数」という説は、数を構成する〈単位的一〉の間に動かすものと動かされるものという区別が成立すると想定する。ここでの議論は、原子が〈単位的一〉に変換可能ならば、球形の原子だけが魂であるというようなデモクリトスの見解が維持しえないことを示すことによって、そのような想定を論駁する。

とすれば、身体［物体］のすべてが魂をもっているわけではないのはなぜであろうか。なぜなら点はすべての物体に、しかも無限に存在すると思われるからである。

(7) さらに、ともかく線は点へと分解されるということはないとすれば、そのような点がいかにして身体から分離し身体を残して離脱することが可能なのだろうか。

第五章

409b またこの見解は、われわれがすでに述べたように[1]、一方では、(1) 魂が微小な物体であると主張するひとびとの見解と同一であるという結果になるが、他方では、(2) 動物が魂によって動かされるとデモクリトスが主張するのと同じように動を説明することになり、その結果帰結する不合理は彼らに独特である。というのは[2]、魂は感覚する物体［身体］のすべての部分のうちにある以上は、もし魂がある種の物体であるとするなら、同じところに二つの物体が存在することは避けられないからである。そして魂を数だと主張するひとびとにとっては、(i) 一つの点のなかに数多くの点が存在しなければならないか[3]、もしくは、(ii) 物体［身体］はすべて魂をもつのでなければならない[4]。――もし魂を成す数が身体のうちに生成し、身体のうちにそなわっている数とは異ならず、つまり身体にそなわった点の総量とは別ではないとするならば。また[5]、動物が数によって動かされる動かされ方は、デモクリトスもそのような仕方で動物を動かすとわれわれが主張したの[6]と同じであるということが帰結する。実際のところ、小さな球であると述べるのと大きな〈単位的一〉であるとか一般に場所移動する〈単位的一〉であると述べるのとでは、どのような相違があるだろうか。なぜなら、どちらにしたところで、動物を動かすことは、それらが動くことに依拠せざるをえないのである。すると同一のものに動と数とを織り込んだひとびとは、以上の問題とともに類似した他の数多くの問題を抱える結果となる。なぜなら、そのような捉え方は魂の定義ではありえないというにとどまらず、魂に付帯する事象を記述するものでもありえないからである。このことは、もしひとがこの「動かす数」という説明規定に基づいて、魂の様態や活動、たとえば推論や感覚、快楽や苦痛、その他このような様態や活動のすべてについて説明しようと試みれば、明白である。実際のところ、先にわれわれが指摘したように、[7]このような見解からではそれらの活動や様態を推し量ることさえ容易ではない。

さて、[8]われわれには、それに基づいて魂を定義する三つの方法が伝えられており、(1)あるひとびとは魂

---

(1) おそらく本巻第四章四〇八b三三以下を指す。

(2) 上記の論点のうち(1)に関する問題点の指摘。

(3) 魂を構成する数すなわち複数の〈単位的一〉が魂をもつ物体（身体）内の点と異なると仮定したときの帰結。そのときは、その魂をもつ物体の一つの点には複数の〈単位的一〉が実現することになる。本巻第四章四〇九a一八–二五を参照。

(4) つづく条件節が明らかにするように、魂を構成する数すなわち複数の〈単位的一〉が魂をもつ物体（身体）内の点と同一であると仮定したときの帰結。本巻第四章四〇九a二五–二八参照。

(5) 上記の論点のうち(2)に関する問題点の指摘。

(6) 本巻第四章四〇九a一〇–一八。

(7) 本巻第一章四〇二b二五以下を参照。

(8) ここまでで、魂が動かす数であるとする見解の検討が終わる。本来はここから新しい章が始まるべきだろう。

が自己自身を動かすことによって最も動かすことのできるものであると表明し、(2)またあるひとびとは他のものに比較して最も微細であるとか最も物体性が希薄であると表明した。だが、これらの見解がいかなる困難や矛盾を含んでいるのかについては、ほぼ詳論し終えたと言ってよい。残る課題は、(3)魂が基本要素から成立しているという見解が(1)どのような意味で主張されているのかを考察することである。すなわち、彼らがこの「魂は諸基本要素から成立するという」見解を主張するのは、魂が存在するものを感覚したりそれぞれの事象を認識したりするためであるという。しかしこの説明には、多くの不可能な事柄が必然的に伴うこととなる。なぜなら、こうしたひとびとは、「似たものは似たものによって知られる」と想定するのであるが、その想定の仕方はまるで魂がその対象となる諸事物と同一であると措定するのと同様である。しかし、基本要素が存在するもののすべてではなく、他の多くの事物もそうであり、むしろおそらく、そうした基本要素から構成されるものは数の上で無限であろう。

そこで、そうした事物のそれぞれを構成する基本要素については、魂がそれらを知りまた感覚することができるとしよう。しかし、そこから合成されるもの——たとえば神(2)、人間、肉、骨——がそれぞれ何であるのかについては、何によって認識したり感覚したりすることになるのか。結合されたものなら、他のどれに
410a ついても同じ問題が当てはまる。なぜなら、いま言及した合成物のそれぞれは、諸々の基本要素がどのようなあり方をしていても成立するというのではなく、それらが一定の比あるいは何らかの組み合わせ方に従って構成されることによるのであり、それはエンペドクレス自身も骨について述べている通りである。

恵みなす土は、その胸幅広き坩堝のなかに、

八つの部分のうち二つを輝くネスティスから受け取り、
また四つをヘパイストスから受け取った。すると白い骨ができた(3)。

だから、魂のうちに諸基本要素が内在するといっても、もしもさまざまな比や組み合わせも内在するのではないとすれば、何の役にも立たないことになる。なぜなら、魂内部のそれぞれの基本要素は、それと似たものを知ることになるだろうが、しかし骨や人間については、もしそれらも魂に内在していなければ、まったく知ることはないだろう。しかしこれらが内在するということが不可能であることは、言をまたない。実際、いったい誰が魂のうちに石だとか人間が内在するかどうかを問題とするだろうか。また善きものや善くはないものについても事情は同様であり、同じことはそれ以外のものについても言いうる。

さらに、「ある」ということは多くの意味で語られるが（すなわち、それは、〈あるこれ［実体］〉を表わすこともあるが、また量や性質、またすでに区別されたカテゴリーのうちの他のどれかを表わすこともある）、魂はそれらのすべてから構成されて成立するのだろうか、それともそうでないのか。しかしすべてのカテゴリーに共通するような基本要素は存在しないと考えられる(4)。ではいったい魂は、実体に属するかぎり

---

(1) この見解は、すでにエンペドクレスやプラトンに帰せられた（本巻第二章四〇四b八―一七）が、以下では主としてエンペドクレスの見解が検討される。

(2) 文字通り解すると「神」が合成されたものということになるが、そのような理解はアリストテレスのものではない。エンペドクレスの「神」を念頭においているのであろう。

(3) エンペドクレス「断片」B九六（DK）。

(4) 異なった類にあるいはカテゴリー間に共通する要素は存在しないというのは、アリストテレス自身の基本的見解。『形而上学』I巻第二章参照。

の基本要素だけから構成されるのか。すると他のカテゴリーに属するそれぞれのものまでも、どのように知りうるのか。あるいは、それぞれの類すなわちカテゴリーには固有の基本要素や始原が属し、それらから魂は構成されると主張するであろうか。そうすると魂は量でも性質でも実体でもあるということになるだろう。しかし量のカテゴリーに属する基本要素から構成されるものは、量ではなしに実体であるということは不可能である。[1] こうして魂は基本要素のすべてから成立すると主張するひとびとには、以上の困難やこれに類する他の困難が伴う結果となるのである。

また、一方では似たものは似たものによる作用を受けないと主張しながら、他方では似たものが似たものを感覚するとか、似たものを似たものによって知ると主張することも、不合理である。だが、感覚するとはある種の作用を受けることであり動かされることであると、彼らは想定しているのである。さらに思惟することも知ることも同じように考えている。

またエンペドクレスのように、物体的な基本要素によって、そして似たものとの関係に基づいて、それぞれのものが認識されると語ることは、多くの困難や難問を含んでいる（エンペドクレスがそう主張したことについてはいま先に引用した彼の言葉が証言するところである[2]）。すなわち、［先に引用された言葉によれば土は土を認識するのであるが］動物の身体のうちにあって純粋に土から成立しているもの、たとえば骨や腱や髪 410b などは、何一つ感覚することはないように思われ、したがって、似たものさえも感覚しないのである。けれどもこの見解によれば、感覚するはずである。

さらにまた始原のそれぞれには、知よりも無知の方がいっそう多く属することになるだろう。というのも、各始原はそれぞれ一つのものを[3]知りはするが、多くのものを知らないということになるだろうから。つまり、それ以外のすべてのものに無知なのである。そして少なくともエンペドクレスにとっては、[4]神が最も思慮を欠いたものとなるということさえも帰結する。なぜなら、神だけが諸々の基本要素のなかの一つのもの、すなわち〈憎〉を認識せずにいるのに、死すべきものはすべての基本要素を知ることになるからである。というのは、死すべきもののそれぞれはすべての基本要素から構成されるからである。そして一般的に言って、あらゆるものはそれ自身が基本要素であるか、あるいは基本要素の一つ、または複数、またはすべてから構成されるという以上は、存在するすべてのものが魂をもつわけではないのはどのような理由によるのかが問われる。なぜなら、存在するものはすべて、必ず何か一つのものを、あるいはいくつかのものを、またある

(1) これがどのような意味で受け入れがたい帰結であるのか、という点については諸解釈があるが、比較的わかりやすいのは魂が量であるということは、魂＝数とする説の論駁を通じてすでに否定されているという暗黙の前提に基づくという解釈である（ロディエ、トリコ）。

(2) μαρτυρεῖ τὸ νῦν λεχθέν（四一〇a二九）は、このままでは読みにくく、トルストリクやヒックスにしたがって削除すべきかもしれない（τὸ νῦν λεχθέν を未来形のように読むシンプリキオス以来の解釈は無理であろう）。ただしここでは、試みに、ドゥ・コルトを参考にしてこのように訳出した。「先に引用した言葉」とは本巻第二章四〇四b一三－一五のエンペドクレスの「断片」を指す。

(3) 比較的多くの写本とヒックス、ロディエ、ジャノンらに従って四一〇b三を ἓν ἕκαστον と読む。

(4) エンペドクレスの「円環（τὸν σφαῖρον）」を念頭においている。エンペドクレス「断片」B二七－二九（DK）参照。これと密接に関係する批判が『形而上学』B巻第四章一〇〇〇a二六－b五において展開されている。

(410b) いはすべてを知るに違いないからである。

また、それら基本要素を一つに統一するものはいったい何であるのか、ということも、ひとは問題とするであろう。なぜなら、基本要素はともかく素材〔質料〕に類似しているからである。というのも、[1]何であれそれらを統括するものこそが最も優越したものだからである。だが、魂よりも強力で支配的な何かが存在することは不可能である。まして思惟〔知性〕よりさらに強力で支配的なものが存在することは、いっそう不可能である。実際、思惟こそが、自然本性上最も先なるもので優越しているものであるというのは当然である。けれども彼らの主張によれば、諸基本要素こそ存在するもののうちで第一次的なものなのである。

さて、魂が存在するものを認識し感覚するということに基づいて、魂が諸々の基本要素から成立すると主張したひとびとも、また、魂は最も動きを引き起こす能力をそなえたものであると主張したひとびとも、みなことごとく、その論述は魂のすべてにまで及んでいない。なぜなら、何かを感覚するものがすべて動きを引き起こすことができるというわけではないからである。（ある種の動物は場所に固着しているのが観察される[2]ことがその証左である。けれども、少なくともひとびとに思われているところでは、魂が動物を動かす仕方は運動変化のうちでこの場所移動だけである。） また思惟〔知性〕や感覚する能力が諸々の基本要素から成立すると考えるひとびとについても、そのかぎりで同様の批判が妥当する。というのも、見たところ、植物は生きているが場所移動[3]にもまた感覚にも与っていないし、また動物のうちの多くも思考をもっていないからである。またもしひとがこれらの点を譲歩して思惟〔知性〕は魂のうちのある一つの部分であり、また感覚する能力も同様であると想定したところで[4]、たとえそうだとしても、すべての魂について普遍的に語

ったことにもならないし、(5) どの一つの魂をとってもその全体について語ったことにもならないであろう。(6)

また、オルペウスの詩と称されるもののなかの説明(7)もこれと同じ過ちに陥っている。つまりその説明は、呼吸をするときに、魂が風に運ばれて宇宙全体から中に入ってくると言うのである。しかしこのようなことは、植物の場合には起こりえないし、すべての動物が呼吸するのではないのだから、(8) 動物のなかでさえ起こ

---

(1) 多くの写本に従って、四一〇b一二を δι' ἐκεῖνο ではなく γάρ ἐκεῖνο と読む。

(2) 具体的にはタイラギやマテガイなどの二枚貝類が挙げられる（『動物誌』第一巻第一章四八七b六―八、第八巻第一章五八八b一三などを参照）。

(3) 写本に与えられている四一〇b二三の φορᾶς οὐδ' を削除しない。

(4) 魂自体の本質の規定としては、思惟や感覚が基本要素から成立するものであると説明するだけでは十分に包括的ではないことを認めた上で、しかしそれらの認識能力が魂の規定の不可欠の部分をなすこと、あるいはすべての魂の部分を構成しているという主張。

(5) 植物の魂は感覚や思惟能力をもたないので、問題とされている見解はそれをも覆うような包括性を欠いている。

(6) それぞれの魂のどれをとっても、その全体としての説明とはなっていない。なぜなら、たとえば人間の魂については、栄養摂取、運動その他の能力に言及していないし、同様に、動物の魂やさらには植物の魂についても、少なくとも栄養摂取能力への言及、説明を欠いているからである。また、魂内の諸能力の関係あるいは階層性についても説明がないことによって、それぞれの魂の全体的な説明とはなっていないことが示唆されている。

(7) オルペウス「断片」B一一（DK）参照。ただしここでの言い回しが示唆するように、アリストテレスはこの詩の真実性に懐疑的である。

(8) アリストテレスは魚は呼吸しないと考えていた（第二巻第八章四二〇b九―一三も参照）。

411a らないものがある。だが、この点を以上のような見解に与してきたひとびとは見落としてしまっている。またかりに魂が諸基本要素から構成されなければならないとしても、基本要素のすべてから構成されると考える必要はまったくない。反対関係にあるもののうちの一方の部分だけで、その当のものもまたそれに相対するもの[1]も判別するのに十分だからである。その証拠に、われわれは、真っ直ぐなものによって当の真っ直ぐなものも曲がったものも認識するのである。事実、大工の物差しは両方の判別をおこなう。ただし曲がったものは、自分自身も真っ直ぐなものも判別するものではない。

そしてまたあるひとびとは、魂は宇宙全体のうちに混ぜ合わせられていると主張している[2]。タレスが万物は神々に満ちていると考えるに至ったのも、おそらくこのような見解に基づいてのことであろう。けれどもこの見解はいくつかの困難を含んでいる。すなわち、空気や火のなかにあるときには魂は動物を形成しないのに、このような要素が混合されているなかでは動物を形成する[3]——しかも、魂は空気や火のなかにあるときの方がいっそう優れた状態にあると思われているのに——のは、どのような理由によるのだろうか。（ひとはまた、魂は動物のなかにあるよりも空気のなかにある方が優れた状態にありいっそう不死であるというのはなぜなのかを問いただすかもしれない。）

しかしどちらを想定するにせよ、奇妙で理に反することが帰結する。というのも、火あるいは空気を動物であると語る方が背理がいっそう甚だしいが、魂が内在しているのに動物であると言わないのも不合理だからである。もっとも、魂がそれらの基本要素のなかにあると彼らが考えたのは、宇宙全体はその部分と同種のものであるという理由に基づくようである。したがってこのひとびとは、もしも取り囲んでいるもの［空気〕から一部が切り離され動物のうちに受容されることによって動物たちが魂ある〔生命ある〕ものとなるとすれば、全体的魂は動物の諸部分と種的に同じであると語らなければならない。しかし、空気は吸入されて引き裂かれても種的には同一であるが、魂は同質でない部分に分かたれるとすれば、明らかに、魂のある部分は空気のうちに属していたが別の部分は属していなかったことになるだろう。ならば、魂は同質部分的であるか、それとも空気全体のいかなる部分をとってもそこに内属しているというわけではないかのいずれかでなければならない(4)。

こうして、以上の議論から、魂に知るというはたらきが属するのは、それが諸基本要素から構成されているという理由に基づくのでもないこと、また「魂が動く」と語るのは適切でもないし正しくもないことは、明らかである。

けれども魂には、知ることや感覚すること、思いなすこと、さらに欲望することや望むこと、そして欲求

(1) 認識の「対象」を表わすのと同じ言葉。九頁註(6)を参照。

(2) このような宇宙全体に魂が行き渡っているという考え自体は、古代ギリシアの哲学者たちにかなり広範に見られる。

(3) 生物の生成には「同質部分(肉や骨)」というような基本要素の一定の有機的混合が必要であるという、アリストテレス自身の考え方が背景に存在する。

(4) ここでは、魂は栄養摂取能力や感覚能力などの「部分」に分かたれるというアリストテレス自身の見解を前提としてディレンマが導かれている。つまり、魂は同質あるいは種的に同一であるとすれば前提とされた「事実」に反する。他方で魂は同質ではないので、同質的である空気のすべての部分に内属するわけではない、あるいは空気は種的に同一ではないとすれば彼ら自身の前提に反することになる。

全般が属し、また動物の場所的な動きも魂によって生じ、さらに成長し、盛りを迎え、衰微することもそう411bである以上は、いま挙げた活動のそれぞれは魂の全体に属するのであろうか。すなわち、魂のすべてによって、われわれは思惟したり感覚したり、動いたり、他のそれぞれの作用をなしたり作用を受けたりするのだろうか、それとも異なる部分によって異なった活動をするのだろうか。では「生きる」ということも、これら諸部分の特定の一つに、あるいは複数の、あるいはすべての部分のうちに存するのだろうか。それともまた別の原因によるのだろうか。

なるほどある一部のひとびとは、魂は部分に分かたれていて、ある部分によって思惟し、別の部分によって欲望すると述べている[1]。すると、もし魂がその自然本性からして部分に分かたれているならば、魂を一つに統合するのは、何であるのか。というのも、少なくとも身体ではないことは確かだからである。なぜなら、むしろ反対に、身体を統合するのが魂であると思われているからである。ともかくも、魂が離れ去ると、身体は消散し腐敗してしまう[2]。そこで、何か別のものが魂を一つにするのであるとすれば、ほかならぬそれこそがまさに魂であるということになるだろう。しかしまた今度は、それが一つなのかあるいは多数の部分をもつのかを、探究することが求められよう。つまり、もしそれが一つならば、なぜ魂もはじめから一つであるとはならないのか。けれども、もし可分的であるならば、議論は再びそれを統合しているものは何かを探究することになるだろう。そしてそのような問題の追求は無限に続くであろう。

また他方で、魂の諸部分についても、それぞれが身体のうちにあっていかなる能力をもつのかが問題とされるだろう。なぜなら魂が全体として身体のすべてを統合するならば、魂のそれぞれの部分も身体の特定の部分を統合することがふさわしいからである。しかしこのことは不可能であるように思われる。というのも、思惟［知性］が一つに統合するのはいかなる部分であり、あるいはどのようにしてなのか、ということは想像することさえも困難である。

また植物や動物のなかでも一部の有節動物[3]は、切断されても生きていることが観察され、そのことは切断
20 された部分が、数的には異なるとしても、〈種〉においては同一の魂をもっていることを含意している。その証拠となるのは、切断された部分はそれぞれ、一定の時間は感覚能力を維持し、場所的にも動くことである。またそのことが最後まで続かなくとも、少しも不思議ではない。なぜなら、そうした諸部分はその自然本性を維持するための器官をもっていないからである。しかし、それにもかかわらず、切断された部分のそれぞれには、もとの魂のすべての部分が内在しており、その切断された部分のそれぞれの魂は、相互間でも、また切断以前の全体に対しても種的に同一である。この事情は、たしかに魂は全体としては分割できるのではあるが、魂の諸部分［諸能力］は相互に独立離存するものではないことを意味する。[4] しかし植物に内在する始原［原理］[5]も、ある種の魂であるように思われる。すなわちそれは唯一動物も植物も共有しているから

(1) プラトンなどが念頭におかれている。プラトン『国家』第四巻四三六A－四四一C、『ティマイオス』六九C以下などを参照。
(2) プラトン『パイドン』八〇C二以下での描写を念頭においた記述であろう。
(3) 主として昆虫を指すが、それ以外にも、多足類、蜘蛛類、環形動物、扁形動物など節をもった動物の総称である。
(4) このあたりのテキストおよび当該箇所の論証の解釈については、補註Gを参照。
(5) 栄養摂取能力。詳しくは第二巻第二章で検討される。

(411b) である。またそれは感覚にかかわる始原〔原理〕からは分離できるけれども、それがなくては、いかなるものも感覚をもつことはないのである。

第二巻

第一章

さてでは、魂に関して先人たちによって継承されてきた見解については、以上で論じられたとしよう。そこでわれわれは、いわば最初の出発点からもう一度出直すことにして、魂とは何であるか、すなわち魂につ
412a いて可能なかぎり共通の説明規定を求めるとすればそれは何であるかを規定することを試みよう。

ところでわれわれは、実体［さまざまな「ある」ということの根拠となるもの］をある［存在する］もののうちの一つの類[1]であると語っているが、その実体を、一方では素材［質料］――それ自体としては〈あるこれ〉ではないもの――の意味で、他方ではそれとは異なり形すなわち形相――それによって素材がただちに〈あるこれ〉と言い表わされるもの――の意味で語り、そして第三にはこの二つのものが結合されたものの意味で語りもする[2]。しかるに、素材とは可能態であり、形相は現実態であるが、しかしこの現実態にも二通りの意味があって、その一つは「知識の所有[3]」に相当するものであり、もう一つは「知識を行使する［観想する］[4]こと」に相当する。

さて、何よりも実体であると一般に思われているのは物体であり、そのなかでも自然的物体である。なぜ

なら、それら自然的物体がそれ以外の物体の始原〔原理〕だからである。(5) だが自然的物体のうちでも、生命をもっているものと、もっていないものとがある。この場合「生命」によってわれわれが意味しているのは、「自分自身による、栄養摂取と成長・衰微」である。したがって生命に与る自然的物体はすべて、実体であり、ただし素材と形相とが結合されたものという意味での実体(6)であるということになろう。

そして、これがまさに一定の性格をそなえた物体、つまり生命をもつ物体である以上は、物体がすなわち魂である(7)ということはないだろう。なぜなら、物体は基体について述語づけられるものに属するのではなく、むしろ基体として、つまり素材として存在するからである。したがって必然的に、魂とは「可能的に「可能

---

(1) カテゴリーの意味。七頁註(4)参照。

(2) 『形而上学』Z巻第三章一〇二九a一以下を参照。

(3) 「知識の所有」と訳された「エピステーメー」という概念は、当該箇所では知識をそなえてはいるが行使していない状態を指して用いられている。ただし別の場面では現実活動態にあり知識をはたらかせている意味でも用いられる（第三巻第五章四三〇a二〇―二一、第七章四三一a一―二）。

(4) ギリシア語で「テオーレイン（θεωρεῖν）」。当該箇所をはじめとして「エピステーメー」（前註参照）と対比される場合には、すでに所有している知識を実際に行使する活動を表わす。ただしその場合でも、（行為と対比される意味で用いられるときに明瞭となる）物事をよく「観る」という意味を基本に含んでいるので補訳を付した。

(5) 『形而上学』Δ巻第八章一〇一七b一〇以下、Z巻第二章一〇二八b八以下を参照。

(6) 「生命に与る自然的物体」は、「物体」という素材的局面とともに「生命に与る自然的」という規定に表現される形相的局面をもつ結合体である。

(7) 写本上で比較的有力な、τὸ σῶμα ἡ ψυχή と読む（ψυχή は冠詞なしの読み方でもよい）。ともかく、写本伝承上も議論の筋道からも、この文の主語は「物体」であって「魂」ではない。

態において」生命をもつ自然的物体の、形相としての実体」である。ところで、このような形相としての実体は現実態である。それゆえ、魂とは以上のように規定された物体〔可能的に生命をもつ自然的物体〕の現実態である。ただし、現実態は二通りの意味で語られる。すなわち一方は「知識の所有」という意味であり、他方は、「知識を行使する〔観想する〕」という意味である。すると、魂が現実態であるというのは、明らかに、「知識の所有」という意味に相当する。なぜなら、睡眠も覚醒も、ともに魂が存在することを含意しているが、覚醒は「知識を行使する〔観想する〕こと」に類比的であるのに対して、睡眠は知識を所持してはいるが現に行使してはいない状態に類比的だからである。また、同一の個人においては、知識を所持していることの方が知識の現実の行使よりも生成の順序としてはより先である。それゆえ魂とは、「可能的に生命をもつ
412b 自然的物体の、第一次の現実態」と規定される。

また、道具としての器官[1]をそなえたものであれば、それは以上のような物体の性格づけに合致する。植物の部分でさえも、まったく単純ではあるものの、やはり器官なのであり[2]、たとえば葉は莢《さや》を覆うものであり、莢《さや》は果実を覆うものである。また根は口に類比的である。両方とも、栄養分を摂取するという役割を果たすからである。そこで、魂のすべてにわたって何らかの共通する事柄を語らなければならないとすれば、それは「器官をそなえた自然的物体の、第一次の現実態」ということになるだろう。したがってまた、魂と身体とが一つであるかどうかを探究する必要もないのであって、それはちょうど、封蠟《ふうろう》とそこに刻まれた印形とが一つであるかどうか、また一般的にそれぞれのものの素材とその素材がそれの素材であるところのものとが一つであるかどうかを探究する必要がないのと同様である[3]。なぜなら、〈一〉と〈ある〉とはさまざまな

仕方で語られるが、その中心的な意味は、現実態がそうであるということだからである。

かくして、魂とは何であるかが一般的な仕方で語られた。すなわちそれは、事物の説明規定に対応した意味での実体である。この意味での実体とは、先のように規定された［器官をそなえた自然的］物体の「もともと何であるのかということ(4)」であり、それは次のようなものに比せられる。すなわち、ある一つの道具、たとえば斧が、かりに自然的物体であったと仮定してみよう。すなわちその場合には、斧にとって「斧であること(5)」が斧の本質であり、そしてその斧の本質が魂であるということになるであろう。またそこから魂が(6)切り離されたとすれば、同名異義的にそうである以外には(7)もはやそれは斧ではないはずである。しかし実際には、そこから魂が分離されたとしても、それは斧なのである。なぜならば、魂がそれの「もともと何であ

---

(1)「道具としての器官」とは、感覚器官をはじめとして、手や脚、心臓、さらに植物の根なども含む、「生きること」へ貢献する活動をする身体の部分。身体を構成する基本要素（火水風土）が、まず一定の仕方で組織されて「同質部分」として肉や骨などが成立し、さらにそれらが有機的に組織化されて「異質部分」としての「器官」が成立する。

(2)『動物部分論』第二巻第十章六五五b二七以下参照。

(3)この問題については全般的に『形而上学』H巻第六章を参照。

(4)この語句の含意をすべて訳出すれば「そのような物体にとってそのような物体であることとは、もともと何であるのか」というような意味。のちにessentia（本質）として術語化される。

(5)これも基本的に前註と同じ意味をもつ表現。

(6)補註H参照。

(7)「同名異義的」とは、名称は共通するが、その本質を規定する説明規定は異なるもの。『カテゴリー論』一a一―六参照。

るかということ」ないしは説明規定であると言えるのは、そのような［人工的］物体についてではなく、先のように規定された自然的——すなわち自分自身のうちに運動変化と静止の始原［原理］をもつ(1)——物体の場合だからである。

さてしかし、以上述べられたことを、身体の諸部分についても当てはめて考察しなければならない。すなわち、もし眼が動物であるとすれば、視覚がその眼の魂ということになるであろう。なぜなら視覚は眼の説明規定に対応する意味での実体であり、これに対して、眼は視覚の素材であって、視覚が離れ去ると、もはや眼ではないからである。「眼」と呼ばれるにしても、それは「石製の眼」や「描かれた眼」が「眼」と呼ばれる場合のような、同名異義的な意味でしかないのである。

そこで、部分について成り立つことを、生きている身体の全体に当てはめて理解しなくてはならない。というのも、視覚という感覚の部分と眼という身体の部分との関係は、感覚全体と感覚する能力をそなえた——そのように特定されるかぎりでの——身体全体との関係に対して類比的だからである。ただし魂を失ってしまったものは、生きることへの可能態にあるもの［生きることが可能なもの］(2)ではなく、むしろ魂をもっているものがそうなのである。また、種子や果実は、可能的にそのような物体なのである。

こうして、一方では切断作用や見る活動が現実態であるのと対応する意味において、覚醒していることもまた現実態であるが、他方では視覚能力や道具の能力がそうであるのと対応した意味において、魂は現実態
413a なのである。これに対して、身体は可能態にあるものである。しかしながら、瞳(3)と視覚能力とで眼が成立するように、先の場合でも、魂と身体とで生物が成立するのである。

このようにして、魂がその身体から離存するものではないこと、あるいはその魂の一定の部分は――もしも魂が本性上可分的であるとすれば――離存しないということは、明白である。なぜなら、魂の部分のうちのあるものについては、その現実態はまさに身体の部分そのものに属するからである。しかしながら、少なくとも魂の若干の部分がいかなる身体の現実態でもないとすれば[4]、そのことによってその部分が身体から離存することには、何の妨げもないのである。さらにまた、魂が、船員が船に対する関係のような意味において[5]、身体の現実態なのであるかどうかも、いまだ明らかではない。

しかしともかくも、魂については、以上で外郭的な規定と素描とが与えられたものとしよう。

第二章

さて、明晰に理解されてはいないが比較的はっきりと現われている事柄から出発して、明晰であり理に即

(1) これがアリストテレスによる「自然」の一つの理解である。『自然学』第二巻第一章一九三b三―五参照。

(2) すなわち種子や果実は「生きることが可能な状態」にあるもの(動植物)に対して可能的状態にある。『形而上学』Θ巻第七章一〇四九a一四以下参照。

(3)「瞳」と訳されたκορήは、『感覚について』四三八a一六、四三八b五―一六、『動物誌』第一巻第九章四九一b二一などでは、目の内部の液状(水様)体として記述されているので、厳密には瞳と同一ではない。

(4) 思惟(知性)についての仄めかし。詳しくは第三巻第四章と第五章で論じられる。

(5) 四一三a八は写本にはないἢの挿入を読まない。

していっそう認識される事柄へと到達するのであるから、(1) われわれは魂について、まさにそのような道筋に従って、あらためて論究することを試みなければならない。なぜなら、物事を定義する説明規定は、ほとんどの定義が言い表わしているように「しかじかであること［事実］」を明らかにするというだけでは不十分であって、その原因をも含み、それを明確に提示するものでなければならない。しかし現実には、諸々の定義が述べているのは論証の結論のようなものとなっている。たとえば正方形化とは何か。「与えられた矩形の面積に等しい正方形を作ること」である。しかしこのような定義は、結論を述べるものである。これに対して、正方形化とは「与えられた矩形の二辺間の比例中項を発見すること」であると述べる定義(2)は、問題となっている事柄の原因［根拠］を述べている。(3)

そこでわれわれは、考察の出発点を措定して、「魂をもっているものが魂をもっていないものから区別されるのは生きているということにおいてである」と語ることから始めよう。ただしこの「生きている」ということはさまざまな意味で語られるが、もし次のうちのどれか一つがそのうちにそなわっているとすればそれだけで、(4) われわれはそれを「生きている」と語るのである。たとえば思惟［知性］、感覚、場所的な運動と静止、さらに栄養による運動変化すなわち成長と衰微がそれである。それゆえ植物もすべて生きていると考えられるのである。なぜなら植物は自分自身のうちに、それを通じて、反対方向の場所に向かって成長したり衰微したりするような能力と始原［原理］をもっていることがはっきりと観察されるからである。反対方向に向かってというのは、つまり、上方に成長しながら下方へは成長しないということはなく、等しく両方向へ、さらにはあらゆる方向へ(5)と成長するということであり、栄養をとりつづけられるかぎり恒常的に栄養を摂取しずっと生きつづけるものは、みなそうするのである。

さて、この栄養を摂取する能力は他の能力から分離されることは可能であるが、死すべきものにおいては、(6) 他の能力がこの能力から分離されることはできない。植物の場合を見ればこの点は明らかである。実際、魂の諸能力のなかで、植物にはこれ以外の能力は何一つそなわっていない。だから、生きているということが

---

(1) これと類似した方法論的記述は、アリストテレスの他の著作でも表明されている。『自然学』第一巻第一章一八四a一六―一八、『形而上学』Z巻第三章一〇二九b四―五ほか。

(2) エウクレイデス(ユークリッド)『原論』第二巻命題十四および第六巻命題十三参照。

(3) 以上の議論は『分析論後書』で展開された探究の方法論を前提としている(補註A参照)。ただし同書での方法論と当該箇所での議論とがどのように関係し整合するか、という点は議論の余地が多い。たとえばここで論証の結論に比せられている定義は、前章での一般的・共通的規定を指すのか、という点についてはさまざまな解釈がある。

(4) 有力な解釈者たち(ヒックス、トリコなど)はこの「どれか一つだけ(ἕν τι… μόνον)」という言葉ですでに栄養摂取能力が念頭におかれていると解釈している。しかし当該箇所では、われわれが「生きている」と語る場合一般を念頭においているのだから、このあとに展開されるそのようなアリストテレスの理論が先取りされていると解すべきではないだろう。むしろ植物的な栄養摂取活動も、そのようなわれわれの言語表現に基づいて、「生きている」ことのあり方の一つとして特定されるのである。

(5) 魂をもつものの成長という動(運動変化)は、このように特定の方向への運動ではないので、身体を構成する特定の基本要素の運動に還元しては説明できないことを示す。四一三a二九で底本の πάντη は πάντῃ と読む。

(6) このような限定の背景には、不死なるもの、たとえば神々は栄養を摂取することはないという想定がある(『気象学』第二巻第二章三五四b三三参照)。

413b 諸々の生物に成立するのはこの栄養摂取という始原［原理］に基づくのである。だが動物であることは、第一義的には、感覚に基づく。その証拠に、動くことや場所を変えることさえないが感覚はもっているものを[1]、われわれは単に「生きている」と呼ぶにとどまらず、「動物」と呼ぶのである。しかし感覚のなかで最も原初的なものとしてすべての動物にそなわっているのは触覚である。そしてちょうど栄養摂取する能力が触覚をはじめとしたすべての感覚能力から分離されて存することができるように、触覚も他の感覚から分離されることができる。（栄養摂取する能力とわれわれが呼ぶのは、植物も与っているような魂の部分である。また、動物のすべてが、ものに触れうる感覚をもっていることは明白である。）しかし、この二つの能力について、それぞれ以上のような事情が成立しているのはどのような原因に基づくのかということは、のちに述べることにしよう[2]。

いまのところ、次の範囲のことが述べられたということを確認しておこう。つまり、魂は、上述のはたらきの始原［原理］であり、それらによって、つまり栄養摂取する能力、感覚する能力、思考する能力、動［運動変化］によって、規定されるということである。だが、以上の諸能力のそれぞれが魂であるのか、それともそれらは魂の部分であるのか、そしてもしも部分であるとするならば、説明規定の上でのみ分離されるものなのか、それとも場所的にも離存するのか[3]、——こうした問題をめぐっては、その諸能力のうち(i)若干のものについては答えを容易に見てとれるが、(ii)一部のものは困難な問題を含んでいる[4]。なぜなら［(i)の場合］、植物について、切断され、さらに互いに分け離されても明らかに生きているのが観察されるからであり——そのことは切断された部分に内在する魂が、切断前のそれぞれの植物においては、現実態としては一つであるが可能態としては複数であるということを示すものである——、われわれはそれと同様な事実が魂のほかの種類の場合にも起こるのを、有節動物の切断された諸部分において観察できる。実際切断されたどちらの部分も、感覚も場所的な運動もなしうるのであり、またもし感覚をもっているなら表象のはたらきと欲求ももっている。なぜなら感覚が存するところには快楽と苦痛も存在し、それらがあるところには、必然的に欲望も存在するからである。

しかし［(ii)の場合］、思惟［知性］すなわち観想する能力については、まだ何も明確とはなっていないが、魂のうちでも以上の諸能力とは異なるある類を構成するように思われる。そしてこれだけが、ちょうど可滅的なものから永遠なものが分離されうるのと同様な意味で、他の能力から[5]分離されることが可能である。けれども魂の他の部分については、以上の議論から明らかなように、あるひとびとが主張するような意味で[6]離存するわけではない。ただしそれらの諸部分が説明規定の上では異なることは明らかである。つまり、感覚

(1) 第一巻第五章四一〇b一八—二一および五三頁註(2)を参照。
(2) 第三巻第十二章参照。
(3) すなわち空間的に占める位置の相違として。のちには「大きさの上で」とも表現される。
(4) 「困難な問題」には、以下で述べられるように、少なくとも思惟（知性）の「離存可能性」の問題が含まれる。
(5) 「身体から」という解釈も多いが、ここで問題となっているのは能力間の関係であろう。文脈は能力間の関係を問題としており、また「可滅的」と「永遠的」との対比は「物体的」と「非物体的」との区別には対応しない。むしろ一方が存在せずとも他方が存続しうる関係を表わしうるだろう。
(6) プラトン『ティマイオス』六九Dで魂の異なる能力が身体の別々の箇所に位置づけられたことを念頭においている。

するという活動は思いなすという活動とはたしかに異なるので、「感覚する能力であること」の規定と「思いなす能力であること」の規定とは異なるのである。上述の他の能力についても事情は同様である。

またさらに、動物のなかでも、これら能力のすべてが属しているものもあれば、そのうちの一部だけが属 414a するものもあり、たった一つしか属さないものもある[1](このことが動物の〈種〉の相違を生み出すのであろう)。どのような理由でこのようになるのかは、のちに考察しなければならない[2]。また感覚についても、事情はこれと近似している。つまり感覚のすべてをもつものもあれば、一部だけをもつものもあり、そして唯一最も必要なもの、すなわち触覚だけをもつものもある。

さて、「それによってわれわれが生き、また感覚するところのもの」は二通りの意味で語られるのであり、それはちょうど「それによってわれわれが何かを知るところのもの」が二通りの意味をもつのに相当する(われわれは後者の場合一方では知識を意味し、他方では魂を意味するのであり、実際、われわれが「知っている」と主張するのはこのうちのいずれかによってである)。これと同様に、「それによってわれわれが健康であるところのもの[3]」も、一方では健康を意味し、他方では身体のある部分、あるいは身体全体を意味する。そしてこのうちで知識と健康は形態や一種の形相や説明規定であり、言ってみればそれらを受け入れるものの現実活動態[4]であって、知識の方は知を獲得しうるものの、健康の方は健康になりうるものの現実活動態である(なぜなら、作用しうるものの現実活動態は、作用を受けて特定の状態にあるものにおいて成立すると考えられるからである[5])。さて魂とは、第一義的な意味において、「それによってわれわれが生き、感覚し、思考するところのもの」である。したがってそれは、一種の説明規定であり形相であって、素材[質料]

でも基体でもないということになるだろう。というのは、われわれがすでに述べたように(6)、「実体［あることの主体］」は三通りの意味で語られるのであり、そのうちの一つは形相であり、もう一つは素材［質料］、そしてもう一つは両者から成る合成体である。そしてこのうち、素材は可能態であり、形相は現実態であるが、両者から成る合成体が魂をもつものであるのだから、物体［身体］が魂の現実態なのではなく、魂がある種の物体［身体］の現実態なのである。またしたがって、魂は身体を抜きにしては存在しないが、しかしけっして身体の一種と同一ではないと考えるひとびとの判断は正しいのである。つまり魂は身体そのものではなく、身体に属する何かなのであり、そしてこのゆえに、魂は物体のうちに、しかもある特定のあり方の物体［身体］のうちに存在するのである。また先人たちの考えは誤っている。彼ら(7)は身体のうちに魂を適合させようとしながら、魂が内在する身体が何でありどのような性格であるのかを、それ以上何も規定していないの

(1) 動物には最低限栄養摂取能力と感覚能力が帰属するので「一つの能力だけが帰せられる」ということは不正確である。ここでの「動物」が広い意味で「生物」を意味するか、あるいは、栄養摂取能力の存在はすでに前提とされており、それ以上の能力の範囲がいま話題となっているか、のどちらかで解さなければならない。

(2) 第三巻第十二―十三章を参照。

(3) 四一四a七はᾧを底本のように削除せず、そのまま読む。

(4) ギリシア語で「エネルゲイア（ἐνέργεια）」。本書では初出。以下では「現実活動態」あるいは「現実活動」と訳される。

(5)『自然学』第三巻第三章二〇二a一二―二一で論じられ、本書第三巻第二章四二六a二―一一などでも展開される、アリストテレスにとって重要な動の捉え方である。

(6) 本巻第一章四一二a六―九。

(7) ピュタゴラス派のひとびとが念頭におかれている。第一巻第三章四〇七b一三以下参照。

である。だが、任意のものが任意のものを受け入れるようには見えない。そしてそのような観察事実は、まさに理論的にも納得のいくものなのである。なぜなら、それぞれのものの現実態は、可能的にそれぞれのものであるもののうちに、つまりそれぞれに固有の素材のうちに成立することが、その本性だからである。

　こうして、魂とは、「魂あるもの」であることの能力〔可能性〕をもつものの、ある現実態であり、説明規定であるということは、以上の議論から明らかである。

第三章

　さて、すでに言及された魂の諸能力については、われわれがすでに論じたように[1]、そのすべてがそなわっているものもあれば、そのうちの一部だけがそなわっているものもあり、また一つだけしかそなわっていないものもある。われわれが言及した諸能力とは、栄養摂取する能力、欲求する能力、感覚する能力、場所移動をする能力、そして思考する能力のことである[2]。

　植物には栄養摂取する能力だけが存在するが、他のものにはこの能力とともに感覚する能力も存在する。

414b だが感覚する能力がそなわっているなら、欲求する能力もそなわっている。それは次のような理由による。すなわち、欲求には欲望と気概と願望とが含まれるが[3]、すべての動物は、諸々の感覚のうちの少なくとも一つ、すなわち触覚はもっている。さて感覚がそなわっているものには、快楽と苦痛および快いものや苦痛なものが存在し、そうしたものが存在するならば、それには欲望もそなわっている。なぜならば、欲望とは、快いものを対象とする欲求だからである。

さらにまた、すべての動物は、栄養に対する感覚をもっている。なぜなら、触覚とは、栄養物を対象とする感覚だからである。実際、生物はすべて、乾いたものと湿ったもの、熱いものと冷たいものによって養われるのであり、こうした性質を対象とする感覚が触覚である。だが他の感覚性質については、触覚は付帯的にしか感覚しない[4]。というのも、音も色も匂いも、栄養には何ら貢献するところがないからである。しかし、味は触覚の対象の一種である。また飢えや渇きとは欲望であって、すなわち飢えは乾いたものと熱いものを求める欲望であり、渇きは湿ったもの［水分］や冷たいものを求める欲望である。そして味は、言ってみれば、こうした欲望の対象となるものに添えられた一種の調味料なのである。しかし、こうした点については、のちに詳しい議論によって明晰に説明すべきであり[5]、いまのところは以上述べられた範囲の事柄、すなわち

(1) 本巻第二章、とくに四一三a三一以下およびb三二―四一四a一など参照。

(2) これまでも魂の諸能力あるいは諸部分は列挙されてきたが、基本的には栄養摂取、感覚、思考、運動の四つの能力が列挙され（四一三a二三―二五、四一三b一一―一三）、欲求する能力については表だった言及はない。そこでこの欲求する能力について、以下で説明が与えられると考えられる。

(3) この区分は、プラトンの魂の三区分説の影響のもとにあるが、アリストテレスはプラトンの三区分説そのものには批判的である。本書第三巻第九章参照。

(4) 四一四b七―九は *ἡ γὰρ ἁφὴ... αἴσθησις ἁφή* を括る底本のカッコをはずす（カッコのままだと「他の感覚対象については動物は付帯的な感覚をもっている」という別の意味になる）。

(5) 本巻第十章参照。

(414b)

生物のうちで触覚をもつものには、欲求も属するということで十分であるとしよう。

他方、表象のはたらきの帰属については明らかではなく、のちに考察しなければならない[1]。また以上の諸能力に加えて、場所的な動きを起こす能力もそなわるものがあり、さらに、思考する能力や思惟［知性］もそなわっているものもある。たとえば人間や、他のそれに類似したもの、あるいは人間以上に貴いものが存在するとすれば[2]、そうしたものがそうである。

さてそこで、魂の説明規定が一つであるとすれば、それは形の説明規定と同じ意味においてであるということは明らかである[3]。なぜならば、形の場合は、三角形やそれに続くさまざまな形を離れて形は存在しえないのであり、また当面の問題である魂の場合にも、これまで言及された諸能力を離れて魂は存在しえないからである。けれども、さまざまな形についても、そのすべてに当てはまるがどの形にも固有ではないような共通の説明規定が成立しうるであろうし、これまで言及されたさまざまの魂についても、それと同様のことが言いうるであろう。したがって、いまの魂や形の場合もまたそれ以外の場合も、存在するもののうちのどれについても固有な説明規定でなく、また本来的でそれ以上分割されない〈種〉に即してもいないような共通の説明規定を探究するのは、そのような個別的な説明規定を無視して顧みないならば、馬鹿げたことである。

また、魂をめぐる次の事情はさまざまな形の場合と近似的である[4]。すなわち、形の場合でも魂をもつものの場合でも、より先なるものがそれに後続するもののうちにつねに可能態において存在している。たとえば四角形のうちには三角形が、感覚する能力のうちには栄養摂取する能力が可能的に存在する。したがって、たとえば植物の魂は何であるか、人間の、あるいは獣の魂は何であるのか、というように、それぞれのものの魂は何であるかを、各々について個別的に探究しなければならない。

また、後続の能力に対して以上のような階層的関係が成立しているのはどのような原因によるのかということは、考察を必要とする。(5) すなわち、栄養摂取する能力を抜きにしては感覚する能力は存在しないが、植物において栄養摂取する能力は感覚する能力からは分離されているのである。またさらに、触覚の能力をもたなければそれ以外の感覚は何一つそなわることはない。しかし触覚は、それ以外の感覚を伴わずともそなわっている。事実、動物の多くは、視覚も聴覚も匂いに対する感覚ももっていない。さらに、感覚する能力をそなえた動物のうちでも、場所的な運動をする能力をもっているものもあれば、もたないものもある。そ 415a

(1) 表象のはたらきについては第三巻第三章で一般的に説明され、同巻第十一章四三三b三一以下でその帰属の問題が論じられている。

(2) 不動の動者などの神的存在が仄めかされている。

(3) これまでの議論によって、生物の種類の相違に応じて魂の諸能力の帰属のあり方が異なることを明らかにした上で、そのようにさまざまに帰属する諸能力を包括する「魂」という概念が、いかなる意味で統一性を保持しうるかを論じる。したがって続く議論は、同時に第一巻第一章四〇二b五以下での問題提起に対しても解答を与えることになる。

(4) 魂と形とを比較して、共通定義と個別定義の関係については、両者の場合が「同じ」と述べられたが、以下の論点については、「同じ」とは言わず「近似的」であると語る。その理由は、おそらく、四角形のうちには三角形が可能的に含まれ感覚能力のうちには栄養能力が可能的に含まれるが、しかし前者は実際に三角形から構成され、またそれに分解可能であるのに対して、同じような意味で感覚能力を栄養能力から構成したり、それへと分解することはできないことにあるだろう。

(5) 第三巻第十二―十三章の議論を参照。

(415a) して最終的に、きわめて少数ではあるが、推論と思考をそなえたものがいる。実際、可滅的なもののうちで[1]推論能力をそなえたものはそれ以外の能力もすべてそなえているが、しかし以上の能力のそれぞれをそなえているもののすべてに推論能力がそなわっているわけではない。むしろ表象のはたらきさえそなわっていないものもあれば、思考や推論を伴わず表象のはたらきのみによって生きるものもある。ただし観想にかかわる思惟〔知性〕については、別の議論が必要である[2]。

こうして、以上の諸能力のそれぞれについて成立する説明規定こそが、魂についての最も本来的な説明規定でもあることは明らかである。

第四章

さて、これらの諸能力について考察を試みようとするひとは、その諸能力のそれぞれが何であるかをまず把握し、その上で、次にその能力に付随する事象やその他の事柄について[3]、さらに探究しなければならない。しかし、それらの諸能力のそれぞれが何であるか——たとえば思惟する能力や感覚する能力、あるいは栄養摂取する能力が何であるか——を語るべきであるとすれば、さらにそれに先だって、思惟すること〔思惟活動〕とは何であるか、また感覚すること〔感覚活動〕とは何であるかを論定しなければならない。なぜなら、説明規定の順序においては、諸能力よりもその現実活動や行使が先行するからである。もしそのことが認められた上で、またさらに、そうした現実活動よりもそれに相対する対象についての考察が先行しなければならないとすれば、同じ理由に基づいて、まず最初に、その諸対象について——たとえば栄養や、感覚されるもの、思惟されるものについて——規定する必要があるだろう。(4)

415b したがって、まず最初に栄養と生殖について論じなければならない。というのも、栄養摂取をおこなう魂は、人間以外の生物にも存在し、魂にあって最も原初的で最も共通の能力であって、すべてのものに生きるということが成立するのもこの能力に依拠してのことだからである。そしてこの能力の活動が生殖することおよび栄養を取り込むことである。なぜなら、生物にとって、それが完全であって不具ではなく、あるいはひとりでに発生するものではないかぎり、その諸活動のなかで最も自然本来的なのは、自分自身に似た別のものを生み出すこと——すなわち動物が動物を生み、植物が植物を生むこと——だからである。そのような活動は可能なかぎり永遠なるものや神的なものに与ることを目的としている。(5) 実際、すべての生物はそれを求めているのであり、自然本性に従っておこなうことはすべてそれのためにおこなうのである(ただし「それのために」ということには二通りの意味があり、一方は「それのために」の「それ」に当たる目的の意味

(1) このような限定が付されるのは、永遠なるものについては栄養摂取能力なしでも他の能力をもつことが認められるからである。

(2) 第三巻第四章から第八章で議論される。

(3) 「付随する事柄」が本質に自体的に付帯する属性であり、「その他の事柄」が『感覚について』四三六a 一一—一九で挙げられている健康や睡眠、若さや老いその他であると推測されてもいるが、確かではない。

(4) 第一巻第一章四〇二b九—一六での探究の手続きについての問題提起に対して、一応の答えが与えられたことになる。

(5) このあたりからの記述は、用語を含めて、プラトン『饗宴』二〇六E以下にきわめて近い。

(415b)

であり、他方は「それにとって」という利害の当事者の意味である)。そこで、可滅的なものはどれも、同一性を保ち数的に一つのまま存続しつづけることは不可能であるために、永遠なるものあるいは神的なものに間断なく連続して関与することはできないので、個々のものが永遠で神的なものに与ることがそれぞれに可能であるまさにその仕方で生物は神的なものに与る——その与り方には大小の程度の差はあるにせよ——のである。つまり自分自身は存続しないが自分に似たものが存続するのであり、それは数的には同一ではないが、〈種〉における一性を保持するのである(1)。

ところで(2)、魂は生きている物体［身体］の原因であり始原［原理］である。だが、原因や始原は多くの意味で語られるのであり、同様に魂は、すでに区別された仕方に応じて、三つの意味で原因である(3)。すなわちそれは、(i)そこから動［運動変化］が始まる始原であり、(ii)「それのために」という目的であり、また(iii)魂をもつ身体の、本質としての原因である。さて、それが(iii)本質としての原因であるということは、明らかである。なぜなら、本質［実体］とは、すべてのものにとって、それの「それであること」の原因であるが、生物にとってその「生物であること」とは生きていることであり、魂こそがこの生きていることの原因あるいは始原だからである。さらに、現実態は可能態にあるものの説明規定である。

また、魂が(ii)「それのために」という目的としての原因であることも明白である。なぜなら、思惟［知性］が「何かのために」はたらくように、同じく自然も何かのためにはたらくからである。そしてその「何かのため(4)」の「何か」に当たるのが自然の目的である。動物においては魂こそがそのようなものに相当し、そしてそれは自然にかなったことである。実際、すべての自然的物体(5)［身体］は魂の道具［器官］であり、またこのことは動物の身体についてと同様に植物の身体についても妥当する。このことはつまりそれらが魂のために存在していることを含意している。ただし「それのために」ということには二通りの意味があり、一方は「それのために」の「それ」に当たる目的の意味であり、他方は「それにとって」という利害の当事者の意味である。

しかしまたさらに、魂は、(i)場所的な運動がまずそこから始まるという始動因でもある。ただしすべての生物にこの場所的運動能力がそなわっているわけではない。また性質変化や成長も魂によるものである。なぜなら、感覚は一種の性質変化であると思われるが、しかし魂に与らないものはどれ一つとして感覚することはないからである。またこのことは成長と衰微についても同様に当てはまる。なぜなら、栄養摂取することがなければ、何ものも自然的に成長したり衰微したりすることはなく、そして生命に与らないものはどれ一つとして栄養摂取することはないからである。

(1)『生成消滅論』第二巻第十章三三六b二五以下および『動物生成論』第二巻第一章七三一b二三―七三二a一参照。

(2)以下四一五b八―四一六a一八における魂の原因性についての議論は、栄養摂取能力の分析からは脱線的であることが指摘されてきたが、この意義については補註Iを参照。

(3)原因または始原の意味の区別については、『自然学』第二巻第三章一九四b二三―一九五b二一、『形而上学』A巻第六章九八三a二六以下、Δ巻第二章一〇一三a二四以下などを参照。

(4)四一五b一八はほとんどの写本に見られる κατὰ φύσιν の前の καὶ を読む。

(5)厳密には単に「自然的」というだけではなく「生命をもつ」物体。

　ところが、エンペドクレスはこの点を論じるに際して次のような説明をつけ加えているが、それは正しく
416a ない。つまり彼によれば、植物の成長が起こるのは、一方では下方へと根を張るからであるが、それは土が
その方向へ自然本性的に運動するということに起因し、また他方では上方へと向かうからであるが、それは
火がその方向へ自然本性的に運動することに起因するというのである。これが正しくないのは、「上方へ」
と「下方へ」ということを彼が適切に理解していないからである。なぜなら、あらゆるものにとって上方と
下方が、宇宙万有にとっての上方と下方と同じだというわけではなく、むしろ諸器官〔道具〕の異同はそれ
のはたらきに基づいて論定すべきであるとするならば、動物の頭に対応するのは植物の根である。このこと
に加えて、火と土とは互いに反対方向へと運動するが、それらを一つに結合するものは何なのだろうか。と
いうのは、もしそれらの動きを妨げる何かがないとすれば、それらは引き裂かれて離ればなれになってしま
うだろうからである。しかし、もしそれを妨げるものがあるとすれば、それこそが魂であり、また成長や栄
養摂取の原因にほかならない。

　しかしあるひとびとには[1]、火の自然本性が、無条件に、栄養摂取と成長の原因であると考えられている。
その証拠に、諸々の物体あるいは基本要素のなかで[2]唯一火だけが、自分自身で栄養摂取し成長するものであ
ると見えるからである[3]。このことから、植物においても動物においてもこの火がはたらいているものである
と、ひとは判断するかもしれない。しかしそれはある意味で原因とともにはたらく副原因ではあるが、しか
し少なくとも無条件的な意味ではけっして原因とは言えない[4]。むしろ魂こそがそのような原因なのである。
なぜなら火の成長・増大は燃えるものがあるかぎり無限に続くが、自然的に形成されたものにはすべて、大

きさと成長を限定する限りと比が存在するからである。そのような限りや比は火ではなく魂に属する特性であり、また素材よりもむしろ説明規定に属する特性である。

さて、魂の同一の能力が栄養摂取する能力でありまた生殖する能力でもあるので、まず最初に栄養について規定しなければならない。なぜならこの能力は、他の能力に対して、この栄養にかかわる活動によって区別して規定されるからである。さて、栄養は反対関係にあるものの一方に相当すると考えられている。ただし、反対関係にあるあらゆるものにおいて一方が他方に対して栄養物であるというわけではなく、反対関係にあるもののうちでも、相互の間で一方から他方へとなる〔生成する〕だけではなく、成長増大も成立するようなものがそうだと考えられている。なぜなら、相互の間で一方から他方へと生成するものは数多いが、たとえば病から健康になる場合を見ればわかるように、それらすべてのものが量にかかわるものではない。また、いま述べた条件を満たすような意味で反対関係にあるものでも、互いにとって対等同一の仕方で栄養であるわけではないと思われる。水は火にとって栄養であるが、火は水を養うことはないのである。そこで、反対関係にあるものの一方が栄養で他方が養われるものという関係にあるのは、何よりも単純な物体の場合

(1) そのうちには少なくともヘラクレイトスが想定されているだろう。

(2) ἢ τῶν στοιχείων (四一六a一一) を削除しない。

(3) 『呼吸について』第八章四七四a二五以下参照。

(4) この「原因」と「原因とともにはたらく副原因」との区別はプラトンに由来する重要な考え方である。『パイドン』九八C－九九D、『ティマイオス』四六C－E、六八E－六九A参照。

であるように思われる。

しかしここに困難な問題が存在する。というのは、あるひとびと[1]は、成長の場合と同じく[2]、似
30 たものによって養われると主張するが、他のひとびとは、われわれがいま述べたように、それとは逆の見解
をもっており、反対関係にある一方のものが他方のものによって養われると考えているからである。この後
者の見解は、似たものは似たものによって作用を受けることはないという想定に基づきながら、栄養となる
ものは変化して消化されると考えるのである。そして[3]変化とは、すべてのものにとって、相対立するものへ
向かうかあるいは中間のものへと向かうかのいずれかである。さらに、栄養は養われるものによって何らか
416b の作用を受けるが、養われるものが栄養によって作用を受けることはない。ちょうど大工は木材によって作
用を受けることはないが、木材は大工から作用を受けるのと同様である。大工が変化するのは、活動しない
状態から現実活動態へと変化するということにすぎない。

しかし、栄養が、生物につけ加わるものの最後の形態なのか最初の形態なのかということが、この問題を考える上で決定的な相違である。もし両方の形態とも栄養であって、ただし一方は未消化なままであり他方はすでに消化されているというのであれば、両方の意味で「栄養」という言葉を用いることが可能であろう。つまりそれが未消化であるかぎりでは、反対のものが反対のものによって養われることになり、それが消化されているかぎりでは、似たものが似たものによって養われることになる。したがって、いずれの側の説明も、ある意味では正しく、ある意味では正しくないことは明白である。

しかし、生命に与らないものは、何一つとして栄養によって養われることはないのだから、養われるもの

10 とは、魂をもつ身体［物体］——それが魂をもつものであるかぎりにおいて——であろう。したがって栄養とは「魂をもつものであること」に相関的なものであり、その関係はけっして付帯的なものではない。また、「栄養であること」［栄養の本質規定］と「成長増大させるものであること」［成長増大させるものの本質規定］とは異なっている。すなわち摂取されるものは、魂をもつものが何らかの量として捉えられるかぎりでは「成長増大させるもの」であるが、それが〈あるこれ〉として、つまりその本質において捉えられるかぎりでは(4)「栄養」である。なぜなら、栄養は魂をもつものの本質を保持するものであり、そして魂をもつものは［栄養によって］養われているかぎりでそのあいだだけ存在するからである。さらに、栄養は生成を生み出す［生殖のために作用する］ことができる。ただし生成するのは、養われるもの自身ではなく、養われるものに類似したものである。なぜなら、養われるものの本質はすでに存在しているのであって、いかなるものも自己自身を生み出すことはなく、自己自身を保持するだけだからである。したがって魂に属す以上のような始原は、魂をもつものを、それが魂をもつものであるかぎりにおいて(5)保持する能力であり、これに対して栄養は、この能力が現実に活動することを準備するのである。栄養を欠くと存在することができないのは、このためである。

---

(1) エンペドクレス（とおそらくデモクリトス）らが念頭におかれている。

(2) 成長は、量的な増大と考えられるかぎりで、同質のものの付加によって成立する。

(3) 以下の箇所でも、栄養は反対関係にあるものの一方であるという考え方からの議論が続く。ただしこのあたりから、使用される概念その他がアリストテレス自身のものにいっそう引き寄せられている。

(4) 補註J参照。

(5) 同じく補註J参照。

さて、栄養については、「養われるもの」と、「それによって何かが養われるもの」、そして「養うもの」の三つが存在し、「養うもの」は原初的な魂であり、「養われるもの」は魂をもつ身体［物体］であり、「それによって何かが養われるもの」は栄養である。だが、すべてのものをその目的に照らして呼ぶことは正当であり、そしてこの場合の目的とは自分と似たものを生み出すことであるから、原初的な魂とは、「自分自身と似たものを生み出すことができるもの」ということになるだろう[1]。他方で「それによって何かが養われるもの」とは、二通りの意味があり、それはちょうど「それによって操舵するところのもの」が手でもあり舵でもあるのと対応する。つまり一方の手は「動かされるとともに動かすもの」であり、他方の舵は「動かされるだけのもの」である。そして栄養の場合はすべて、消化されうるものでなければならないが、消化をおこなうのは熱である。それゆえ魂をもつものはすべて熱をもつのである[2]。

かくして栄養とは何であるかについて、おおよその概略は述べられた。この主題についてより詳しい解明は、のちにそれにふさわしい議論においておこなわれるべきである[3]。

第五章

では、以上の事柄については規定されたので、われわれはすべての感覚について共通する一般的説明へと進もう。感覚とは、すでに語られたように[4]、動かされることや作用を受けることにおいて生起する。というのは、感覚はある種の性質変化であると思われるからである。ところであるひとびとはさらに、似たものは

417a 似たものによって作用を受けると主張している。このことがどのような意味で可能でありまた不可能であるかという点については、作用することと作用を受けることについての一般的な議論において、われわれはすでに論じている。[5] しかし、次のような問題が存在する。すなわち、なぜ感覚器官そのものの感覚も生じないのか[6]、つまり、感覚器官には火や土やそのほかの基本要素が内在しており、また基本要素については、それ

(1)「原初的な魂」と呼ばれた栄養摂取能力は、その最終目的は種の保存であることから、生殖能力でもあることが確認される。

(2) したがってこの場面では、生命を養う熱は、栄養摂取能力によって動かされ（変化させられ）ながらも、消化するために栄養に作用して動かす（変化させる）こともするので、手に喩えられる。他方栄養はその作用を受けて動かされるだけなので舵に喩えられる。

(3) シンプリキオスらは『生成消滅論』と『動物発生論』への言及とするが、現在では多くの論者は、失われた、あるいは企図されたが書かれなかった『栄養について』ないしは『成長と栄養について』への言及と解している。

(4) 本巻第四章四一五b二四以下への言及であろう。

(5)『生成消滅論』第一巻第七章参照。そこでは、次のような論点が提示されている。すなわち、(i) 作用と作用の受動という関係は、類において同一であるが種においては似ていない（相反する）ものの相互間で成立する、また (ii) 基体あるいは素材（質料）は同一であるが、その性質は相反するものにおいて成立する、および (iii) 作用するものは、作用を受けるものを自分自身と類似したものへと同化する。

(6) すぐあとで換言されるように、感覚器官は外的事物と同じ基本要素を含みながら、なぜ何かを感覚するときにそれが感覚されないのかという問題であり、とりわけ対象および器官の物質的構成要素に基づいて感覚を理解しようとする立場に関連して提起される。もちろんこれは「感覚していることを感覚する」という問題とは異なる。後者の問題は第三巻第二章において、そのような事態が生起することを肯定した上でその根拠が問われる。

(417a)

自体としてであれ、あるいはそれらに付帯するものに関してであれ、それらを対象とする感覚が成立するにもかかわらず、なぜ外的な対象が存在しなければ感覚を生み出すということがないのか、という疑問である。

そこで、感覚する能力が現実活動態においてあるのではなく単に可能態においてあるということは明らかである。だから、感覚能力は、ちょうど可燃物がそれを燃やすことのできるものを欠いてはそれ自体単独では燃えないという場合と同様な事態にある。[1] 実際、もしそれ自身だけで燃えるとすれば可燃物が自分自身を燃やすことになり、また現実態にある火をまったく必要とはしなかったであろう。

ところで、われわれは「感覚する」ということを二通りの意味で語る（すなわち、見ることや聞くことのできる［可能態にある］ものについて、たとえそれらがたまたま眠っている場合でも、「聞く」とか「見る」と語り、またすでに現実に活動しているものについてもそのように語る）のであるから、「感覚」もまた、二通りの意味で、すなわち可能態にある感覚と現実活動態にある感覚という意味で語られうるだろう。（同様に「感覚する」ということも、可能態にあることと現実活動態にあることとの二通りの意味で語られる。[2]）

そこでまずわれわれは、作用を受けることや動かされる［運動変化する］ことと現実に活動していることとが同一であると想定した上で、論じることとしよう。なぜなら、すでに他の箇所で述べたように、[3] 運動変化は一種の現実活動態である。ただしそれは、不完全［未完了］な現実活動態ではあるが。また、すべてのものが作用を受けたり、動かされたりするのは、作用する能力がありかつ現実活動態においてあるものによってである。それゆえ、すでに述べたように、[4] ある意味では似たものによって作用を受け、また別の意味では似ていないものによって作用を受ける。つまり作用を受けるのは似ていないものなのだが、しかし作用を受けてしまえば、それは似たものなのである。(5)

しかし可能態と現実態についても、分節をしなければならない。というのは、今までのところ、われわれは両者について意味を限定せず単純な仕方で語っているからである。(6) つまり、何かが知識ある者であるということが成立する場合、その意味は、一方では(i)人間が知識あるもの、すなわち知識をもっているものの一員であるという理由でわれわれが人間を「知識ある者」と語るような場合と、他方では(ii)文字の知識をもっている者をすぐさま「知識ある者」であると語っている場合とがある。ただしこれらのいずれもが、同じ意味において「能力がある〔可能態にある〕」というわけではなく、(i)はそれの類すなわち素材〔質料〕がそのような性格のものであるから「能力がある〔可能態にある〕」のであり、(ii)は外的なものが何か妨げないかぎり、そのひとが望めば知を行使〔観想〕できるという理由で「能力がある〔可能態にある〕」のである。とこ

(1) 大部分の写本にない四一七a七 οὐκ αἰσθάνεται を読まない。

(2) この部分はすぐ前の「感覚する」ということの意味の区別の繰り返しに見えるので、アレクサンドロス『問題集』(第三巻第三問題)のパラフレーズ以来、底本を含めた多くの校訂者は四一七a一三の写本の「感覚する」αἰσθάνεσθαι を「感覚されるもの」αἰσθητόν に読み変える。ただし、ビール、トリコに倣って削除するのが適当かもしれない。

(3)『自然学』第三巻第二章二〇一b三一、『形而上学』Θ巻第六章一〇四八b二八などを参照。

(4) 本巻第四章四一六a二六−b九。

(5) Fという現実態にあるものによって作用を受けて、FでなかったものがFになるということ。

(6) 四一七a二一は ἐλέγομεν ではなく写本の λέγομεν を読む。

ろが(iii)すでに知を行使［観想］しており、つまり現実態にあり、言葉の本来の意味においてこのAをAと知っている場合に、そのひとは「知識ある者」である。[1] こうして、最初の二つの意味で「知識ある者」は、ともに可能態において知識ある者であるが、それぞれが現実活動態において知識ある者となるのは、[2] (i)の場合は、学習を通じて性質変化を受け、また多くの場合に、反対の状態から変化することによるのであるが、(ii)の場合は、感覚[3]や文字の知識をもってはいるが現実に活動させてはいない状態から、現実に活動させる 417b こと［現実活動態］へと向かって変化したのであり、それは(i)の場合の変化とは別の仕方の変化である。

また、「作用を受ける」ということもまた単純ではなく、一方の意味では、(a)反対のものによってある種の消滅をこうむることであり、他方の意味ではむしろ、(b)現実態にありかつ――可能態が現実態に対して似ているという意味で――似たものによって[4]可能態にあるものを保存・救済することである。実際、知識をもっているものは知を行使［観想］することにおいて現実態において知識ある者になるのであり、それは性質変化することではないか（なぜならそれは自己自身へ、すなわち現実態への進展であるから）、あるいは性質変化であるとしても異なった類の変化なのである。したがって、思慮するものが思慮しているときに、それが性質変化を受けていると語ることは適切ではない。それは建築する者が建築しているときに性質変化を受けていると語ることが適切ではないのと同様である。こうして、思惟したり思慮しているものについて可能態にあることから現実態へと導く[5]ということは、「教授」ではなく、別の名前で呼ばれることが正当である。また他方、あるものが、現実態にありかつ教えうるものによって、可能的に知識をもつ状態から学習し知識を得るに至った場合についても、[6]「作用を受けている」とは言うべきではないか、あるいは性質変化には二つの形態があると言わなければならない。すなわち、欠如した状態への変化と、性向的状態すなわち自然本性への変化である。

感覚する能力については、その最初の変化はそれを生み出すもの［親］によって生じるが、それが生み出されたときには、「知識をもっている」というのと対応する意味において、すでに感覚することをもっている。そして現実活動態における感覚することは、「知を行使する［観想する］こと」と対応した意味で語られるのである。しかし、感覚と知識との間には相違がある。すなわち感覚の場合、感覚に作用してその現実活動を作り出すものは、見られるものや聞かれるものなど、外的なものである。そして他の感覚されるものも同様である。この相違の理由は、現実活動態にある感覚は個別的なものにかかわるが、知識は普遍にかかわるということにある。だが普遍は、ある意味においては、魂自身のうちに存在する。それゆえ思惟する場合は、それを望むときにはいつも意のままにそうできるが、感覚することは意のままにはならない。なぜなら、感覚されるものの存在が必要だからである。以上感覚について述べたことは、感覚されるものを対象とする

(1)『形而上学』M巻第十章一〇八七a一五以下参照。
(2)四一七a三〇での底本の語句の挿入には従わないが、意味の上ではそのような内容が補われる。
(3)四一七a三二は写本の αἴσθησιν を読んで訳出したが、底本を含む多くのひとびとは「算術」ἀριθμητικήν と改訂して読み、この方がわかりやすい（ただし τὴν αἴσθησιν ἢ が後代の挿入である可能性も否定できない）。
(4)四一七b四 ὄντος のあとにコンマを付さない（付すと別の意味になる）。
(5)四一七b一〇は写本の ἄγον のまま読み、また κατά を削除しない。
(6)四一七b一四は ὥσπερ εἴρηται を読まない。

知識についても同様に当てはまり、またそれは感覚されるものが個別的なものであり外的なものであるという同じ理由に基づく。

しかし、こうした事柄については、いずれまた詳しく解明するのにふさわしい機会があるだろう。[1] 現在のところは、以下のことがすでに規定されたものとしよう。すなわち、「可能態にある」と語られる事柄は単純一通りの意味ではなく、一つには子どもが軍の統率者であることができると語るような意味で、他方では成人がそうすることができるという意味で可能態にあるが、感覚する能力が可能態にあるのは、その後者の意味においてである。ただし、その両者の相違を示す特定の名称がないので、われわれはその二つの意味で
418a の可能態について、両者が実際に異なることやどのような意味で別であるのかということをすでに規定してはいるものの、「作用を受ける」「性質変化する」という言葉をあたかも適切に事態を述べるような言葉であるかのように使わざるをえないのである。先に述べられたように、感覚する能力は、すでに現実態にある感覚される対象と可能的に類似したものである。したがってそれは、似ていない状態にあって作用を受けるのであるが、作用を受けてしまえばそれに似たものにさせられ、感覚されるものと類似したものである。

第六章

さて、それぞれの感覚に関しては、まず第一に、感覚されるものについて論じなければならない。[2]「感覚されるもの」は三通りの意味で語られるが、そのうちの二つは「それ自体として感覚される」のであり、も

う一つは「付帯的に感覚される」とわれわれは主張する。また最初の二つ［それ自体として感覚されるもの］のうち、一方はそれぞれの感覚に「固有のもの」であり、もう一方はすべての感覚に(3)「共通するもの」である。

私がそれぞれの感覚に「固有のもの」と言うのは、他の感覚によっては感覚することが不可能であり、またそれについて誤ることも不可能であるものである。たとえば、視覚が色を、聴覚が音を、味覚が味を対象とする場合がそれに当たる。ただし触覚の場合は対象となるものには異なる複数の種類がある(4)。しかし少なくともそれぞれの感覚は、これら固有の対象について判別し、色ということ、音ということに関するかぎりでは誤ることはないのであり、それらが誤るのは、色づけられたものが何であるか、あるいはどこにあるのか、音を発するものが何であるか、あるいはどこにあるのかということについてである。そこで先に述べられたような対象が、それぞれの感覚に(5)「固有のもの」であると言われるのである。これに対して「共通のもの」と言われるのは動と静止、数、形、大きさ(6)である。なぜならそうした対象はいかなる感覚にも固有のも

(1) 第三巻第四章。
(2) 本巻第四章四一五a一六―二二で確認された探究の順序に従っている。
(3) ピロポノスやシンプリキオスをはじめとした注釈者は、正確には「すべての感覚」というより「複数の感覚」に共通するものであると注記しているが補註K参照。
(4) 触覚は、冷・熱、乾・湿、硬・軟など複数の種類の感覚性質を判別する。本巻第十一章四二二b二六―二七参照。なお、四一八a一四は μέν を削除しないで読む。
(5) 四一八a一七は多くの写本の ἑκάστου を読む。ただし意味には変化はない。
(6) 共通に感覚される対象のリストは必ずしも一定ではないが、この五つ（動と静とを一つと考えれば四つ）は基本的である。

(418a)

のではなく、すべての感覚に共通するものだからである。実際、触覚にとってある種の動は感覚されるものであり、また視覚にとってもそうである。

感覚されるものが「付帯的」と語られるのは、たとえば白いものがディアレスの息子である場合である。というのも、これを付帯的に感覚するということは、その感覚される対象［ディアレスの息子］が固有の対象である白いものに付帯しているということに基づくからである。[1] したがって感覚するものは、感覚されるものがそのようなものとして特定されるかぎりでは、[2] それによって何一つ作用を受けることはないのである。しかし、それ自体として感覚されるもののなかで、各感覚に固有のものが本来的な意味で感覚されるものであり、そしてそれぞれの感覚の本質が自然本性的に関連・適応しているのはその固有の対象に対してである。

第七章

さてそこで、視覚の対象となるものだが、それは「見られるもの」である。そして見られるものには、色と、説明規定を用いて記述は可能だがたまたま特定の名称は与えられてはいないものがある。それがどのようなものを意味するのかは、議論が進行すれば明らかとなるであろう。実際、最も主要な意味で見られるものであるのは色である。[3] そして色とはそれ自体として見られるもの[4]の上にあるものである。「それ自体として」というのは、説明規定の上で見られるということではなく、見られるものであることの原因を自分自身

418b のうちにもっているという理由で見られるということである。ところで、色はすべて、現実活動態にある透明なものを動かす［変化させる］ことができるものであり、このことこそが色の本性なのである。光なしでは色が見られることはなく、光のなかではじめて各事物の色はすべて見られるということの理由も、まさにこの点にある。したがって、まず最初に光について、それが何であるのかを論じなければならない。

　すると、ある透明なものが存在していることが確認される。私が「透明なもの」と呼ぶのは見られるものではあるが、しかし無条件的な意味で「それ自体として見られる」というのではなく、他の外在的な色のおかげで見られるということを意味する。そのような性格づけが当てはまるのは、空気と水、そしてそのほかの多くの固体(5)である。実際、それらが透明なものであるのは、水あるいは空気という資格においてではなく、

---

(1) 四一八a一三は τοῦτο と οὗ の間をコンマで区切らない（区切ると「それ（ディアレスの息子）が感覚される対象である白いものに付帯していることに基づいているからである」という意味になる）。

(2) この限定は、これまで感覚について「感覚されるものによって作用を受ける」として表現されてきた事態が自体的に感覚される対象の場合にのみ成り立つことを示す。さらに色の白いディアレスの息子という同一の事物であっても、それが白いものであるかぎりでは作用を受けるが、ディアレスの息子であるかぎりは作用を受けないのであるから、感覚における（その本来の意味での）作用を受けることの成立が、その対象の特定（記述）の仕方に依存すること、すなわち、作用を受けることの成立とは単に物理的な過程ではなく、感覚対象の特定の仕方に依存する概念的なものを含むことを示唆するかもしれない。

(3) エッセン、タイラーに従って、四一八a二八－二九 *μάλιστα [τὸ] γὰρ ὁρατόν ἐστι χρῶμα* と読む。

(4) 当該箇所で「それ自体として見られるもの」とは事物の表面を指す。色はその表面上に存在するものである。

(5) 注釈家たちはガラスやクリスタルなどを挙げている。

(418b) むしろ上方に位置する永遠なる物体のうちにも内在するのと同一の自然本性(1)が空気と水の両方のうちに存在するということに基づく。そしてこのものの現実活動態、すなわち、透明なものの［水や空気としてではなく］透明なものという資格においての現実活動態が、光である。だが、透明なものが可能態において存在するところには(2)、また闇も存在する(3)。これに対して光とは、透明なものが火や上方の物体に類似した性質のものによって現実態にもたらされている場合には、いわば透明なものの一種の色のようなものである。というのも、この上方の物体にも、火と同一のある性質がそなわっているからである。

こうして、透明なものとは何であるか、また光とは何であるかは語られた。すなわち、光は、火でも、また一般的に物体でもなく、さらにはいかなる物体からの流出物でもなく(4)（なぜなら、もし流出物だとしても、やはり何らかの物体ということになってしまうからである）、透明なもののうちに火ないしは火に類似した何かが現在すること(5)なのである。というのも、二つの物体が同時に同じ場所に存在することは、実際不可能だからであり、また光は闇に対して反対の関係にあると考えられているが、闇とは透明なものから以上のような状態が欠如していることだからである。したがって明らかに、光とはまさにこの状態が現在することである。

またエンペドクレスが次のように語ったのは――さらに他の誰であれ同じように語ったとすれば――正しくない。つまり彼によれば、光は場所的に運動して、ある瞬間に土［大地］とそれを取り囲むもの(6)との中間に到達しているのだが、われわれはそれに気がつかないのだ、というのである。それが誤りだというのは、理論的明証性にも、観察される現象にも反するからである。なぜなら移動する距離が短かければ、光の運動に気がつかないということもあるかもしれないが、東から西までの距離を運動したのに気がつかないと想定するのは、あまりに法外な要請である。

ところで、色を受容しうるのは色のないものであり、音を受容しうるのは音のないものである。色のないものとは(i)透明なもの、また(ii)見られないもの、あるいはむしろほとんど見られることのないものであり、たとえば暗闇のようなものが(ii)のようなものであると思われている。たしかに(ii)のような性格は(i)の透
30 明なものに当てはまるが、しかしそれは現実態において透明である場合ではなく、可能態において［可能的に］透明である場合のことである。つまり、同一の自然本性が、あるときには闇であり、またあるときには光なのである。

(1)『天について』第一巻第三章二七〇b二〇、『気象学』第一巻第三章三三九b二五などにおいて言及されている「アイテール」を指す。

(2) 四一八b一〇 δυνάμει δέ のあとにコンマを付さない（付すと「可能態においてある」というのは「闇」にかかる）。

(3) 透明なものが可能態にあるとき、闇は現実活動態において成立している。

(4) 光を流出物であるとする見解の代表的主唱者はエンペドクレスである。『感覚について』第二章四三七b二五以下参照。

(5) 厳密には、火ないしその類似物が現在することによって成立する、透明体が現実活動態にあるということを指す。この場合の「現在」とは火が物理的に内在することではなく、火が照らし出すという関係を表わしている。

(6) ここで「取り囲むもの」とされているのは、これまでのように空気を指すのではなく、エンペドクレスの言う「天空」を想定しているものと思われる。エンペドクレスが天を二つの半球に分けたという理解（A五一（DK）参照）が背後にあるかもしれない。

419a しかし、見られるものすべてが光のなかで見られるというわけではなく、それぞれの事物の固有の色がそうなのである。実際、光のなかでは見られないのに闇のなかでは感覚を生み出すものがいくつかある。たとえば、火のように明るくまた輝いて現われるものがそうであり（ただし、これらすべてを包括する一つの名称は存在しない）、例を挙げれば、菌類、角、魚の頭や鱗や眼などである。だが、これらのうちのどれについてもその固有の色が見られるわけではない。ただしこれらが見られる原因については、別の議論が必要である。現在のところは、光のなかで見られるものは色であるということまでは明らかである。またこのことが、光がなければそれらは見られないことの理由でもある。というのは、色にとって「色であるということ」［色の本質規定］は、すでに確認されたように、このこと、つまり、「現実活動態にある透明なものを動かしうる［変化させうる］ものである」ということだからである。そしてその透明なものの現実活動態とは光にほかならない。このことには歴とした証拠がある。すなわち、もし人が色をもつものを視覚器官自体の上に直接置いたならば、それは見えないだろう。むしろ色が、透明なもの、たとえば空気を動かし［変化させ］、他方でこの空気は連続しているので(1)、この空気によって感覚器官は動かされる［変化させられる］のである。たしかに、デモクリトスはこの点について論じているが、その説明はただしくない。つまり彼は、もし眼と対象との中間が空虚になったとしたら、かりに天空に蟻が存在するという場合でさえも、それが精密に見えるであろうと考えているのである。実際、そのようなことは不可能である。なぜなら、見ることは感覚する能力が何らかの作用を受けて成立することだからである。ところで、見られている色そのものから直接に作用を受けることは不可能である。すると残るのは、中間に介在する媒体によって作用を受けるということであり、したがって何か中間に介在するものが存在しなければならない。逆に中間が空虚となったなら、精密に見えるどころではなく、この眼で見られるものはまったく何もないであろう。

こうして、色が見られるのは必ず光のなかにおいてでなければならない理由は説明された。これに対して火は、光のなかでも闇のなかでも、両方において見られるのであり、このことも必然的である。なぜなら、透明なものが［現実態において］透明となるのは、この火によってだからである。

また同じ説明が、音と匂いについても妥当する。なぜならそのどちらも、感覚器官に直接接触して感覚を生み出すわけではなく、まず匂いや音によって中間の媒体が動かされ、そしてこの中間の媒体によってそれぞれの感覚器官も動かされるからである。だが、感覚器官自体の上に、音を発しているものや匂いのするものを直接おいた場合には、それらはいかなる感覚も生み出すことはないであろう。また触覚や味覚についても、そうは見えないのではあるが、事情は同じである。それがなぜなのか、という理由については、のちに明らかになるであろう(2)。ところで、音の場合中間の媒体は空気であるが、匂いの場合はそれに特定の名称がない。というのは、それはたしかに空気と水とに共通するある様態なのであって、この両方のうちに存在するものが匂いをもつものに対する関係が、透明なものが色に対するのと類比的なのである。事実水棲の動物

（1）空気自体が連続して一体のものであるとともに、感覚対象と感覚器官を結んでいるということ。透明なものをはじめとした感覚の媒体は感覚器官と対象とを分離するとともに連絡させるものである。

（2）本巻第十章で味覚が、第十一章で触覚が論じられる。

419b も、匂いに対する感覚をもっているように見える。だが、人間やそのほかの呼吸をする陸上動物はみな、呼吸をせずに匂いを嗅ぐことは不可能である。このことに関しても、その原因はのちに語られるであろう[1]。

第八章

いまはしかし、まず音と聴覚について規定することにしよう。音については二通りの意味がある。すなわち、一つは現実活動態にある音であり、もう一つは可能態にある音である。実際〔可能態にある音については〕、われわれは、あるもの、たとえば海綿とか羊毛のようなものについては、「音がしない」と言い、他のもの、たとえば青銅をはじめとした固くて滑らかなものについてはすべて、音を発することが可能であるという理由で「音がする」と言う。つまりこのことの意味は、当の事物と聴覚との中間に現実活動態にある音を生み出すことができるということである。他方で、現実活動態にある音はつねに、(i)あるものの、(ii)あるものに対する、(iii)あるもののなかにおいて、という条件のもとで生起する[2]。なぜなら、音を生み出すのは打撃だからである。このことがまた、一つのものが存在するだけでは音が生じることが不可能な理由でもある。なぜなら(i)打つものと(ii)打たれるものとは別のものだからである。したがって、音を発するものは、何かに対する関係が成立してはじめて音を発するのである。また打撃は、場所移動なしでは生じない。

しかしいま述べたように、何であれ二つのものを打ちつければ音になるというわけではない。その証拠に、羊毛をいくら打ちたたいても何の音も生み出さないが、青銅や滑らかで空洞のあるものはすべて、たたけば

20

音がするのである。青銅が音を生み出すのはそれが滑らかだからであり、空洞のあるものの場合は、最初の一撃のあとに、それによって動かされたもの［空気］が外に出ることができないので、内部ではね返ることによって多数の打撃が生じるのである。

さらに、空気のなかでも水のなかでも——ただし水のなかでは聞こえ方は劣るが——音は聞こえる。だが空気も水も音の成立の主要な契機ではない。むしろ固体の相互間での打撃や空気に対する固体の打撃が生じる必要がある。空気への打撃によって音がするのは、空気が打たれてもそのまま留まっていて散逸しない場合である。すばやくまた烈しく空気を打つと音がするのは、このためである。つまり、叩くものの動きは空気の拡散に先んじなければならないからであり、それはちょうどひとが(3)砂の堆積や砂の渦巻がすばやく動いていくのを打つ場合のようなものである(4)。

反響が生じるのは、容器が空気を限界づけて分散するのを妨げるために一まとまりとなった空気から(5)、別

(1) 本巻第九章四二一b一三―四二二a六。

(2) 音が発生するための以上の条件のうち、(i)が打撃を与えるもの、(ii)が打撃を受けるものである。(iii)の条件は、四二〇b一五などから音の発生源をつつむ中間の媒体を指すと解釈されている。

(3) 四一九b二四は、底本の τι ではなく写本の τις を読む。

(4) ここで「砂の渦巻」と訳された ὁρμαθόν の意味は明らかではない。ヒックスやロスは、ベアに従って「北アフリカの砂丘地帯などでしばしば見られる、移動する砂の渦巻あるいは竜巻」と解釈しているが、もっと単純に砂時計などで砂が渦巻いて落ちる様子などを意味しているかもしれない。

(5) 四一九b二五は多くの写本に従い ὅταν ἀπὸ τοῦ ἀέρος と読む。

の［打たれた］空気がちょうどボールのように逆に跳ね返される場合である。ただし反響はつねに生じているように思われるが、はっきりと感覚されるわけではない。それは、光の場合と同じ事情がたしかに音についても成立しているからである。実際のところ、光もまたつねに反射されているのであるが（なぜならかりに 30 そうでないとすれば、あらゆるところに光が生ずるということはなく、陽の直接当たるところ以外は闇となってしまうだろう）、しかしそのような反射光は、水や青銅あるいは何か他の滑らかなものから反射された光とは異なり、われわれがそれによって「光」を区別し限定するところの「影」を作るほどに強いものではないのである。

しかし、空虚が聞くということの主要な契機であると語ることは、正しい。なぜなら、その場合に空虚であると一般に思われているのは空気であり(1)、そしてこの空気が、連続してひとまとまりになって動かされるときには、聞くという活動を作り出すものである。けれども、空気は散乱しやすいものなので、打ち叩かれるものが滑らかではない場合には、聞かれる音を発しない。しかし打たれるものが滑らかな場合には、その 420a 表面の性質のゆえに、打たれるのと同時に、空気はひとまとまりのものとなる。なぜなら滑らかなものの表面は一様だからである。

だから、音を発しうるのは、聴覚に至るまでひとまとまりになって連続している空気を動かす［変化させる］ことのできるものである。しかし、聴覚は空気と自然本性的に接合している(2)。そして聴覚器官は空気のうちにあるので、外部の空気が動くことにより聴覚の内部の空気が動かされる。したがって、動物はその身体のすべての部分によって音を聞くのではなく、また空気もそのすべての部分に入ってくるわけではない(3)。

なぜなら、動かされるべき魂をもつ部分[4]は、すべての箇所にわたって空気をもっているわけではないからである。したがって、空気それ自体は分散しやすいものであるから音を発するものではないが、しかし分散するのを妨げられた場合には、その空気の動きがすなわち音なのである。

さて、耳の内部には空気が動かないようにしっかりとそなえ付けられているが、それは［外的な空気の］動きの相違をすべて精確に感覚するためである。またこのおかげで、水のなかでもわれわれは音を聞くのであって、その理由は、この自然本性的に接合する空気自体にまでは水が浸入しないからである。そればかりでなく、耳の螺旋状構造[5]のおかげで、耳のなかにも水は浸入しないのである。しかしいったん水が入ってしまうと、音は聞こえない。また鼓膜が損なわれても聞こえないのであり、それは瞳を覆う角膜が損なわれると

（1）『動物部分論』第二巻第十章六五六b一四以下参照。もちろんこれは一般的な捉え方であり、アリストテレスが空気は空虚であるということに同意するわけではない。

（2）四二〇a四は底本とは異なり、ほとんどの写本の ἀκοὴ δὲ συμφυὴς ἀέρι を読む。大部分の校訂者は ἀκοὴ δὲ συμφυὴς ἀήρ と改訂するが、意味上それと大差なく読むことは可能であろう。この「空気」は耳の内部に固着された空気を指すと解釈される。

（3）デモクリトスへの批判と推測される。

（4）写本に従って四二〇a七 ἔμψυχον を読む。

（5）通常この言葉は「蝸牛管」と訳されているが、蝸牛管は鼓膜の内側の器官である。しかしここでは鼓膜の内側の「自然本性的に接合している空気（おそらく鼓膜の内側の内腔に存在する空気）」だけでなく、外耳にも水が入らないようになっていることを指摘していると考えられるので、外耳道の螺旋状の構造を指すと解される。

見えないのと同様である。しかしさらに、角笛のように耳のなかにつねに反響がすること[1]も、聞こえるかどうかを示す証左となる。なぜなら耳の内部の空気はつねにそれ固有の動きをしているからである（しかし、音は外部からのものであり内部の空気に固有の動きではない）。またこのことが、ひとびとが音を聞くのは「内部が空虚で反響するもの」[2]によるのだと主張している理由でもある。なぜなら、われわれが音を聞くのは内部に限界づけられている空気をもつことに基づくからである。

さて、音を発するのは打つものの方か、それとも打たれるものの方だろうか。いやむしろ両方とも音を発するが、その仕方が異なるのではないか。というのは、音は、滑らかなものをひとが叩いたときに、それから跳ね返されたものと同じ仕方で動くことができるもの［空気］の動である。だから、すでに述べられたように[3]、打たれたり打ったりしたときに、すべてのものが音を発するわけではない。たとえば、針で針を打ったとしても音を発しないだろう。むしろ打たれるものは、空気がまとまった状態で跳ね返りまた振動するように、均等な平面状をしたものでなければならない。

他方で、音を発する事物の相違は、現実活動態にある音において明白となる。なぜなら、光なくしては色が見られないのと同じように、音なくしては［音を発するものの］高い、低いという性質が聞きわけられないからである。だが、「高い［鋭い］」、「低い［鈍い］」は、触覚の対象から表現を転用して語られる。すなわち、高い音は感覚をわずかな時間で多く動かし、低い音は長い時間でわずかしか動かさないのである。したがって高いというのは速いことと、低いというのは遅いこととそのまま同じではなく[4]、高い音の感覚の動きは速
420b さによっていま述べたようなあり方［短時間で多く］となり、低い音の感覚の動きは遅さによってそうなると

いうことなのである。そしてこのことは、触覚における鋭いと鈍いということに類比的であるように思われる。つまり鋭いというのはたとえば刺すような場合であり、鈍いというのはたとえば押すような場合であるが、それは一方がわずかな時間で感覚を動かし、他方が多くの時間にわたって動かすことによるのである。したがって速い、遅いということは、高低のそれぞれに付随して起こることなのである(5)。

こうして音については以上のように規定されたとしよう。ところで、声は魂をもつものの発する音の一種である。なぜなら魂をもたないものはどれも声を発することはなく、それらが「声を発する」と語られるのは類似性に基づく。たとえば笛や琴、また魂をもたないが音域と調べと音の分節をそなえたものがそのかぎりで「声を発する」と語られるのがその例である。実際、声もまたそのような特徴をそなえているので、声と類似しているのである。しかし動物の多く、たとえば無血動物(6)や有血動物でも魚などは、声をもっていない。また魚が声をもたないことも、音とは空気の一種の動である以上、当然である。しかし、たとえばアケ

(1) たとえば耳に貝を押しあてた場合に聞こえる反響。
(2) 耳についての通俗的な理解。
(3) 本章四一九b六、一四。
(4) アルキュタスやプラトンなどを念頭においていると思われる。アルキュタス「断片」B一(DK)、プラトン『ティマイオス』六七Bなどを参照。
(5) 少しわかりにくい議論で、さまざまな解釈と訳があるが、音を発するものの性質としての音の「高低」と、その性質が(媒体を通じて引き起こす)感覚器官の運動(変化)の「遅速」とが区別されるべきであるという主張であるとひとまず解しておく。
(6) 甲殻類(エビ、カニ)、殻皮類(貝類)、昆虫類、軟体動物を含む。ラマルクにより無脊椎動物にほぼ置き換えられた。

(420b)

ロオス川に棲む魚(1)のように、声を発すると言われる魚は、その鰓《えら》や、他の類似した部分を使って音を発しているのである。

けれども、声は動物の出す音であり、さらに、任意のどの部分を使っても発せられるというようなものではない。むしろあらゆるものが音を発するのは、「あるものが」「あるものを」「あるもののなかで」——つまり空気のなかで——打つという条件が成立した場合であるから、声を発するのが空気を受け入れることができるものに限られるというのは理にかなったことであろう。事実すでに、自然はその吸い込まれた空気を二つの仕事のために用いている。それはちょうど自然が、舌を味覚と並んで音の分節のためにも用いているのと同様であり、このうち味覚の方は必要不可欠なものであるが（それゆえまた、味覚は大部分の動物にそなわっている）、他方の［音の文節によって］表現し伝達することは「よく生きる」ためのものである。ちょうどそれと同じように、気息も生物内部の熱の維持のために必要不可欠なものとして用いられる（その理由は別の箇所で語られるであろう）(2)とともに、「よく生きる」ことが実現するよう声を発するために用いられるのである。この呼吸のための器官となるのが喉頭であり、この部分がそれのために寄与するもの、それが肺である。事実、この肺という部分のおかげで、陸棲動物が他の動物よりも熱を多くもっていられる［体温が高い］のである。しかしまた呼吸を必要とするのは、まず何よりも、心臓の周囲の場所である。(3)だからこそ、呼吸をすることで空気が内部に侵入することが必要である。したがって、これらの部分に内在する魂のはたらきによって、吸い込まれた空気をいわゆる気管に対して打ちつけることが声なのである。実際、われわれがすでに述べたように、動物の出すすべての音が声なのではなく（なぜなら、舌を用いても、またひとびとが咳をするときのように舌を用いない場合でも、音を発することなら可能だからである）、打つものの方が魂をもっていなければならず(4)、また何らかの表象のはたらきを伴っていなければならない。というのも、声とは、まさに意味表示機能をもつある音だからである。また声は、咳のように、単に吸い込まれた空気の発する音というわけではなく、むしろこの吸い込まれた空気は、気管内の空気を気管自身に対して打ちつけるのに用
421a
いられるのである。その証拠となるのは、空気を吸い込んでいるときもまた吐き出しているときも声を発する音はできず、それが可能なのは空気を留めて保持しているときであるという事実である。なぜなら、空気を留めて保持しているひとが、動きを起こすのにこの空気を用いるからである。また魚が声を発しない理由もはっきりと理解される。つまり喉頭をもたないからである。そして魚がこの部分をもたないのは、空気を受け入れることもなく、また呼吸することもないからである。それがいかなる理由に基づくのかは、別の議論を要する問題である(5)。

（1）『動物誌』第四巻第九章五三五b一四以下参照。アケロオス川はイオニア海に注ぐギリシア中部の川。ここで言及されているのは一種のナマズではないかと推測されている。

（2）『呼吸について』第八章四七四a二五以下、第十六章四七八a一八以下を参照。

（3）この点についての詳しい説明は、『動物部分論』第三巻第六章六六八b三四以下を参照。

（4）四二〇b三一は、底本の *ἔμψοφόν* ではなく写本の *ἔμψυχόν* を読む。

（5）『動物部分論』第三巻第六章六六九a二以下を参照。

第九章

(421a)

さて、匂いすなわち嗅覚の対象については、これまで述べたものよりも規定するのが容易ではない。というのも、匂いとはどのようなものであるのかが、音や色の場合ほど明瞭ではないからである。その理由は、われわれがもつこの嗅覚という感覚能力が精密ではなく、多くの動物よりも劣っているからである。なぜなら人間は匂いを嗅ぐことにかけては貧弱で、嗅がれるもの〔嗅覚の対象〕が快と苦を伴わなければ何も感覚しないのである。このことは、嗅覚の感覚器官が精密ではないことを示すものである。また、硬眼動物(1)が色を感覚するのもこれと同じような仕方であり、そのような動物にとってさまざまな色の相違は、それが恐ろしいか恐ろしくないかという以外ははっきりと区別されないのも、当然といわねばならない。人間という類が匂いを対象とする場合も事情は同様である。つまり、嗅覚は味覚に対して類比的な関係にあり、それと同様に、味の種類は匂いの種類と類比関係にあるように思われるが、しかしわれわれのもつ味覚は嗅覚より精密なのである。このことは、味覚が触覚の一種であるということ、そして人間のもつ諸感覚のなかでこの触覚という感覚が最も精密であることに基づく。実際、他のさまざまな感覚の場合は、人間は多くの動物に及ばないのであるが、こと触覚に関しては他の動物に比べて遥かに抜きんでて精密である。そしてこのことが、動物のうちで人間が思慮のはたらきの点でも比類のないものであることの理由でもある。このことの証拠となるのは、人間という類の間でさえ、生まれつきの素質の善し悪しはこの触覚の感覚器官に依存しており、他の感覚器官に依存するのではないということである。つまり、肉の硬いひとびとは思考の点で素質が恵まれず、肉の軟らかいひとびとはよい素質をもっているのである。

さて、味に甘いものと苦いものとがあるように、匂いにもそのような相違がある（ただしたとえば甘い匂いと甘い味をもっている事物のように、あるものにおいては匂いと味との間に類比的関係が成立しているが、あるものにおいては匂いと味とは反対の関係にある）。また同様に、匂いにも、辛い［沁みる］、渋い［酸味がある］、鋭い、脂っぽいなどの相違がある。[2] けれども、われわれが述べたように、匂いは、味の場合ほど区
421b 別が十分に明瞭なわけではないので、感覚される事象の類似性に基づいてその名称を味から得ているのであり、サフランや蜂蜜の「甘い」匂いや、タイムの「鋭い」匂いやそれに類したものがそうである。他の匂いについても同じことが言いうる。

しかし聴覚も他の感覚のそれぞれも、聞こえるものと聞こえないもの、あるいは見えるものと見えないものの両方にかかわるのと同様に、嗅覚も匂うものと匂わないものとを対象とする。ただし匂わないものといっても、まったく匂いをもつことが不可能なので匂わない[3]ものもあるが、わずかだけまたは微弱な匂いしか

（1）硬眼動物とは、たとえば甲殻類や昆虫類を指す。『動物誌』第四巻第二章五二五b一五―五二六a一〇、『動物部分論』第二巻第十三章六五七b二九以下参照。

（2）匂いの種類の区別は、匂いには種的な相違がないとしたプラトン『ティマイオス』六六Dに対する批判を含意している。

（3）有力写本およびほとんどの校訂者に従って四二一b七 *παρὰ τὸ ὅλως ἀδύνατον ἔχειν ὀσμὴν* を読む。

(421b)

ないからそう言われるものもある。「味のしないもの」も同様の意味で語られる。

ところで嗅覚も、中間の媒体を通じて、つまり空気や水を通じて成立する。「水を通じて」というのは、水棲の動物も、有血動物と無血動物の区別なく、空気中に棲む動物と同じように匂いを感覚すると思われるからである。その結果、一部の水棲動物は、匂いに惹きつけられると、遠くからでも栄養物に向かって近づくのである。事実、もし一方ではすべての動物が匂いを嗅ぐ仕方が同じであるのに、他方で人間の場合は気息を吸い込んだときに匂いを嗅ぐが、気息を吸い込まずに吐き出したり息を止めて保持したりしたときには、対象の遠近の区別なく、さらには鼻孔の内部に匂いのするものをおいた場合でさえも、匂いを嗅がないとすれば、困難な問題が顕在化する。（たしかに感覚器官に直接に置かれたものは感覚されないということはすべての動物に共通に成り立つが、しかし息を吸い込まないと感覚しないというのは、人間に固有の事象である[1]。このことは試してみれば[2]明らかである。）したがってこのことから、無血動物は呼吸をしないのだから、すでに言及されたのとは異なる何らかの感覚をもつことが導かれるかもしれない。しかし、感覚する対象が匂いである以上、それは不可能である。なぜなら、嗅がれるものの感覚とは、悪臭の感覚でも芳香の感覚でも、嗅覚であるということは動かないからである。さらにまた無血動物も、人間が滅ぼされるのと同じ強烈な匂い——たとえばアスファルトや硫黄やその類のものの匂い——によって滅ぼされることがはっきりと観察される[3]。ならばそれらの動物は、息を吸いこむことによってではないものの、匂いを嗅いでいるということは必然である。

これに対して人間の場合、嗅覚の感覚器官は、他の動物のそれと比べて異なっているようにみえる。その相違はちょうど人間の眼が硬眼動物の眼とは異なるのと同様である。つまり人間の眼は瞼《まぶた》を防壁や一種の鞘のようなものとしてもっており、それを動かしたり引き上げたりしないとものは見えない。これに対して硬眼動物は、そのようなものをもたず、透明な媒体のなかに生じている事象をただちに見る。それと同じよ
422a うに、嗅ぐ能力をそなえた感覚器官も、ある動物の場合には硬眼動物の眼のように覆いがないが、空気を取り入れる別の動物の場合には覆いをもっていて、空気を吸うときには血管や通孔が膨張してその覆いが取り払われるように見える。またこのことが、呼吸をする動物が水の中では匂いを嗅ぐことができない理由でもある。なぜなら、そうした動物が匂いを嗅ぐためには、まずはじめに息を吸い込まなければならないが、そのことを水のなかでおこなうのは不可能なのだからである。また匂いは、乾いたものに属し（ちょうど味が湿ったものに属するように[4]）、また嗅覚能力をもつ感覚器官は、可能態においてはそのように乾いたものである。

---

(1) 息を吸うことが人間に固有であるという主張は、文字通りに解すればアリストテレスの基本的理解にも反するが、この場合の人間への言及は、陸上の息を吸う動物の代表(*παράδειγμα*)と解するピロポノスをはじめとする解釈に従う。

(2) 息を吸わず匂いを嗅いでみる、ということ。

(3) 無血動物も匂いを感覚していることのもう一つの証拠。

(4) このような規定は、シンプリキオスらが指摘する通りあまりに単純化した言い方である。詳しい議論は『感覚について』第五章四四二b二七以下を参照。

第十章

(422a) さて、味わえるもの〔味覚の対象〕は、触れられるもの〔触覚の対象〕の一種である。そしてこのことが、それは外在する物体を中間の媒体として感覚されるものではないということの理由である。なぜなら、触覚もそのような媒体を通じて感覚するのではないからである。[1] そしてまた、「味」すなわち「味わえるもの」がそこに内在する物体は、湿潤なものであり、味はそれを素材としてそこに内在するのであるが、そのような物体は触れられるものの一種なのである。したがって、たとえわれわれが水のなかにいたとしても、甘いものが投げ入れられれば、それを感覚したであろう。ただしそのような場合のわれわれの感覚は、中間の媒体を通じてではなく、ちょうど飲み物の場合のように、甘いものが水に混合されることによって成立したのである。これに対して色の場合は、そのように混合されることによって見られるのではなく、また流出物によるのでもない。[2] すると、味の場合には媒体に相当するものは何も存在しないのであるが、見えるものが色であることに対応する意味で、味わえるものは味である。しかし湿り気がなくては、何ものも味の感覚を生み出すことはなく、むしろ味の感覚を生み出すものは、現実活動態においてか、あるいは可能態において湿り気をもっているのであり、たとえば塩分がそうである。実際のところ塩分は、それ自身が溶解しやすいと同時に、舌をも一緒に溶解し湿潤化しうるのである。

また視覚は見えるものと見えないものを対象とし（というのも、闇は見えないものであるが、視覚はこれをも判別するからである）、さらにきわめて明るく輝くものも対象とする（実際これも見えないものであるが、ただし闇とは違った意味でそうである）が、それと同じように聴覚も音と静寂とを対象とする（そのうち一方は聞こえるもの、他方は聞こえないものである）。さらにきわめて大きな音も対象とするが、それは視覚が輝くものを対象とするのに相当する（実際小さな音が聞こえないものであるのと同じように、大きな音や激烈な音もある意味では聞こえないものである）。ところで「見えないもの」とは、一方では、他の場合の「不可能であるもの」と同じようにまったく完全に見えないという意味で語られることもあるが、他方では「脚のない」とか「種《たね》のない」などのように、自然本来的にはその性質をもつものであるにせよ、実際にもっていなかったり劣弱にしかもっていない場合にも語られる。したがって以上と同じように、味覚も味わえるものと味わえないものをともに対象とするのであって、後者はわずかなまたは貧弱な味しかもっていないものか、それとも味覚を損ないうるもののことである。

ところで、この区別の出発点となる始原は、「飲めるもの」と「飲めないもの」との区別であると思われる。というのも、両方とも味の一種であるが、しかし飲めないものは味が貧弱なものや味覚を損なうものであるのに対して、飲めるものは自然本性的に味覚に適合したものだからである。(3) また「飲めるもの」は、触

（1）四二二a一〇は τῇ ἀφῇ ではなく、ほとんどの写本に見られる ἡ ἀφή を読む。

（2）本巻第七章四一八b一五以下参照。

（3）大部分の写本通り四二二a三一―三二を γεῦσις γάρ τις ἀμφότερα· ἀλλὰ τὸ μὲν φαύλη καὶ φθαρτικὴ τῆς γεύσεως, τὸ δὲ κατὰ φύσιν と読む。

422b 覚と味覚とに共通して感覚されるものである[1]。

しかし、味わえるものは湿ったものであるから、それを感覚する器官も現実態においては湿っていてはならないが、湿潤化されることが不可能であってもならない。なぜなら味覚とは、味わえるものが味わえるものであるかぎりにおいて、それによる何らかの作用を受けるからである。したがって湿潤化されるのは、自己の本性を保持しつつ湿潤化されることが可能ではあるが現に湿ってはいないものでなければならず、それがすなわち味わう能力をそなえた感覚器官である。このことの証拠は、舌がひどく乾燥したり、極端に湿潤な状態にあるときには感覚しないという事実である。それというのも、後者のような場合には[2]、舌自身にはじめから存在した湿り気と接触してしまうことになるからである。それはちょうど、ひとがあらかじめ強烈な味を味わった上で、別のものを味わう場合と同様であり、また病んだひとびとにとって、苦い味の湿り気で満ちた舌で感覚するために、すべてが苦く現われる状態に比せられる。

さて、味の種類については、色の場合と同じように、反対の性質——甘さと苦さ——は単純であるが、そのあとに、甘さには脂っこさ、苦さには塩辛さが続く。またこれらの中間に辛い［沁みる］味や渋い味や酸っぱい味、鋭い味がある。実際、以上で味の相違のほとんどすべてが尽くされると思われている。したがって味わう能力とは、可能態において以上のような性質のものであり、それを現実態にもたらすことのできるものが味わえるもの［味覚対象］である[3]。

第十一章

さて、触れられるもの［触覚の対象］についてと触覚についてでは、同じ説明が成立する。すなわち、触覚が単一の感覚ではなく複数の感覚群であるとすれば、触れられるものも複数の種類の感覚対象からなるとされねばならない。しかし次のことが問題となる。すなわち、(1)触覚とは複数の感覚群なのか、それとも単一の感覚なのか、さらに、(2)触れる能力のための感覚器官とは何であるのか。それは肉（また肉をもたない動物では肉に類比的なもの）なのか、それともそうではなくてむしろ肉は中間の媒体であり、第一義的な意味での感覚器官はそれとは異なる内部の何かなのか。というのは[4]、すべての感覚は一対の反対的性質にかかわる——たとえば視覚は白いと黒い、聴覚は高いと低い、味覚は苦いと甘いというように——ように思われるが、触れられるもののなかには、熱と冷、乾と湿、硬と軟、さらに他のそのような性質など、反対関係にあるものの対が数多く含まれるからである。けれども少なくともこの問題に対しては、次のようなある種の

(1)「飲めるもの」は液体としては触覚の対象であり、味をもつものとしては味覚の対象である。

(2) 四二二b六は写本の αὕτη γὰρ ἁφή を読む。

(3) 四二二b一五は τό を挿入しない。

(4) いま提起された問題(1)、つまり触覚の数、あるいは統一性をめぐる問題が生ずる事情についての説明。

解決案がある。[1] すなわち、他の感覚の場合でも、反対のものの対は数多く存在するのであり、たとえば声には、高と低だけではなく大と小、声の滑らかさと粗さ、その他の反対の性質が含まれ、[2] さらにまた色についても、それと同様な別の差異が存在する、と指摘するのである。――しかしそうではあるにせよ、聴覚にとっての音に相当するような、触覚にとってその対象領域の基体となる一つのものが何であるのかという点は、明瞭ではない。

さて感覚器官は内的なものなのか、それともそうではなく、直接に肉がその器官なのか。[3] この問題をめぐ
423a っては、対象が接触されると同時に感覚が生ずるという事実は、一方を支持する証拠にはまったくならないと思われる。というのは、現状の条件のもとでさえ、もしひとが肉の周囲に皮膜のようなものを作って張りめぐらしたとしても、その皮膜は、やはり同じように、接触するとただちに感覚を伝えるからである。しかしながらその皮膜のなかには感覚器官が存在しないことは明白である。そしてまた、かりにその膜が肉と自然本性的に接合して生じたものであれば、感覚はさらにすばやく伝わることになるだろう。それゆえ身体のこのような部分［肉］は、あたかも空気がわれわれのまわり一面に自然本性的に付着して生じたというのと同じような状態[4]にあるように見える。というのは、もしそのように空気が自然本性的にとりまいていたならば、われわれは音も色も匂いも感覚するのはある一つのものによってであり、さらに視覚、聴覚、嗅覚がある一つの感覚であると考えてしまったであろう。[5] しかし実際には、それを通じて感覚の運動変化が生じるその媒体はわれわれの身体から区別されているので、いま挙げられた感覚器官がそれぞれ異なっているということが明らかとなっているのである。

しかし触覚の場合には、この点は現状では明らかではないのである。なぜなら、魂をもつ身体が空気あるいは水だけで構成されているということは不可能だからである。つまり何か固いものが存在しなければならない。すると残された選択肢は、土とそれらの要素から混合されたものであるということであり、本来そのような性質のものであるのがたとえば肉やそれに類したものである。したがって、この身体［すなわち肉］も、触覚する能力に自然本性的に付着して生じた中間の媒体でなければならず、それを通じて複数の感覚が成立するのである。そしてその感覚が複数であることは、舌の表面での触覚がはっきりと示している。というのも、味を感覚するのと同一のこの部分［舌］によってすべての触覚対象も感覚するからである。そこでもし、他の箇所の肉もまた味を感覚するのだとすれば、味覚と触覚とは同一の感覚であると思われたであろう。しかし実際には、二つの別の感覚であり、その理由はそれぞれの感覚器官を互換することが不可能だからである。

(1) 以下の解決策は、暫定的なものであり、その不十分性を指摘することによって、触覚をめぐる問題の所在の正確な特定、問題探究の深化を意図したものである。

(2) プラトン『ティマイオス』六七B－Cでの議論を念頭に置いていると思われる。

(3) 以下では先に提起された問題のうち(2)について論じるが、そのことを通じていわば保留になっていた(1)の問題にもある解答が試みられる。

(4) つまり、媒体が自然本性的に感覚器官に付着した状態。

(5) なぜならそのように仮定された状態にある空気は、それぞれの媒体ではなく一つの感覚器官のように見えるからである。つまりこれが媒体である肉と感覚器官を混同して一緒に考えてしまう誤った状態に相当する。

ところで、ひとは次のことを問題にするかもしれない。すなわち、もしすべての物体が深さ、すなわち〔線と面に次ぐ〕第三次元の大きさ〔空間的拡がり〕をもち、そして二つの物体の中間に別の何らかの物体があるならば、その二つの物体は相互に触れあうことは不可能である。しかし湿り気〔水分〕は物体を抜きにしては存在しえず、また濡れたものもそうであり、むしろそれらは水であるか水を含むものでなければならない。他方で、物体が水中で相互に接触するときには、その触れあう両端は乾いたものではないのだから、それらの最表面を満たしている水が中間に介在するのでなければならない。そこで以上のことが正しければ、水中で何かが別のものと接触することは不可能であり、また空気中でも事情は同じである。（なぜなら、空気が空気中にあるものに対する関係と水が水中にあるものに対する関係は等しいからである。ただしその事実にわれわれが気づくことは水中よりも稀であって、それはちょうど水中に生息する動物が、接触しているものどうしがともに濡れていることにまず気づくことはないのと同様である。）——そこで以上のことを踏
423b まえて問われるのは、感覚はすべてのものについて同じ仕方で成立するのか、それとも、対象の相違に応じて異なった仕方で成立し、味覚と触覚は接触することによるが他の感覚は隔たったものを対象とするという現在の通念のとおりであるのか、ということである。しかし事実はそうではない。むしろ硬いものも軟らかいものも、われわれは感覚器官とは別のものを媒介して感覚するのであり、この点は音を発するもの、見られるもの、嗅がれるものを感覚するのと同様である。ただし、後者の場合には対象が遠くに位置するが、前者の場合にはごく近くに位置するという相違があり、だから媒体の存在に気がつかないのである。たしかにわれわれはすべてのものを中間のものを通じて感覚しているのであって、ただしそうした触覚や味覚の対象

の場合には気づかないのである。しかしながら、われわれが以前にも述べたように[1]、たとえかりにわれわれが触れられるものを感覚するのはすべて皮膜を通じてであり、その介在に気づいていないのだと仮定しても、それは現に水のなかや空気のなかにいて感覚するのと同じような状態にあることになるだろう。なぜなら、対象に直接接触し、中間の媒体となるものは何一つないと、われわれは実際に考えているからである。

　ただし、触れられるものは、見られるものや音を発しうるものと次の点では異なる。つまり、われわれが後者の対象を感覚するのは中間の媒体がわれわれに何らかの作用をすることによるのであるが、触れられるものを感覚するのは、中間の媒体の作用によってではなく、中間の媒体とともに同時にである。それはちょうど、盾を通じて打撃された人と同様である。つまり盾が打撃を受けその後にその人を打ったのではなく、起こったのは両者が同時に打撃されたことである。

　しかし一般的に言って、肉と舌とが本来の感覚器官に対する関係は、空気と水が視覚や聴覚や嗅覚に対するのと等しく、肉や舌は空気や水のそれぞれに相当すると思われる。また、感覚器官それ自身が対象と接触するならば、前者の場合も後者の場合も、感覚が生じることはないであろう。たとえば、ひとがある白い物体を直接に眼の表面に置くというのがそのような例である。このことによってまた、触れられるものを感覚する器官は内部に存在することも判明する。なぜなら、そうであってはじめて、他の感覚の場合と同様の事態が成立することになるからである。事実、感覚器官にものを置かれたときには感覚されないが、肉の上に

(1) 本章四二三a二以下参照。

置かれれば感覚されるのである。したがって肉は触覚する能力の中間の媒体なのである。

さてそこで、触覚の対象となるのは物体の物体としての特性であるということである。私が物体の特性というのは、基本要素のそれぞれを規定するもの、すなわち熱、冷、乾、湿のことであり、こうした諸性質については、われわれは以前に基本要素についての書のなかで論じている[1]。また、これらの性質を対象とする感覚器官は触覚する能力をそなえたものであり、つまりその内部に触覚と呼ばれる感覚が帰属する第一のものであって、可能的に［可能態において］その対象と類似したあり方をした身体の部分である。というのも、
424a 感覚するとは何らかの作用を受けることだからであり、したがってその作用するものは感覚器官を自己自身が現実活動態においてあるのと同じような性格のものにするのであるが、それは感覚器官が可能態においてそのような性格のものだからである。それゆえ、熱さや冷たさあるいは硬さや軟らかさが感覚器官のそれに等しいと、われわれがそれを感覚することはなく、むしろ度を超過した性質を感覚するのである。そのことは感覚が、言ってみれば、感覚されるものの領域における反対的性質間のある種の「中間的状態」であることを示している。そして感覚対象を判別するのも、このことに基づくのである。なぜなら、中間のものこそ判別能力をそなえているからである。というのも、中間のものは両極端のいずれの性質に対してもそれに対立するもう一方の性質になるからである。そしてまた、白と黒を感覚しようとするものは現実活動態においてはそのいずれでもないが、可能態においてはその両方でなくてはならない（またそのことは他の感覚についても言いうる）のと同じように、また触覚の場合も感覚器官は［現実活動態においては］熱くあっても冷たくあってもならないのである。

さらにまた、視覚がある意味で見えるものと見えないものの両方を対象とするものであり、それ以外の感覚も同様に、相対立する性質を対象とするものであったように、触覚もまた、触れられるものと触れられないものとを対象とする。触れられないものとは、(i) 触れられるものの特性をきわめてわずかしかもたないものであり、たとえば空気がそのような状態にある。またそれは (ii) 感覚を破壊するもののように、触れられる性質の過剰なもののことである(2)。

こうして、感覚のそれぞれについては概略が述べられた。

第十二章

だが、すべての感覚について普遍的に妥当することとして、次のことを把握しなければならない。すなわち感覚とは、感覚される形相をその素材〔質料〕を伴わずに受け入れうるものであり、それは、たとえば封蠟が指輪の印形を指輪の素材である鉄や金を伴わずに受け入れることに喩えられる(3)。その場合に封蠟は、金製のあるいは銅製の印形を受け取るのであるが、それが金や銅であるという資格において受け取るというのではない。このことと同様に、それぞれの感覚対象の感覚もまた、色をもつものや匂いをもつもの、音をも

(1)『生成消滅論』第二巻第二―三章を指す。

(2) たとえば（熱が過剰な）火など。

(3) この比喩はプラトン『テアイテトス』一九一C―Dで用いられているものを継承したものである。

つものによって作用を受けるのであるが、しかしそれらの対象のそれぞれがそれぞれの事物として語られるかぎりにおいてではなく、かくかくという特定の性質のものとして語られるかぎりにおいて、そしてその比[1]に従って作用を受けるのである。

また、感覚器官とは、第一義的意味では、そのうちにいま述べたような能力が内在するものである。すると、感覚器官と感覚とは、同一ではあるが、しかしそれの「あり方」［本質規定］は異なる。なぜなら、感覚するもの［感覚器官］は一定の大きさをもつものであろうが、しかし「感覚する能力があること」もまた感覚も大きさのあるものではなく、むしろ感覚器官のある一定の比であり、能力だからである。

以上のことから、なぜ感覚されるものが過剰であると感覚器官を破壊するのかという理由も明らかである。というのも、感覚器官の運動変化があまりに強すぎる場合には、それのもつ比——これが感覚であることは確認された——は解体してしまうからである。ちょうど、弦が激しく打たれると、その音の協和や音程も崩れてしまうように。またさらに以上のことから、植物は魂のある部分をもっており、そして触れられるもの自身から何らかの作用を受ける——現に冷たくなったり暖かくなったりする——のに、なぜ感覚するということはないのか、という点も明らかである。すなわち、その理由は、植物が「中間的状態」をもつこともな
424b く、また、感覚されるものの形相を受け入れるような始原［原理］をもたず、むしろ素材を伴って作用を受けるということである。

しかし、ひとは次のような問題を提起するかもしれない。嗅ぐ能力のないものが匂いによって何らかの作用を受けたり、見る能力のないものが色によって作用を受けたりすることがありうるだろうかと。この問い

は、そのほかの感覚についても同様に成り立つ。けれども、嗅がれるものこそが匂いであるならば、それがともかくも何らかの作用をするとすれば、匂いは作用して嗅覚を生み出すのである。したがって嗅ぐ能力のないものはどれ一つとして匂いによって作用を受けることはできない（この議論はまた他の感覚についても妥当する）。また、感覚する能力があるものであっても、それが作用を受けるということは、それぞれがその対象にふさわしい感覚をもつものであるそのかぎりにおいてはじめて成り立つことである(2)。

またいま述べたことは、同時に、次のような事柄によっても明らかである。すなわち、光や闇も、音も、匂いも物体にはまったく作用するわけではなく、作用するのはそれらが内在するものである。雷鳴を伴った空気が木材を切り裂くような場合がその一例である。

けれども触れられるものと味は、物体に作用する。というのも、もしそうでなければ、魂をもたないものはいったい何による作用を受け、性質変化をするのであろうか。それならばはたして、先に言及した音や匂いなどの感覚性質も物体に作用するということになるのであろうか。あるいは、すべての物体が匂いや音に

(1) ここでの「ロゴス」の意味は「比」の意味で理解してよいと思われるが、それが感覚においてどのように機能しているのかについては、当該箇所ではまったく具体的な説明はない。『記憶について』第二章四五二b一二などにおいては、思惟活動のあり方をそれぞれの思惟対象との比例的（類比的）関係に基づいて説明しているので、当該箇所でも「比」の概念は、感覚する対象のあり方によって何らかのかたちで規定される感覚能力のあり方を示すものであると考えられる。この「比」を用いた感覚の説明は第三巻第二章四二六a二七以下でもおこなわれる。

(2) 底本のように四二四b九は ᾗ の前に ᾗ を挿入せず写本に従って読む。

（424b）よって作用を受けることができるものなのではなく、そして作用を受けるものは、たとえば空気のように、限界づけられた形をとらず、また留まってはいないものではないか。（というのも空気は、何らかの作用を受けると、そのように匂うからである）。

すると、嗅ぐということは、何らかの作用を受けることであるという以上にいかなることであろうか。あるいはむしろ、嗅ぐということはまさに感覚することであり、他方で空気は作用を受けるとすぐさま**感覚されるもの**となるのではないか。

第三巻

第一章

(424b22) さて、五つの感覚（私の言う五つとは視覚、聴覚、嗅覚、味覚、触覚である）以外のそれとは別の感覚が存在しないということを、ひとは以下の議論から信じるであろう。[1] すなわち、次のように想定するのである——。

それを対象とする感覚が触覚であるようなもののすべてについて、われわれは事実たしかにそれを感知する感覚をもっている（なぜなら、触れられるものが触れられるものであるかぎりでそれに属するすべての様態は、触覚によってわれわれに感覚されるものであるから）。[2] またともかく何らかの感覚が欠けているとすれば、それに対応するある感覚器官もわれわれに欠けていることも必然である。[3] そして、その対象自身に直接触れることによってわれわれが感覚するものはすべて、現にわれわれがもっている触覚によって感覚されるものであるが、しかし他方で中間の媒体を通じてわれわれがその対象自身には触れることなく感覚するものはすべて、単純物体によって——私の言うのは具体的には空気と水であるが——感覚されるものである。[4]

そしてこのような事態は次のようなことを含意している。すなわち、一方で、一つのものを媒体として相

425a

互に類的に異なる複数の感覚対象が感覚されるとすれば、その媒体と同様の基本要素から成立する感覚器官をもつひとは、その両方の感覚対象を感覚する能力をもつことが必然であり（たとえば、感覚器官が空気から成立しており、空気が音と色の媒体であるという場合がそうである）、他方で、同じ対象に複数のものが

(1) 以下で感覚がいわゆる五感に限られることが論証されるが、この論証がアリストテレス自身の認めるものではなく、むしろエンペドクレスらをはじめとした物体主義者の理論の要点摘出とそれに対するアリストテレスの反論であるとする解釈も提出されている。この異なった読み方については、補註Lを参照。ここでは伝統的な解釈に近い線で翻訳し、註で説明を試みたが、しかしその場合でも、この論証を全面的にアリストテレス自身が支持すると考える必要はなく、ある程度一般的な通念に従った議論であると解することも可能である。むしろ議論の主眼は、この章の後半の共通感覚とその対象との関係へと導入することであると考えることもできる。

(2) 論証のための前提(1)感覚のうち、最も原初的な能力である触覚の対象すべてについて、われわれは現に感覚能力をもっている。

(3) 前提(2)感覚の種類と感覚器官の種類との対応関係の確認。感覚が欠けているのならば、感覚器官も欠いている。

(4) 前提(3)(i)直接触れられるものは触覚（およびその一種である味覚）によって、(ii)媒体を介するものは、単純物体に対応する媒体および感覚によって感覚される。ただし、触覚の対象が媒体を介することなく直接触れられる、というのは厳密にはアリストテレス自身の見解ではない（第二巻第十一章参照）が、ここでは感覚器官が感覚対象に直接触れると主張しているのではなく、「われわれ」が感覚するときに中間的な媒体を介しているかどうかという点で区別されている。

(5) 類的な相違とは色、音、匂いなどの様相の異なる感覚に対応する対象の種類の相違である。

(6) 前提(4)(i)一つの媒体（たとえば空気）を通じて複数の種類の対象（色と音）を感覚する場合、媒体と同一の物体から構成されている感覚器官（たとえば耳）をもつものはその複数の対象をともに感覚できる。すなわち、耳をそなえているものは眼もそなえているというように、動物には、その種にふさわしい十分な感覚能力と感覚器官が与えられている。

媒体として対応し、たとえば色に対しては空気も水も媒体であるという場合（実際両方とも透明なものである）、そのうちの一方の物体をもっているだけでも、ひとは両方の媒体を通じて感覚されるものを感覚することになるだろう(1)。

さて、感覚器官(2)は単純物体のうちのこの二つから、すなわち空気と水だけから成立している（つまり瞳は水から、聴覚器官は空気から、嗅覚器官はそのどちらか一方から成立している）。他方で火はいかなる感覚器官にも属さないか、あるいはすべてに共通するものである(3)（実際、どんなものも熱を伴わなければ感覚する能力をもたない）かのどちらかであり、土についてはいかなる感覚器官にも属さないか、あるいはとりわけ触覚には特別の仕方で混合されているかのどちらかである。したがって残る選択肢は、水と空気を除外すると、感覚器官はまったく存在しないということになるであろう。また事実、このように水と空気からなる感覚器官を、若干の動物はもっているのである(4)。

――すると以上の想定から、すべての感覚は、不完全でもなく不具でもないかぎりで動物たちによって所有されていることが帰結する（その証拠に、モグラでさえも皮膚の下に眼をもっていることが明らかである）。したがって、もしも他に何らかの要素的物体が存在せず、またこの世界における物体のどれにも属さないような様態というものが存在しないとすれば、感覚は何一つとして欠けてはいないことになるだろう。

しかしまた、「共通のもの」についても、それのために固有な特定の感覚器官はありえない。われわれはそれをそれぞれの感覚によっては付帯的な仕方で感覚するのである(5)。共通なものとは、たとえば、動、静止、形、大きさ、数、〈一〉である。実際われわれはこれらすべてを動によって感覚するのであり、たとえば大きさを動によって感覚し、したがって形も動によって感覚する（形は一種の大きさだからである）。また、ものが静止していることは動いていないということによって感覚するのであり、数は連続性の否定(6)によって、さらに各感覚に固有の感覚対象によっても感覚されるのである。なぜなら、それぞれの感覚は「一つのもの」を感覚するからである。したがって、以上のような共通のもののどれ一つ――たとえば動――をとっても、それを固有の対象とする感覚というものはありえないことは明らかである。というのも、もしあるとすれば、それはわれわれが現に視覚によって甘さを感覚するというのと同じような仕方で感覚することになるだろう。だが、この甘さを視覚で感覚するということは、われわれがまさに味と色の両方にかかわる感覚をもっていることに基づいて成立するのであり、両方がいっしょに生起するときにわれわれはこの感覚によっ

(1) 前提(4)(ii) 一つの種類の感覚対象（たとえば色）を、複数の媒体（水と空気）を通じて感覚する場合、それを感覚する器官は、その媒体に対応する二つの物体から構成されている必要はなく、その一方を含んでいるだけで十分である。以上によって(3)(ii)の媒体を介する感覚については、感覚器官および媒体を構成する基本要素の数と感覚される性質の種類の数とは、必ずしも一致しなくてもよいことが確認される。

(2) ここでの「感覚器官」は(3)(ii)の媒体を介する感覚のそれである。

(3) ただし『感覚について』第二章四三八b一六以下では、瞳が水から、耳が空気から構成されているという点はこの箇所と同じであるが、嗅覚器官については、火から成立していると述べられている。

(4)『動物誌』第四巻第八章五三三b三三以下参照。

(5) 第二巻第六章では、「共通の対象」は「付帯的に感覚されるもの」ではなく「それ自体として感覚されるもの」とされていたので、この記述についてはいくつかの解釈が提出されている。補註M参照。

(6) ここでの「連続性」は〈一〉を指す。数は〈一〉を（否定して）多数化したものである。

て同時にその二つを認識するのである。もしそのような仕方ではなかったとすれば、共通の対象を感覚することは、付帯的に感覚するという以外にはありえないであろう（付帯的な感覚とは、たとえばわれわれがクレオンの息子を感覚するのは、それがクレオンの息子だから感覚するのではなく、それが白いから感覚し、そしてその白にクレオンの息子であるということが付帯しているという場合である）。

　しかし共通なものについては、われわれはすでに、共通の感覚をもっており、それによる感覚は付帯的ではない。したがってそれら共通のものを感覚するのは固有の感覚ではない。なぜなら、もしかりにそうであるとすれば「われわれがクレオンの息子を見る」という(1)すでに述べたような仕方で感覚するという以外にはけっして感覚することはないだろうからである。他方で、諸感覚は、それぞれ互いに他の感覚に固有の対象を付帯的に感覚するが、それは諸感覚がそれ自身個々別々な感覚としてではなく、一つの感覚として感覚す
425b
るのであり、それは［二つの性質が併存する］同一のものに同時にかかわる感覚が生じたときに成立するのである。たとえば胆汁が(2)苦くかつ黄色いと感覚するという場合がそうである。なぜなら、両者が一つのものであると語ることは、少なくとも、共通の感覚以外の他の感覚に帰属することではないことは確かだからである。それゆえまた誤るということも成立するのであり、実際黄色のものがあるとそれを胆汁だと思ってしまうのである。

　しかし、われわれが共通の感覚対象について(3)ただ一つでなく複数の種類の感覚をもつのは何のためなのか、ということをひとは問いただすかもしれない。それはむしろ、固有の感覚対象に随伴しそれらに共通するもの、たとえば動や大きさや数に気づかないということがより少なくなるようにするためなのではないか。な

ぜなら、もしかりに視覚しか存在せず、しかもそれが白さ[4]だけを対象とするのであれば、共通の対象に気づかないことはいっそう多く、また色と大きさは同時に相互に随伴するので、すべての感覚性質が同一であると思われるに至ったであろう。しかし実際には、視覚とは異なる感覚の対象のうちにも共通の対象は属しているので、共通の対象のそれぞれはそれら個別的感覚の対象とは異なったものであるということが明白に示されているのである[5]。

（1）底本が削除する四二五a二九–三〇の τὸν Κλέωνος υἱὸν ἡμᾶς ὁρᾶν を一応訳出しておく。

（2）底本が採用する χολῆς（四二五b一）ではなくほとんどの写本に見られる χολὴν を読む。

（3）文脈上このように補われなければならない。ここでは、なぜわれわれが複数の種類の感覚をもつのかが一般的に問題となっているわけではない。

（4）この「白」は色を表わす代表的事例として用いられていることが注釈者たちによって注意されている。

（5）大きさは視覚対象においても触覚対象においても感覚されるので、複数の種類の感覚があることによって、そうした共通の対象がつねにそれらに随伴しながらもそれら固有の感覚対象とは異なることが理解される。

第二章

(425b)

ところで、われわれは、われわれが見ているということや聞いているということを感覚〔知覚〕[1]するのであるから、見ていることを感覚するのは(i)視覚によるか、それとも(ii)異なる感覚によるのかのどちらかであることが必然である。だが、(i)(ii)いずれにしても同一の感覚が視覚とその対象となる色とをともに感覚することになり、その結果、(ii)の場合には同一の感覚対象について二つの感覚〔視覚と他の感覚〕が存在することになるか、あるいは(i)の場合には視覚は自己自身を対象として感覚することになるだろう[2]。しかしさらに、かりに(ii)のように視覚を対象とする感覚が視覚とは異なる感覚であるとしても、無限背進に陥るか、さもなければその感覚の系列のうちの特定の感覚が自己自身を感覚することになるだろう。したがってわれわれは(i)のようにこの自己自身の感覚をその最初の感覚[3]に帰さなければならない。

しかしその場合困難がある。すなわち、もし(a)「視覚によって感覚すること」とはまさに「見ること」にほかならず、また(b)見られるのは、色あるいは色をもつものであるとすれば、(c)ひとが「見ているもの」を見る場合には、その最初の「見ているもの」〔色を見ているもの〕も実際に色をもっていることになるだろう[4]、ということである。すると、「視覚によって感覚する」とは一通りの意味だけではないことは明らかである。なぜなら、われわれがものを見ない場合でも、視覚によって闇と光とを判別するが、しかしその「視覚によって判別する」とは「見る」とは同じ仕方ではないからである[5]。さらにまた、「見ているもの」もある意味では色づけられているのである。(6) なぜなら感覚器官は、感覚されるものをその素材［質料］を伴わずに受容するものだからである。だからこそ諸感覚対象が過ぎ去っても、感覚器官にはそれの感覚や表象のはたらきが内在しているのである。(7)

さて感覚されるものの現実活動態と感覚の現実活動態とは同じ一つの事態であって、ただしそれぞれの「あり方」［本質規定］が同一ではないのである。私の言うのは、たとえば現実活動態にある音と現実活動態にある聴覚との関係である。というのも、聴覚をもちながら聞いてはいないということが可能であり、また音をもつものがつねに音を発しているというわけではないからである。しかし聞く能力のあるものが能力を現

(1) これまで五感を通じての認知判別（いわば対象意識）を表わす動詞 *αἰσθάνεσθαι* は「感覚する」と訳されてきたが、ここではその感覚することを対象としているので（いわばメタ意識）、むしろ「知覚する」または「感知する」と訳される方がふさわしい（補註C参照）。ただしどちらの使用においても同一の概念であることが以下の論証が成立するために不可欠なので、「感覚する」という訳語を一貫して用いる。

(2) 多くのひとびとが採る別の解釈ではこの文は次のような訳となる。「だが、(ii)の場合には同一の感覚でありながら、視覚と対象となる色とをともに感覚することになり、その結果同一の感覚対象について二つの感覚（視覚と他の感覚）が存在することになるか、そうでなければ(i)の場合のように視覚は自己自身を対象として感覚することになるだろう」。

(3) すなわち視覚自身。

(4) 四二五b一九に二度出現する *τὸ ὁρῶν* を写本通り読み、底本の *τὸ ὁρᾶν* への変更には従わない。

(5) つまり上記の仮定(a)は訂正されなければならない。

(6) つまり困難であると思われた(c)がある意味で認められ、(b)はそのかぎりでは満たされる。

(7) 感覚器官が感覚対象から作用を受けて変化していること、つまり「ある意味では色づけられている」ということの証拠。

426a 実に活動させ、また音を発する能力のあるものが現に音を発するというまさにそのときには、現実活動態にある聴覚と現実活動態にある音とが同時に生起するのであり、ひとはそのうちの一方を「聴覚活動」、他方を「音響活動」と呼ぶことができるだろう。そこで、動［運動変化］および作用する活動と作用を受けた様態[1]が成立するのは作用を受けるもののうちにおいてであるとすれば[2]、現実活動態にある音も聴覚も、ともに可能態にある聴覚つまり聞く能力のうちに存在しなければならない。というのも、作用したり動かしたりする力のあるものの現実活動態は作用を受けるもののうちに生起するからである。動かすものの方が必ずしも動く必要がないのはこのためである。そこで、音を発することのできるものの現実活動態は音あるいは音響活動であり、聞く能力のあるものの現実活動態は聴覚あるいは聴覚活動である。つまり聴覚には二通りの意味があり、また音にも二通りの意味があるのである。また同じ説明が聴覚以外の感覚と感覚対象にも妥当する。すなわち作用することと作用を受けることとが作用するものではなく作用を受けるもののうちで成立するように、感覚されるものの現実活動態と感覚する能力の現実活動態もまた感覚する能力のうちに成立するのである。しかし、いくつかのものについては、たとえば音響活動と聴覚活動のように、すでに名称が与えられているが、別のものについては、その一方が名称をもっていない。事実、視覚の現実活動態は「視覚活動」と呼ばれているが、色の現実活動態は名称がないし、また味わう能力の現実活動態は「味覚活動」であるが、味の現実活動態には名称がない。

さて、感覚されるものの現実活動態と感覚する能力の現実活動態とは一つであり、それの「あり方」［本質規定］という点で異なるのであるから、以上のような現実活動態の意味で語られる聴覚と音は、消滅するのも持続するのも同時であることが必然であり、そのことはまさしく、味と味覚についても、そしてそのほかの感覚と感覚対象についても同じように妥当する。他方で、それらが可能態の意味で語られるときには、そのようである必然性はない。けれども初期の自然学者たちは、この点について適切な説明を与えていない。彼らは視覚なくしては白も黒も存在せず、味覚なくしては味も存在しないと考えたのである。つまり、彼らの主張はある点では正しいが、ある点では正しくない。なぜなら感覚と感覚されるものは二通りの意味で語られるのであり、その一方は可能態にあるという意味で、他方は現実活動態にあるという意味である。彼らが語ったことは、このうち後者の現実活動態については成立するが、前者の可能態については成立しない。ところが、彼らは単純一通りの意味で語られない事柄について、区別せず単純な意味で語っていたのである。

そこで、協和音が音声の一種であり(3)、そして音声と聴覚は、ある意味では同一ではないが(4)、またある意味では一つであり、そして協和音は比であるとすれば、必然的に聴覚も一種の比であることになる。そしてそれゆえに、高い［鋭い］音も低い［鈍い］音も、それぞれ度を越したものは聴覚を損なうのである。また、味においても同じように過度のものは味覚を損ない、色においても極度に明るいもの、あるいは極度に暗いも426b のは視覚を損ない、さらに嗅覚の場合も甘くても苦くても強烈な匂いは嗅覚を損なう。この事実は、感覚が

（1）底本が削除する *καὶ τὸ πάθος*（四二六a一二）を読む。
（2）『自然学』第三巻第三章二〇二a一三を参照。
（3）*εἰ δὴ συμφωνία φωνή τις*（四二六a二七）という写本上最も有力な読み方を採る。
（4）底本が削除する *καὶ ἔστιν ὡς οὐχ ἓν τὸ αὐτό*（四二六a二八）を読む。

一定の比であることを含意している。(1) だからこそまた、感覚されるものが純粋で混じり気がない状態でも、一定の比を構成するに至るときは、たしかに快いのである。(2) たとえば鋭いとか甘いとか塩辛いなどの性質がそうであり、実際そのような条件のもとでは、それらの性質は快いのである。けれども一般的に言うなら、混合したものの方がいっそう快く、協和音は高い音や低い音よりも快く、また触覚にとっても、さらに熱くなったり冷たくなったりする余地があるもの(3)の方がいっそう快い。感覚とは比なのである。そして感覚される性質が度を越すと苦痛を与えたり損なったりするのである。

　さてそこで、それぞれの感覚能力は、その対象となる感覚されるものにかかわり、感覚器官のうちに——それが感覚器官であるというかぎりにおいて——そなわるのである。そしてその対象となる感覚されるものの相違を判別する。たとえば、白と黒については視覚が、甘さと苦さについては味覚が判別するのである。また他の感覚についてもこの点は同じである。だが、われわれはさらに、白さと甘さとを判別し、また各感覚の対象であるそれぞれの性質を他の感覚の対象となるそれぞれの性質に比較して判別する以上は、いったい何によってそれらが相互に相違していることも感覚するのであろうか。それは疑いなく、感覚によるのでなければならない。なぜなら、それらの性質は感覚されるものだからである。またこのことによって、肉が最終的な感覚器官ではないことも明らかである。というのは、肉が最終的感覚器官であったなら、「判別するもの」は感覚されるもの自体(4)に直接に接触して判別するのでなければならないことになるからである。(5)

　またたしかに、甘さが白さとは異なることを判別することは、別々に分離されているものによっては不可能であり、甘さと白さの両方がともに単一のものに対して明瞭に提示されていなければならない。というのは、分離されているものによって判別されたとすれば、一方のものを私が感覚し、他方のものをあなたが感覚するというだけの場合でさえ、その二つが互いに異なっていることが明らかになったであろう。しかし「異なる」と語るのは単一のものでなければならない。なぜなら、甘さと白さとが異なる、と語るのだからである。それゆえそう語るのは同一のものである。したがってそれは、そう語るのと同じ仕方で、また思惟し感覚するのである。――すると、別々に分離されているものによって別々に分離されているものを判別することが不可能なのは明らかである。またそれぞれの認知が別々の分離された時間においてであっても、そのよう

(1) 第二巻第十二章四二四a二五以下参照。

(2) この文の意味についてはさまざまな解釈がある。感覚される複数の性質（たとえばある高音、中音、低音）が一定の（協和音を構成するような）比を構成するとき、(i) それぞれが別個のまま感覚される場合と (ii) 混合して一つのものとして感覚される場合があるが、ここではまず (i) の場合も快いことを認めた上で、以下で一般的には (ii) の方が快いと主張しているのかもしれない。

(3) すなわち、極端に熱かったり冷たかったりするものではないもの。なお底本が削除する *ἀφῇ δὲ τὸ θερμαντὸν ἢ ψυκτόν*（四二六b六）を読む。

(4) 四二六b一六は底本の *αὐτὸ* ではなく、写本の *αὐτοῦ* を読む。

(5) 当面問題となっているのは、異なる感覚様相にある対象間の判別であるから、その感覚器官を、すべての感覚器官に共通するような物体的な何かとして特定しようという考え方は不自然ではなく、するとそれぞれの感覚器官は肉で構成されている以上、肉は一つの有力な候補となりうる。――おそらくアリストテレスはこのような想定を批判しているのであろう。つまり、もし肉が最終的感覚器官として特定されるならば、肉が触覚の成立において対象に接触しているように、その最終的器官はすべてに接触する必要があることになるという不合理を帰結する。

な両者の関係の判別が不可能であることも、以下のことから判明する。すなわち、ちょうど「善いものと悪いものとが異なる」と語るのは同一の主体であるように、「AはBと異なる」と語るそのときに、また「BはAと異なる」と語ってもいるのである（この「そのときに」というのは付帯的な意味においてではない。私が言う「付帯的」とは、たとえば、「あるものが他のものと異なっている」と私はいま語っているが、しかしながら、「いま異なっている」とは語っていないような場合である。むしろ次のような仕方で語るのである。つまり、いま異なってもいるし、またそのようにいま語ってもいるのである）。だから同時に、そう語るのでなければならない。したがって、分離されていないものが分離されていない時間において、判別するのである。

しかしまた、同一のものは、それが分かたれないものであり、また分かたれない時間のうちにあるかぎりにおいては、反対の動き〔運動変化〕を同時に動くことは不可能である。実際、もし対象が甘ければ特定の仕
427a 方で感覚や思惟活動を動かす〔運動変化させる〕が、苦いものはそれとは反対の仕方でそれらを動かし、白いものはまた別の仕方で動かすのである。すると「判別するもの」は、数の上では分かたれず離存もしないが、しかし同時に「あり方」〔本質規定〕の上では分離されているものなのだろうか。たしかに、区別されているものを感覚するのは、ある意味では分かたれるものであり、また別の意味ではそれが分かたれないものであるかぎりにおいてである。つまり「あり方」〔本質規定〕の上では分かたれるが、場所と数の上では分かたれないものなのである。

いやむしろ、そのことは不可能ではないだろうか。[1] というのは、同一であり分かたれないものが、可能態

においては相反するものの両方であるとしても、「あり方」〔本質規定〕の上ではそうではなく、むしろ〔異なるものの判別という〕現実に活動する状態において、それは分かたれているからである。つまり、それが同時に白くも黒くもあるということはできない。したがって、その同一のものがそれら白と黒の形相の作用をともに受けることはできないのである。もしも感覚や思惟活動がそれらの形相の作用を受けることであるとすれば。

しかしこのことは、あるひとびとが点と呼ぶものと同様であり、点は一であるかあるいは二であるかであるが、後者の意味においては分かたれてもいる。(2) そこでこの「判別するもの」は、分かたれないかぎりにおいては、一つであり同時に〔二つのものの関係を〕判別するが、他方で分かたれるということが成立するかぎりにおいては、同一の点を同時に二度用いるのである。すると〈限り〉としての点を二つとして扱うかぎりでは、二つのものを分離された状態で別々に判別するが、そうするのはある仕方で分離されているものによってである。(3) 他方で点を一つのものとして扱うかぎりでは、〔二つのものの関係を一つのものとして〕同時に

(1) 仮想的反論の検討。問題とされているのは、現実活動態における複数の感覚的性質の関係の判別であるから、数的、物的に一であるが可能的には複数であるという解決策は有効ではないのではないか、という反論。

(2) 四二七a一〇―一一は *ᾗ μία καὶ δύο, ταύτῃ ⟨καὶ ἀδιαίρετος⟩ καὶ διαιρετή* ではなくE写本に従い *ᾗ μία ᾗ δύο, ταύτῃ καὶ διαιρετή* と読む。*ταύτῃ* は *ᾗ δύο* を受けると一応解した。

(3) 四二七a一三―一四は底本の校訂には従わず、比較的有力な写本の *κεχωρισμένῳ* および *ᾗ δ' ἑνί, καὶ ἅμα* を読む。

判別するのである。[1]

かくして、動物がそれに基づいて感覚する能力をもつとわれわれが主張するこの始原〔原理〕については、以上のような仕方で規定されたとしよう。

第三章

さてひとびとは魂を規定する上で、最も主要には次の二つの特性に依拠している。すなわち、(1) 場所的な運動と、(2) 思惟すること、また判別し感覚することである。[2] そして思惟することや思慮するという活動は、一種の感覚するという活動と同様なものとして一般に考えられている（というのも、思惟および思慮と感覚というずれの活動においても、魂は存在するもののうちのある何かを判別しまた認識するからである）。また、少なくとも昔のひとびとは、思慮することと感覚することとは同一であると主張しているのである——ちょうどエンペドクレスが「なぜなら人間の知恵は、現にそこにあるものとの関係において増大するから[3]」と語り、また別のところでは、「そこから、ちょうどそれだけ彼らにとって考えがさまざまに変わるということもまた、そのたびごとに起こるのである[4]」と語っていたように。またホメロスの「というのも思惟〔知性〕はそのようなものだから[5]」もそうした言葉と同じことを言おうとしているのである。すなわち、彼らはすべて、この論考のはじめにもわれわれが規定したように[6]、思惟することは感覚することと同様に物体的な過程であり、また似たものを似たものによって感覚し思慮すると解しているのである。しかしながら、

427b 彼らは同時に、誤るということについても語るべきであった。なぜなら、誤るということは動物にとっていっそう固有なことであり、魂は比較的長い間そのような状態で過ごすからである。それゆえ、必然的に彼らの選択肢は、(i)ある一部のひとびとが述べるように(7)すべての現われは真であるとするか、(8)(ii)それとも似ていないものとの接触が「誤り」であるとするか、(9)のいずれかである。後者が「誤り」であるというのは、似たものによって似たものを知ることとは反対の事態だからである。けれども、反対関係にあるものについて

(1) アリストテレスが念頭においているのは、たとえば、線分AB上の点Cは一つの点でありながら線分ACの終点であるとともに線分CBの始点でもあるという事態である。ただしここでの議論は、テキストも不安定で、また説明されるべき事柄(異なる様相の感覚性質の相違の判別)と説明のための例解(点)とが混在しており、確定的な解釈を与えるのは困難である。

(2) 四二七a一八－一九は大部分の写本通り *καὶ τῷ κρίνειν καὶ αἰσθάνεσθαι* を読む。

(3) エンペドクレス「断片」B一〇六(DK)。

(4) エンペドクレス「断片」B一〇八(DK)。

(5) ホメロス『オデュッセイア』第十八歌一三六。

(6) 第一巻第二章四〇四b八－一八、四〇五b一一－一五。

(7) このなかには少なくともデモクリトスが含まれる。第一巻第二章四〇四a二七以下参照。

(8) 思惟や思慮が単なる物体的なプロセスならば、そこに誤るということの成立する余地はない。

(9) われわれの知や思慮が似ているものによって似ているものを認識することにおいて成立するのならば、誤りは、逆に、似ていないものとの関係によって成立することとして説明されることになる。

は、同一の知識、同一の誤りが成立すると思われている(1)。

さてそこで、感覚することと思慮することとは同一ではないことは明らかである。現に、感覚の方はすべての動物が与っていることであるが、思慮に与るのは動物のうちでもごくわずかである。また思惟することも――そのうちには正しいものと正しくないものとが含まれ、正しいものとは思慮や知識、真なる思いなしであり、正しくないのはそれらの反対のものであるが――、感覚することと同一ではない。なぜなら感覚は固有の対象についてはつねに真であり、またあらゆる動物にそなわっているが、思考することは偽でもありうるし、また言語ももっていないようなものにはまったくそなわっていないからである。

実際、表象のはたらきは、感覚とも思考とも異なるのであり、表象のはたらき自身は感覚を伴わずには生じないが、またこの表象のはたらきなしでは判断は成立しないのである(2)。しかし、表象のはたらきが判断とは同一でないことは明らかである。なぜなら、この表象するという様態〔感受状態〕は、われわれが望む場合には、われわれの意のままになる(その証拠に、ちょうど物事を記憶術の体系に従って並べておいて、そこから影像を作り出すひとびとのように、眼前に何かを作り出すことができるのである)。けれども、思いなすことはわれわれの意のままになることではない。なぜなら、思いなすとは、必然的に、誤謬をおかすかそれとも真理を把握するかという、真偽性に関与することだからである。さらに、われわれが何か恐ろしいものや怖いものを思いなすとすれば、すぐさま作用を受けてそれに対応した感受状態となる。またそれは、平気なものを思いなすのであっても同様である。だが、表象のはたらきにおいては、われわれは、ちょうど絵のなかに恐ろしいものや平気なものを眺めるのと同じような状態にある。ただし、判断のはたらき自体のなかにも種類の相違があり、知識、思いなし、思慮、そしてそれらの反対のはたらきが含まれるのだが、それらの間の相違については別途に議論することにしよう(3)。

けれども、思惟することについて話を戻せば、それは感覚することとは異なるが、思惟することには一方では表象のはたらきが属すると思われ、他方では判断が属すると思われているので、まず表象のはたらきについて規定して、その上でもう一方の判断についても論じるべきである。

では、もし表象のはたらきが、「それによって、何らかの表象(4)がわれわれに生ずるとわれわれが語るもの」

(1) 反対関係にあるものは一つの領域を構成し、その反対関係にあるものの一方を知るなら他方を知るように同一の知識が成立するが、同様に反対関係にあるものについて成立する誤りも同一である。その結果、先行論者たちの「似たものが似たものを知る」という前提に従えば、知識については反対関係にあるものの両方に似ている、また誤りについてはその両方に似ていないという不合理が帰結する。

(2) 表象のはたらき（パンタシアー）概念の導入はやや唐突である。(i) 表象のはたらきという第三項を導入し、感覚、表象のはたらき、思考の三者が異なりつつ、あとのものが前のものを成立の必要条件とするということを指摘して、感覚と思考との相違を別の角度から確認しているか、あるいは(ii) すでに動物が誤りにかかわることを述べているので、思考や思惟能力でなくとも真偽にかかわりうるという反論を想定して、動物の場合は表象のはたらきに基づいて誤るのであり、感覚によるのではないという反論を提出している、などの解釈が考えられる。そしてこのあと、議論は導入された表象のはたらきの概念の明確化に向かう。

(3) 『ニコマコス倫理学』第六巻第三―五章などが推定されている。

(4) 「表象」と訳された「パンタスマ（φάντασμα）」はパンタシアーによって表象されている事柄（内容）を指す。以下では「表象」の訳語を用いながら、必要によって「表象された事柄」などを補って訳す。一一頁註（7）も参照。

428a であり、また何か言葉を転用して語るのではないとすれば、以上述べたようなはたらきのうちの一種で、われわれがそれによって判別しまた真理を把握したり誤謬をおかしたりする能力あるいは性向的状態である。[1]だがそのようなものに該当するのは、感覚や思いなし、知識や思惟［知性］である。

そこで、まず表象のはたらきが感覚ではないということは、次のことから明らかである。すなわち、感覚は、たとえば視覚能力と視覚活動のように、可能態［能力］かあるいは現実活動態かのいずれかである。しかし(1)そのどちらも成立していない場合にも、たとえば夢のなかで現われるもののように、何かが現われることがある。(2)さらに感覚はつねに現在しているが、[2]表象のはたらきはそうではない。(3)またもし表象のはたらきと感覚とは、現実活動態においては同一であるとするならば、獣のすべてに表象のはたらきがそなわっているということが可能ということになるだろう。しかしそのようには思われないのであり、たとえば蟻や蜜蜂にはそなわるが幼虫にはそなわっていないのである。[3](4)さらに、諸々の感覚はつねに真であるが、表象のはたらきはその大部分が偽となる。(5)さらに加えて、われわれが感覚対象について精確に感覚を活動させている場合には、「われわれにはそれが人間のように見える［現われている］」と語ることはなく、むしろそう語るのははっきりと感覚していないような場合であり、そのときに表象のはたらきは真であるか偽であるかのどちらかなのである。[4](6)そして以前に述べたことであるが、[5]眼を閉じている者にさえ見え姿［視覚像］は現われるのである。

しかしまた、表象のはたらきは、知識や思惟［知性］のように、つねに真理を把握するもののうちのどれ一つでもない。表象のはたらきは偽でもありうるからである。したがって残る課題は、表象のはたらきは思いなしであるかどうかを診断することである。なぜなら、思いなしは真にも偽にもなるからである。しかし思いなしには信じることが付随している（というのも、何かを思いなしながら、そう思われる事柄を信じないということはありえないからである）。けれども、いかなる獣にも信じるということは成立しないが、表象のはたらきは獣の多くにそなわっている。[6]さらにすべての思いなしには信じることが伴うが、信じることに

（1）底本は四二八a三に ἄρα を挿入する。あるいは写本の μία が ἄρα から誤って転写されたものと推定することも可能かもしれない。いずれの場合も、「……能力あるいは性向的状態のうちの一つであろうか」という疑問文となる。かりに本文の訳のように写本のまま読み疑問文ではないとしても、表象のはたらきをそのような能力や性向的状態の一つとする見方は、以下で検討し批判されるものである。

（2）感覚をもつもの（動物）には、感覚は可能態においてはつねにそなわっているということ。

（3）四二八a一一は底本が従うトルストリクの校訂通り訳したが、写本では「蟻や蜜蜂や幼虫にそなわっているようには思われない」となる。

（4）四二八a一五は底本の πότερον ではなく写本に見られる τότε ἢ を読む。

（5）本章四二八a七以下参照。

（6）以下の部分四二八a二二―二四について、底本は、その直前の議論の繰り返しであり、実際にはアリストテレスが書き換えた初期のバージョンであるというトルストリクの解釈に従って削除しているが、この部分の議論が、直前のそれと比べて、〈説得〉と〈言語〉という新しい、しかも重要な要素をもち込んでいることは明らかである。

対しては説得されるということが伴い、説得には言語[1]が伴う。ところが獣のあるものには、表象のはたらきはそなわっていても言語はそなわっていないのである。ならば、表象のはたらきは、感覚を伴う思いなしでもなく、また感覚を介しての思いなしでもなく、また思いなしと感覚との結合でもありえないということ[2]は上述の理由から明瞭であり、また明らかに以下のことからもそうである[3]。つまり［そのような表象のはたらきの理解に従うなら］思いなしがかかわる対象は感覚のかかわるその対象にほかならない。私の言う意味は、白を対象とする思いなしと白を対象とする感覚から成立する結合が表象である、ということである。というのも、思いなしは善を対象とするが感覚は白を対象とするときには、両者が結合しても表象のはたらきは成立 428b30 しないからである。すると、現われることとつまり表象活動が成立することとは、感覚するその対象を、付帯的な仕方ではなくまさにそれを、思いなすこととなる。

しかし少なくとも、ある事柄について真なる判断をもっているのに、同時にそれについて現われているのは偽でもあるということがある。たとえば太陽はわれわれの住む大地よりも大きいと信じられているが、しかしそれは足ほどの大きさで現われている、というような場合である。するとそこから帰結することは[4]、(1)事実はそのまま存続し、いままでもっていた自分自身の真なる思いなしを忘れたりあるいは変更するよう説得されたりもしていない状況でなお、それを放棄したということか、あるいは(2)もしさらにそれをもちつづけているのであれば、同一の思いなしが真でも偽でもなければならないかのいずれかである。しかし真なる思いなしが偽となるのは、事実が気づかれないうちに変化した場合であろう。したがって、表象のはたらきは先に挙げられた認知能力のうちの特定の一つでもなければ、それらが結合されて成立するものでもない。

しかし、(i)特定のものが動かされたとき、他のものがこれによって動かされるということが可能であり、また(ii)表象のはたらきは(a)ある種の動〔運動変化〕であり、(b)感覚なしでは生じず、むしろ(c)感覚するものにおいてだけ、また(d)感覚が対象とするものにかかわって生じると考えられる。そして(iii)、(a)感覚の現実活動態によって動〔運動変化〕が生じることが可能であり、そして(b)この後者の動は必然的に感覚と類似したものである。――以上のようであるとすれば、(iv)、(a)この感覚の現実活動による動は感覚なしには存在しえないだろうし、(b)感覚することのないものに帰属することも不可能であろう。また(c)この動をもつものは、この動に基づいて数多くの作用を及ぼしたり受けたりすることができるであろう。(d)そしてまた

---

(1) ここで「言語」と訳された「ロゴス」という言葉は、説得されることに含意されているという以上、(「理性」というほとんどの訳が採用する意味を排除しないとしても)「言語」をその基本的意味としていると考えるべきであろう。『弁論術』第一巻第十一章一三七〇a一八以下参照。本章四二七b一四の「ロゴス」も同様の解釈から「言語」と訳された。

(2) 表象のはたらきを、以上のように感覚と思いなしによって規定しているのはプラトンである。「感覚を伴う思いなし」は『ティマイオス』五二A七、「感覚を介する思いなし」は『ソピステス』二六四A四、「感覚と思いなしの結合」は同じくB二(むしろ「感覚と思いなしの混合」)に見られる。

(3) 写本通り *διά τε ταῦτα καὶ δῆλον ὅτι* (四二八a二六―二七)を読む。

(4) 以下、表象のはたらきをある感覚対象についての思いなしであると(批判すべき見解に従って)仮定し、したがって偽なる思いなしが太陽について生じていると想定した上での帰結である。

この動は真でも偽でもありうるだろう[1]。

さて、この最後の点［(iv)の(d)］は次のような理由から帰結する。すなわち、まずそれに固有のものを対象とする感覚は真であるか、あるいは最小限にしか偽を含まない。しかし第二に、これら固有の対象が何かに付帯しているということの感覚があり[2]、そしてこの場合には、もはや偽であることがありうる。なぜならば、白いということの感覚は偽とはならないが、白いものはこれかそれとも他の何かか、ということについては偽でありうるからである。また第三に、共通の対象の感覚、すなわち付帯的な感覚の対象――そこに固有の感覚対象が属するのである――に付随するものを対象とする感覚がある。私が言うのは、たとえば、動や大きさのことである（それらは感覚対象に付帯するものである）。これらの対象については、感覚において欺かれる可能性が最大である。また感覚の現実活動態によって生じる動は、以上の三つの感覚の形態を起源とし、それに応じて相違するであろう。そして第一の固有の対象にかかわる感覚に由来する動は、感覚が現に成立しているかぎり真であるが、それ以外の二つの感覚に由来する動は、感覚が現に成立していてもまた成立していなくても、偽でありうるのであり、なかでも感覚対象が遠くにある場合はとくにその可能性が高い。

さて、以上の特性をすべてもつものは、表象のはたらきを除けば、他には何一つなく、そしてその点はすでに論じられた以上[3]、表象のはたらきは現実活動態にある感覚によって生起した動であるということになるだろう。

また、視覚が最も優れた意味での感覚であるので、表象のはたらきの名称（パンタシアー）も、光（パオス）

から採られている。光なしでは見ることができないからである。そして表象のはたらきが感覚器官内に滞留し感覚に類似しているゆえに、動物は、表象のはたらきに基づいて多くの事柄をおこなうのである。そうするのは、ある動物は、たとえば獣のように、思惟［知性］をもっていないからであるが、別の動物は、たとえば人間のように、情動や病や睡眠によって思惟［知性］がときとして曇らされるからである。

　さて表象のはたらきとは何であり、またなぜ成立するのか、という点については、以上の範囲で述べられたとしよう。

（1）以上の議論の論点および構造についてはいくつかの解釈がある。試案的な整理すると、(i)は運動について全般的に成立する事象の確認、(ii)は表象のはたらきについての一般的理解の記述、(iii)は（(i)を前提とした）感覚の現実活動による動（Kとする）の成立可能性およびそのKと感覚との類似性の承認である。そして(iv)は以上の前提からの、とりわけ(iii)に基づくその運動Kの特徴の記述である。なおそのあとのしばらくの議論（四二八b一七―四二八b三〇）は(iv)の最後の論点(d)についての補足的説明である。この範囲では前提の一部である表象のはたらきについての記述(ii)が帰結部分にほとんど生かされていないが、(iv)の(d)の特徴についての比較的長い説明が終わったのちに表象のはたらきがKとして同定される部分（四二八b三〇―四二九a二）も、以上の(i)から(iii)の帰結の一部として考えればよいだろう。

（2）四二八b二〇にb二四の ἃ συμβέβηκε τοῖς αἰσθητοῖς を移動させるバイウォーターおよび底本の校訂は採らない。

（3）この文にもいろいろな読み方があるが、前註（1）に示された解釈を前提とするならば、本章四二八b一一―一三、すなわち本文では(ii)とされた表象のはたきについての記述を参照するものと解されるであろう。

第四章

(429a) さて、魂がそれによって認識しまた思慮する魂の部分については、この部分が他の能力から離存するものであるにせよ、あるいはまた大きさ［空間的拡がり］の上ではなく説明規定の上でのみ離存するものであるにせよ、それが他の能力に対してどのような特性をもつのか、またいかにして思惟の活動は成立するのかを考察しなければならない。

そこで、思惟することがちょうど感覚することのようであるとすれば、思惟するということは思惟されるものによって何か作用を受けることであるか、あるいはそれとは異なるにせよそれに類似したものであることになるだろう。すると思惟［知性］は、作用を受けて特定の様態［感受状態］となっているものではないが、形相を受容しうるものであり、またその形相そのものではないにせよ、可能態においてはその形相と同様の性格のものでなければならない。そしてちょうど感覚する能力が感覚されるものに対するのと等しい関係が、思惟［知性］が思惟されるものに対する関係にも成立していなければならない。そうすると、思惟［知性］は、すべての事象を思惟するのである以上は[1]、アナクサゴラスの主張するように[2]、支配するためには、すなわち認識するためには、混じり気のないものであることが必然である。なぜなら、それ自身も特定の現われ方を伴うとすれば、それとは異質なものを妨げ、排斥するからである。したがって、思惟には、ほかならぬ「可能である［可能態にある］」ということ以外にはいかなる本性さえも属さないのである。だから、魂のうちの

「思惟」と呼ばれるもの（私が「思惟」と言うのは、魂がそれによって思考したり判断したりするところのものである）は、思惟するという活動にある以前には、現実活動態においては存在するもののうちのいかなるものでもない[3]。それゆえ思惟が身体〔物体〕と混合しているというのも不合理である。なぜなら、もしそうだとすれば、思惟は、冷であれ熱であれ、ある特定の性質のものであるということになるだろうし、さらには、感覚する能力についてはそうであるように、ある特定の器官が思惟〔知性〕についても存在することになるからである。だが、実際にはそのような器官はまったく存在しないのである。そこでまた、魂は形相の場所であると語っているひとびとも正しい[4]。ただし、魂の全体ではなく思惟する能力をもつ魂がそうなのであり、また現実態においてではなく可能態における形相であるという留保が必要であるが。

（1）本章のここまでの議論では、基本的には感覚と平行させるかたちで思惟が論じられてきたが、この「すべての事象を思惟する」という確認によって思惟独自の機能が前提に加えられ、そのことによって以下で導かれる結論も、思惟の特質を示すものとなっていく。

（2）アナクサゴラス「断片」B一二（DK）。

（3）思惟（知性）は、思惟活動という現実活動態にある以前はまったくの無であるという意味ではなく、存在するもののいかなるものにも一致せず、すべてに対して受容可能であるという一種の白紙状態にあるということ。思惟が思惟対象を受容可能な存在であることまで否定されているわけではない。

（4）プラトンあるいはプラトン学派のひとびとの表現であると推定される。プラトンには文字通り同じ表現は存在しないが、『パルメニデス』一三二Bでは「諸形相のそれぞれは思惟されたもの（思惟内容）であって、それは魂のうちを除いてはいかなる場所のうちにも生ずるのはふさわしくない」という考え方が批判的に検討されている。そしてアリストテレスよりのちの新プラトン主義者たちは、この議論を当該箇所が指示すると解釈している。

けれども、作用の受動による特定の様態［感受状態］にはないということが、感覚する能力と思惟する能力の場合では同様の意味ではないということは、感覚器官と感覚に着目するならば明らかである。なぜなら、感覚
429b
は激烈な感覚対象を感覚したすぐあとでは感覚することができないのであり、たとえば大きな音の感覚の直後に音を感覚することはできず、強烈な色や匂いの感覚の直後に見たり嗅いだりすることはできないのである。しかし思惟［知性］は、何か知的に高度の思惟対象を思惟したときに、より程度の低いものもそれに劣らずに思惟するのであり、むしろその場合の方が思惟はいっそう有効に機能しさえもする。なぜなら、感覚する能力は身体なしには存在しえないが、思惟の方は離存するからである。

また、知識あるひとが、現実活動態において知識あるひとであると語られるのと同じ意味において、思惟が思惟される対象のそれぞれとなるとき（そのことが成立するのは、自分自身によって現実に活動することが可能である場合であるが[1]、そのような［それが可能であるという］ときにも、ひとはある意味で可能態にある。ただしそれは、学習したり発見したりする以前に可能態にあることとは同じ意味ではない）――そのときには思惟自身も自らを思惟することができるのである[2]。

ところで、大きさのあるものと「大きさであるということ」［大きさの本質規定］とは異なり、また水と「水であるということ」［水の本質規定］とは異なる（他の多くのものについてもこのような区別が成立するが、すべてのものについてそうだというわけではない。なぜなら若干のものについては両者が同一であるからである[3]）のであるから、「肉であること」［肉の本質規定］の判別と肉そのものの判別とでは、異なるものによるか[4]、あるいは同じものによるが異なった仕方であるかのいずれかである。なぜなら肉は、素材を伴わなければ存

在不可能であり、むしろ獅子鼻[5]のように、特定の素材のうちに具現する特定の形相だからである。だから熱いとか冷たい、および肉がそれらの一定の比として構成されるような諸性質[6]を判別するのは感覚する能力によるのである。けれども「肉であること」〔肉の本質規定〕を判別するのは、それとは異なるものによるのであり、それは感覚から離存するか、あるいは曲げられた線が真っ直ぐに伸ばされたときに、以前のそれ自身

（1）第二巻第五章四一七a二一―b二参照。

（2）この箇所は、通常、「また、知識あるひとが現実活動態において知識あるひとであると語られるのと同じ意味において、思惟がそれぞれの思惟対象となるとき（そのことが成立するのは、自分自身によって現実に活動することが可能である場合である）そのようなときもまた、ある意味で可能態にある。ただしそれは、学習したり発見したりする以前に可能態にあることとは同じ意味ではないが。そしてまた、そのときに思惟自身も自らを思惟することができるのである」と分節され、訳される。ただしいずれの解釈を採るにしても、底本の四二九b九 δι᾽ αὐτοῦ という改訂は不必要で、写本通り δὲ αὐτὸν と読まれるべきである。

（3）『形而上学』H巻第三章一〇四三b一では、「魂」と「魂であること」との同一性が主張されている。他方で、同書Z巻第五章一〇三一a三一以下では、「善」と「善であること」との同一性などが検討されている。

（4）ここでの「〜による」という表現で指示されるものは、判別などのいわゆる「主体」となるものである。

（5）くぼんだ鼻のこと。くぼみという形相と鼻という素材（質料）との結合から構成されてはじめて成立するものであるから、その概念自体が必然的に素材を含んでいる例として用いられる。

（6）第一巻第四章四〇八a一四―一五、第二巻第十一章四二三a一三―一五などを参照。ただしこの箇所では、肉を構成する四元よりも冷熱乾湿などの感覚的諸性質が念頭におかれていると考えられる。

(429b)

［曲げられた線］に対するような関係にあるものかのいずれかによるのである。[1]

また翻って、抽象によって成立するものの場合について見るならば、直線は獅子鼻に類似している。なぜなら直線は連続体という性格[2]を伴うからである。だが、その「もともと何であるか」［その本質］は、「直線であること」と直線とが異なるとすれば、別のものである。その証拠に、「直線であること」を「二という性質[3]」と想定してみればよい。したがって、直線の本質を判別するのは、異なったものによるのか、あるいは同一なものでも別のあり方にあるものによってである。だから一般的に言って、認識される事象がその素材から離存するのに応じて、同様に思惟のはたらきも素材から離存するのである。

しかしひとは、次のような問題を提起するかもしれない[4]。すなわち、(1)もし思惟［知性］が、アナクサゴラスの主張するように、単純であり作用を受けて持定の様態にあることはなく、いかなるものとも共通なものを何一つもっていないとしながら、しかも思惟するとは何らかの作用を受けることであるとすれば、それはいかなる仕方で思惟することになるのであろうか。というのも、両方に何らかの共通するものがあるかぎりで、一方が作用し、他方が作用を受けると思われるからである。またさらに、(2)思惟［知性］それ自身も思惟されるものであるのか。このことが問題とされるのも、(i)もし思惟が他のものによらずにそれ自身として思惟されるものであり[5]、また思惟されるものは〈種〉において何らかの意味で同一であるとすれば、思惟はそれ以外のものに属することになるか、あるいは、(ii)それ以外の思惟されるものと同様に、思惟自身を思惟されるものにするある何かを思惟［知性］は混合されて含んでいることになるかの、どちらかを帰結するからである。[6]

あるいはむしろ、(1)の「共通のものに基づいて作用を受ける」という点については、すでに分析して区別をしており、(7) 思惟は、可能態においてはある意味で思惟されるものであるが、しかし現実態においては思惟する以前には何ものでもない、ということだったのではないか。そしてその可能態におけるあり方は、ちょうど、現実態においてはそのなかに何一つ書き記されていない書板の状態に相当するが、まさにそれこそ 430a

(1) この線の比喩の意味するところの理解は容易ではないが、思惟が感覚から独立してはたらくのではなく、何らかの連帯的な関係を表わそうとしていると思われる。

(2) 連続性は、幾何学的対象が伴うとされる「思惟される素材（質料）」に相当するから、直線は素材を必然的に伴う点で獅子鼻と類似している。

(3) これは直線を数的なイデアとしての〈二〉とするプラトン主義者への言及かもしれない（第一巻第二章四〇四b二〇―二二参照）。ある二つの点を形相、連続性を素材として直線が成立するという考えを暫定的に採用すれば、形相＝本質としての「直線であること」と、素材を伴う直線との相違は明白になる。

(4) 以下の問題は、すでに第一巻第二章四〇五b一九以下で、示唆されていた。補註D参照。

(5) すなわち思惟自身を除いた諸々の思惟されるもの。人間以外のものに思惟が属する（ロスなどの解釈）という意味ではない。

(6) (i)によって、思惟されるものであるということが思惟それ自身に依拠したものなら、すべての思惟対象もそのうちに思惟を含む。(ii)によって、思惟されるものであるということが思惟以外のものXに依拠しているとすれば、思惟もそれ自身思惟されるかぎりで、そのXを含んでいなければならない。(i)と(ii)はともに、思惟（知性）は思惟対象と共通のものを含んでいることになる。これは(1)と一見したところ矛盾する。

(7) 本章四二九a一四―二五を参照。また第二巻第五章を参考にせよ。

（430a）

が思惟について起こる事態なのである。そして上記(2)について言えば、思惟それ自身も、諸々の思惟されるものと同じように思惟されるものである。なぜなら、素材を伴わないものの場合には、思惟しているものと思惟されているものとは同一だからである。というのは、観想的知識とそのような仕方で知られるものとは同一だからである（ただし、思惟がつねに思惟しているという状態にはないことの原因については、のちに考察しなければならない）。他方で、素材をもつものにおいては、思惟されるもののそれぞれは可能態において存在する。したがって、そのようなものには思惟は属してはいない（というのも、思惟は素材を抜きにしてそのようなものとなりうるという可能態であるから）が、思惟［知性］には思惟されるものであることが属するということになるであろう。

第五章

さて、ちょうど[1]自然の全体において、一方では何かあるものがそれぞれの類にとっての素材であるが（またそれは、可能態においてはその類に属するもののすべてである）、他方ではそれとは異なるものが、すべてのもの[2]を生み出すがゆえに[3]、原因つまり作用し生み出す能力をそなえたものであり、後者は前者に対して、技術が素材に対するような関係にある。このような事情にある以上、ちょうどそれと同じように、魂のうちにもそのような区別が成立していることは必然である。実際、一方では、それがすべてのもの[4]になるということのゆえに、素材に相当する思惟が存在し、他方では、それがすべてのものに作用し生み出すがゆえに、原因に相当する思惟が存在する。後者は、ちょうど光に比せられるような意味での、ある種の状態である。(5)というのも、光もまた、ある意味で、可能態にある色に作用して現実活動態にある色にするからである。(6)

そしてこの思惟は、離存し、作用を受けず、混り気なく純粋であり、その本質において現実活動態にある。なぜなら、作用するものは作用を受けるものよりも、また始原［原理］は素材よりも、つねに貴いからである。また、現実活動態にある知識は、その対象となる事物・事象と同一である。ただし可能態にある知識は、一個人においては時間の上でより先であるが、全体としては時間の上でさえより先なるものではない。またこの思惟は、あるときに思惟し、あるときには思惟しない、ということはない。

（1）ὥσπερ（四三〇a一〇）を読む。写本には一致して存在するこの言葉は、これから示される魂の内部の二つの要素が、自然界での〈素材〉と〈ものを生み出す原因〉に相当するものであるが、しかしそのような自然界における二つの要素の単なる一事例として提示されているのではなく、それとの類比的関係にあるものとして提示されていることを示唆しうる点で重要である。また同じ行で、写本に与えられている τι を削除せず読む。

（2）ここではその当該の類に属するすべてのもの。

（3）ποιητικόν（四三〇a一二）のあとにコンマを挿入しない。

（4）すなわち、すべての思惟されるもの。

（5）光の役割については第二巻第七章参照。光は媒体としての「透明なもの」の現実活動態である。「状態（ἕξις）」という言葉は、光に関しては四一八b一八―一九に見える。

（6）第二巻第七章では、色が媒体にある透明なものに作用して、その現実活動態としての光へともたらすと語られていたが、ここでは、光が色を現実活動態にもたらすと語られている（それゆえ「ある意味で」と限定が付されている）。したがって当該箇所での「作用」は、物体間の「作用」と異なるのはもちろんのこと、第二巻第五章での議論をはじめとした、感覚対象による感覚や媒体への「作用」とも異なった意味で理解されなければならない。

そしてこの思惟は、分離されたときに、ほかでもなくただまさにそれ自身の本質的あり方にあるのであり、そしてこれだけが、不死であり永遠である。しかしわれわれがこの思惟を覚えていないのは、このような思惟はたしかに作用を受けないが、作用を受ける思惟の方は可滅的だからである。だが、この作用する思惟なくしては何も思惟することはないのである[1]。

第六章

さて、「分かたれないもの[2]」を対象とした思惟活動は、それについて偽であるということが成立しない事象のうちに属する。これに対して、それについて偽も真もともに成立する事象においては、諸々の思惟された事柄〔思惟内容〕が、ちょうど一つであるような仕方でまとめられて、それらの一定の結合がすでに成立しているのである。ちょうどエンペドクレスが、「そこには首のないたくさんの頭が生え出て[3]」、そののちにそれらは愛によって結合される、と語ったように、そのようにこれらの思惟された事柄も、分離された状態にあったものが結合されるのであり、たとえば「通約不可能」と「対角線」の場合がその一例である[4]。また、
430b
思惟活動が過去に生起したことや将来起こるであろうことを対象とするのであれば、思惟〔知性〕は時間を結合したかたちでつけ加えて思惟するのである。実際偽はつねに結合のうちに成立するのである。というのも、「白いものが白くない」という場合にも[5]、「白くない」を結合しているからである。だが、以上のすべてを「分割」であると主張することも可能である。しかしいずれにせよ、偽あるいは真は、単にクレオンが白

いということのみならず、白くあったとか白くあるだろうということにおいても成立する。だが、一つに結合するもの、それは、それぞれの場合において、思惟〔知性〕である。

しかし「分かたれないもの」ということにも、可能態においてそうであるか、現実活動態においてそうであるか、という二通りの意味があるので、思惟が長さを思惟するとき分かたれない長さを（というのも、その長さは現実活動態においては分かたれていないから）、かつ分かたれない時間において思惟することを妨げるものは何もない(6)。というのは、時間も、長さと同様の仕方で、分かたれ、また分かたれない、ということが成立するからである。だから、思惟しているその時間を二分して、そのいずれか一方の時間において何を思惟していたのかを語ることはできない。なぜなら、分かたれていなかったのなら、その半分は可能態においてしか存在しないからである。これに対して、半分のもののいずれかを別々に思惟している場合には、同時に時間をも分割しているのであり、その場合には、あたかも複数の長さを思惟しているようなものである。けれども、その長さを両方の半分から成立している長さとして思惟するのならば、また両方の半分から

---

(1) 最後の二つの文は、文法的にもいくつかの読み方が可能であり、実際さまざまな読み方が提示されてきた。補註N参照。

(2) この訳語については補註O参照。

(3) エンペドクレス「断片」B五七（DK）。

(4) この二つから「対角線は通約不可能である」という結合ができる。

(5) 四三〇b二は底本の φῇ, τὸ λευκὸν καί という挿入を採らない。

(6) 長さはたしかに「可分的」すなわち「可能態においては分かたれる」が、一つの長さとして現に思惟されているとき、それは分かたれていないのである。

成り立つ時間において思惟するのである。

けれども、量に関して分かたれないものでなく「〈種〉［形相］において分かたれないもの[1]」を思惟するのは、分かたれない時間において、また魂の分かたれないはたらきによってである[2]。だが、その場合には、それによって思惟するところのもの［思惟主体である知性］と思惟する時間とが分かたれるのは、先に述べた長さなどの場合にそれらが分かたれる仕方ではなく、付帯的な意味においてだけであり、それ以外の意味においては分かたれないのである[3]。なぜなら、まさにこうした〈種〉において分かたれないもののうちに、たしかに離存するものではないにせよ[4]、ある分かたれないものが内在し、それが時間や長さをある一つのものに統一するのである[5]。そしてこのことは、時間にせよ長さにせよ、すべての連続したものについて妥当する。

しかし、点やすべての分割の指標[6]、そしてそのような意味で分かたれないものについては、欠如態と同様の仕方で説明される[7]。そしてそれ以外のものについても同様の説明が妥当するのであり、たとえば悪や黒をどのようにして認識するのか、という場合がそうである。なぜなら、ある意味では、それらを認識するのはそれらとは反対の性格のものによるからである。けれども、認識するものは、可能態においてはその反対のものでなければならないし、また自分自身のうちにその反対のものが内在していなければならない[8]。しかしながら、もし原因のなかで、何かに対して反対のものが何も存在しないとすれば、それは自分自身を認識するのであり、現実活動態にあり[9]、また離存するものである[10]。

さて、主張することとは、肯定主張と同じように、何かについて何かを述べることであり、すべて真であるかそれとも偽であるかのいずれかである。しかし思惟［知性］の場合はすべてがそうであるとはかぎらず、

「もともと何であるか」［本質］という意味での「何であるか」を対象とする思惟は真であり、何かについて何かを思惟するときにはそうではない。また、見ることがそれの固有の対象にかかわる場合は真であるのと同じように——ただし白いものが人間である、あるいはそうではないという場合には、つねに真であるわけではないが——、それと同様に、素材を伴わないものを対象とするかぎりは思惟はつねに真である。

（1）最も基層の種、たとえば人間、犬などそれ以上分類できない〈種〉を指す。アリストテレスの存在論の中心的概念。

（2）この文を四三〇b二〇行目に移すという、底本が依拠するバイウォーターの提案には従わない。

（3）このあたりの箇所は、テキストが写本のままでは読みにくいことも手伝って、さまざまな校訂案や解釈が提出されているが、とりあえず四三〇b一六については写本通り ᾧ νοεῖ を、四三〇b一七においては ἀλλ᾽ ᾗ ではなく、ロディエの校訂に従って、ἄλλῃ を読む。

（4）最基層の〈種〉が離存したものでないというのは、プラトン的イデアと受け取られないための警告であろう。

（5）最基層の〈種〉が、それぞれの長さや時間などが一つであることの根拠となるという考えがここで示唆されているとすれば、それは、アリストテレスの実体優位の存在論と理論的に連絡する。

（6）線を分割する幾何学的な点、過去と未来とを分割する〈いま〉という瞬間など。

（7）「分かたれないもの」のうち、連続性、分割可能性が欠如した状態という意味で「分かたれない」ものについての説明。

（8）底本は四三〇b二四の ἐνεῖναι ἐν αὐτῷ および二五の τῶν αἰτίων に疑念を表明しているがそのまま読む。

（9）底本の ἐνέργειά ἐστι（四三〇b二五）でなく、写本の ἐνεργείᾳ ἐστί を読む。

（10）不動の動者への言及と考えられている。

第七章(1)

431a さて、現実活動態にある知識はその対象となる事物・事象と同一である。ただし可能態にある知識は、一個人においては時間の上でより先であるが、全体としては時間の上でさえより先なるものではない。なぜなら、生成するものはすべて現実態にあるものから生成するからである。そして、感覚の場合は、感覚されるものが可能態にある感覚する能力を現実活動態へともたらすことは明らかである。というのも、感覚する能力は、作用を受けることも性質変化することもないからである。したがってこの「感覚する」という事態は、動〔運動変化〕のうちでも別の種類のものなのである。なぜならば、動とは、すでに確認したように(2)、いまだ終極に達してはいないものの現実活動態であるが、無条件な意味での現実活動態、つまりすでに終極にあるものの現実活動態はそれとは異なるからである。

さて、感覚することは、ただ単純に言うことや単純に思惟することに似ている。これに対して、対象が快かったり苦痛だったりするときにはそれを追い求めたり避けたりするが、それはちょうど肯定主張したり否定主張したりするのに比せられる。そして快を感じたり苦痛を感じたりすることは、善いものあるいは悪しきものに対して――それが快いあるいは苦痛であるというかぎりにおいて――、感覚する能力をそなえた中間的状態(3)によって現実に活動することである。そしてまた忌避も欲求も、現実活動態においてはこのようなもの(4)であり、また欲求する能力と忌避する能力とは、相互間でも、また感覚する能力とも異なってはいない。

だが、それの「あり方」［本質規定］においては別のものである。これに対して、思考する能力をもつ魂には、いわば感覚様態(5)［感覚内容］に相当するものとして表象が成立しており、思考する能力は善いあるいは悪いと主張したりそうではないと否定したりするときに、それを忌避したり追求したりするのである(6)。いかなるときも魂が表象を伴わずにはけっして思惟しないのも、このことが理由である。

また、ちょうど空気が作用して瞳を特定の状態にし、またこの瞳も別のものに作用してそれを特定の状態

(1) 底本はこの章をさまざまな断片的考察がアリストテレスの死後に集成されたものという立場から校訂しているため、多くの箇所でダッシュなどを挿入して議論を分断しているが、そのような解釈は十分な根拠をもたないので、以下この章の訳は底本のそのような校訂に従っていない。

(2) 四三一a七は *ἐνέργεια ἦν* と読む。そのことによって参照される箇所は第二巻第五章四一七b二以下である。

(3) 第二巻第十一章四二四a四以下を参照。

(4) 四三一a一二は *ταὐτό* ではなく *τοῦτο* を読む（ベッカー、トレンデレンブルク、トルストリク、ヒックスほか）。指示される内容は「感覚する能力をそなえた中間的状態によって活動すること」を指す。

(5) 「アイステーマ（*αἴσθημα*）」は、『形而上学』Γ巻第五章一〇一〇b三二―三三によれば、感覚するひとのパトスであり、したがって感覚活動によって成立する「認知的内容をもつある受動的様態」である。

(6) 以上の議論によって、感覚と思考とが、(i)ともに単純な場合は言語的には単に「言う」ことに類比的に理解されるが、(ii)対象を快いとか苦痛であると感覚すること、および対象を善い、悪いと判断することは、ともに対象の追求や忌避を導くものであり、言語的には肯定主張や否定主張と類比的に理解された。

にするように(1)、また聴覚についても同様な事態が成立する(2)。そしてこの過程の最終端に位置するものは単一であり、中間的状態として一つである。ただしそれの「あり方」［本質規定］は複数である(3)。

しかし「甘い」と「熱い」とがどのように異なるのかということをいかなる部分によって判別するのかということについては、以前にも述べられたが(4)、またここでも次のように論じなければならない。すなわち、それを判別するのはある一つのものであり、それはちょうど境界点のような意味でそうなのである(5)。そしてこれら甘さと熱さは、比の一致［類比］によって(6)、あるいは数において(7)一であり(8)、それらがもう一方に対する関係(9)は反対関係にあるもの(10)の相互の間での関係と同様である(11)。実際、同じ類を構成しない性質(12)をどのように判別するのかを問題とするのと、たとえば白と黒のように同じ類に属する反対の性質をどのように判別するのかを問題にするのとでは、いかなる相違があるというのだろうか。そこで、Aを白、Bを黒としてA対Bの比が、［ちょうど先ほどの相互間の関係に対応するように(13)］C対Dの比(14)と等しいものと仮定しよう（A：B＝C：D）。その結果、比の項の転換が成立する（A：C＝B：D）。すると、もしCとD(15)とが一つのものに属するとするならば(16)、それらは、AとBの場合と同様であり、その「あり方」［本質規定］は同一ではないにせよ、同じ一つのものであることになるだろう(17)。そしてこのことは、他の対の比（A対C、B対D）についても同様に
431b に当てはまるのである。また、Aが甘い、Bが白いと仮定しても同じ比が成立する。

(1) このような感覚における変化の「伝播」については、『夢について』第二章四五九a二八―b五参照。

(2) このあたりの文章の分節の仕方は、テキストを不完全な文章と解する底本に従わない。

(3) 異なる様相（モダリティー）の感覚を集約するような機能を司るものの存在が以下で確認される。このことは、対象をそれとして理解するとともにその対象に善悪などの価値的評価を与えるという、一つの対象に対して同時に異なった様相でかかわりうるような知的機能を思考能力ないしは思惟（知性）が司ることと類比的である。

(4) 本巻第二章四二六b一二―四二七a一四を参照。

(5) 甘さと熱さという様相の異なる感覚性質にかかわるかぎりで、二つの境界に接することと類比的であり、他方で両者の相違を判別する一つの主体というかぎりでは一つの点であることと類比的である。

(6) 以下の議論は、テキストも不安定であり表現も切りつめられているため多様な解釈が提出されている。この訳も暫定的であり、オズボーン（Osborne 1998）を参考にして註に示した解釈も一つの試案にすぎない。ちなみにこの「比の一致」とは、異なった感覚様相にある性質（たとえば甘さと熱さ）が、それぞれの感覚様相（味覚と触覚）におけるある一つの比として表現されたときの両者の表わす比の同一性か。

(7) ἀνάλογον（四三一a二二）のあとに、底本の καὶ ではなく多くの写本に与えられている ᾗ を読む。

(8) 異なった感覚様相の感覚的性質（たとえば甘さと熱さ）が同一の事物（たとえば温められた蜂蜜）に実現している場合か。

(9) ὄντα（四三一a二三）でなく ὄν を読む。また ἑκάτερον を挿入するという底本の校訂には従わない。

(10) 次に説明されるように、同じ感覚様相に属する反対の性質、たとえば白と黒、熱いと冷たいなど。

(11) 甘さと熱さとの相互関係は、白と黒との相互関係と同様であるということ。

(12) たとえば甘さと熱さのような異なった感覚様相において捉えられるもの。

(13) ［ ］内は多くの校訂者が削除する部分であるが念のため訳出する。

(14) CとDは、たとえば甘さと苦さのような、AとBの属する感覚様相とは異なる感覚様相に属する反対性質が想定されていると解する。

(15) 四三一a二七―二八の「AとB」および「CとD」を、底本「AとC」「BとD」へと変更することは、写本上の根拠がなく採れない。

(16) つまり甘さと苦さとが一つの感覚する主体によって判別可能であると解される。

(17) 同一の主体が相反する性質を感覚している状態を指すかもしれない。

そこで、思惟する能力は形相をもろもろの表象において思惟する。そしてそれにとって求められるものや避けられるものが表象[1]において規定されたように、感覚を離れても、表象にかかわるときには、思惟する能力は動かされるのである。それはたとえば松明を「火だ」と感覚し、共通の感覚によって、それが動いているのを見て、「敵の襲来を告げるものだ」と認識する場合に相当する[2]。だが思惟する能力は、ときとして、魂のうちの表象や思惟された事柄に依拠して、あたかも眼前に見ているかのように、将来起こるであろうことを現在の事象に照らしつつ推論したり思案したりする。そして将来において快いことや苦痛なことがあると表明する場合には、この思惟する能力は、現在においてそれを避けたり追い求めたりするのであり[3]、さらに行為一般においてそのようなことをおこなうのである[4]。また行為にかかわらない事柄、つまり真や偽は、善や悪と同じ類のうちに含まれる。だが、少なくとも、前者は無条件的に成立するのに対して後者は「ある人にとって」というかたちで相対的に成立する点で異なる。

だが、思惟する能力がいわゆる「抽象されたもの」を思惟するのは、あたかも獅子鼻を思惟するようなものである。ただし、それを獅子鼻として思惟するのならば分離されたものとして思惟するのではないが[5]、もしかりにそれを凹みとして、現実活動態において思惟することができたならば、凹みがそこに内在する肉を伴うことなしに思惟したであろう。それと同じように、抽象されたものを思惟するときには、数学的な対象を、分離されてはいないけれども分離されているものとして思惟するのである。一般的に言って、現実活動態にある思惟［知性］は思惟されている事象と同一である。しかし、思惟それ自身は大きさのあるものから分離されていないままで、分離されているものに属する何かを思惟することははたして可能なのか、それとも不可能なのか、という問題がのちに考察されねばならない(6)。

第八章

さていまや、魂についてこれまで述べられたことを総括して、あらためて次のように語ることにしよう。——魂は、ある意味で、存在するもののすべてである、と。というのも、存在するものは、感覚されるものであるかそれとも思惟されるものであるかのどちらかであって、そして知識はある意味で知られるものであり、感覚はある意味で感覚されるものだからである。だが、どのような意味でそうであるのかを探究しなけ

---

(1)「表象」ではなく「感覚対象」とする解釈も多い。

(2)当時の軍事的な慣習では、動く松明は敵の襲来を告げるものと解された。トゥキュディデス『歴史』第二巻九四、第三巻二二、一八〇、第八巻一〇二および最初の箇所への古注を参照。

(3)解釈が分かれる文。それ以外の訳し方は「感覚の場合は対象が快いとか苦痛であると述べるように、この思惟能力の場合には、そう述べるときに、それを避けたり追い求めたりするのであり」、「そしてあそこに快いことあるいは苦痛なことがある、と表明する場合、そのときにそれを避けたり追い求めたりするのである」など。

(4)写本の ἐν(四三一b一〇)を ἓν に変更する底本には従わない。

(5)このあたり(四三一b一二—一七)の文章は、削除や挿入、語の入れ替えなどが施された底本の校訂ではなく、ベッカー以来の他のほとんどの校訂者の写本に基づいた読み方に従う。

(6)現存するアリストテレスの著作内では、どの箇所を指示するものであるか判然としない。

ればならない。

さてそこで、知識と感覚はその対象とする事物に応じて区分され、可能態にある知識と感覚は、可能態にある対象に対応し、現実態にある知識と感覚は、現実態にある対象に対応する。だが魂の感覚する能力と知識能力とは、可能態において、これら対象となる事物であり、つまりそれぞれ一方は知られるもの、他方は感覚されるものである。また知識能力と感覚する能力は、対象となるものそれ自身であるか、あるいはそれの形相であるかのいずれかでなければならない。さて、もちろん事物そのものではありえない。なぜなら魂 432a のうちにあるのは石そのものではなくその形相だからである。したがって魂は、ちょうど手に類比的な存在であることになる。なぜなら、手もまたさまざまな道具の道具であるが[1]、思惟［知性］もさまざまな形相の形相だからであり、感覚も感覚されるさまざまな形相の形相だからである。

しかし対象となる事物は何一つとして、感覚される大きさのあるものから分離されて独立には存在しえないと考えられているので、思惟されるものは——いわゆる抽象されたものも、感覚されるものの性向的状態やその諸様態のすべても——感覚される形相のうちに存在しているのである。そしてだからこそ、何も感覚しなければ、何一つ学んだり理解することはないであろうし、また観想するときには、必然的に、表象を伴って[2]観想するのである。なぜなら表象は、素材を伴っていない点を除けば、ちょうど感覚の場合の感覚様態に相当するからである。しかし表象のはたらきは肯定主張や否定主張とは異なる。なぜなら真あるいは偽であるのは、思惟された事柄［思惟内容］が結合されたものだからである。だが、最初の結合されていない思惟された事柄は、表象であるということとどのように異なるのだろうか。あるいはむしろ、それらもまた[3]表象ではないが、しかし表象なくしては成立しえないであろう。

第九章

さて、動物の魂は二つの能力によって規定されていた。(4) すなわち一つは、思考と感覚のはたらきである判別する能力であり、さらにもう一つは場所的な動という仕方で動きを引き起こす能力である。そうである以上、一方の感覚と思惟［知性］については、これまで論じられたかぎりですでに規定されたものとするが、他方の動きを引き起こすものについては、いったい魂のうちのいかなるものであるのかを考察しなければならない。つまり、それは魂の何らかの一つの部分であり、大きさ［空間的拡がり］の点で、あるいは説明規定の

(1)『動物部分論』第四巻第十章六八七a一九以下では、手が他のさまざまな道具の代わりをしうるように人間に与えられていることが述べられている。

(2) *φάντασμά τι*（四三一a八）ではなく *φαντάσματι* を読む。

(3) *ταῦτα*（四三一a一三）を読んで訳したが、多くの写本のように *τἆλλα* を読むならば「それ以外の思惟された事柄」となり、この場合「（最初の思惟された事柄以外の）結合された思惟された事柄でさえ表象ではなく（したがって結合されていない思惟された事柄も表象ではない）」という意味（ヒックス）か、あるいは「（結合された思惟された事柄以外の）最初の表象もまた表象でなく」の意味（ロディエ、トリコ）という意味になる。

(4) 第二巻第二章四一三a二〇–b一三参照。ただし、アリストテレス自身同箇所をはじめとしたいくつかの箇所で認めているように、動物には固着して動かないものがいるので、この言明は厳密なものであることを意図していない。

上で離存するものであるのか、それとも魂の全体であるのか。そしてもし何らかの部分であるとすれば、一般に広く語られている諸部分やすでに述べられた諸部分とは異なる固有のものであるのか、それともそのような部分のうちの、ある一つなのか。

しかし、ここですぐさま次のような問題に行き当たる。つまりいったいどのような意味で魂の部分ということは語られるべきなのか、そしてそれはどれだけの数があるとすべきなのか、という問題である。というのは、ある意味では、その数は無限であり、あるひとびとが語るような、理知的、気概的、欲望的、という区別[1]や、他のひとびとの理《ことわり》をもつものと理をもたないものという区別[2]にとどまらないように思われるからである。なぜなら、このひとびとが以上のように分離する上で根拠とした部分間の相違に即して考えてみても、それ以外にも以上の区別よりいっそう大きな隔たりをもつ部分が見出されることになるからであって、そのような部分については、事実この論考ですでに述べられたところである。すなわち、(i)栄養摂取的部分があり、これは植物にもあらゆる動物にもそなわっている。また(ii)感覚する部分があり、これは理をもたないとも理をもつとも容易には定められないであろう。さらに(iii)表象する部分があり、その「あり方」[本質規定]においては他のすべての部分とは異なるが、ひとが魂のうちに諸部分を分かたれている状態で
432b 想定しようとすると、それらの部分のうちのどれと同じでどれと異なるのかという点の判定においては、多大な困難に直面する。さらにこれら諸部分に加えて(iv)欲求的部分があり、これは説明規定の上でもまた可能態[能力]においても他のすべての部分とは異なると考えられるであろう。そしてたしかに、この部分を分裂させるのは不合理である。なぜなら理知的部分のうちには願望が生じ、また理をもたない部分のうち

にも欲望と気概[3]が生じるというようにどれにも欲求が存在するからである。また、魂が三つに区分されるとすれば、欲求はそれぞれの部分のうちに見出されることになるだろう。

さてあらためて、当面の議論のかかわる論題に戻って問わねばならないのは、動物を場所的に動かすものは何であるのか、ということである。「場所的に」と限定するのは、成長と衰微という意味での動〔運動変化〕については、あらゆる生物に存在するので、動かすのは、あらゆる生物に属するもの、つまり生殖し栄養を摂取する部分であるように思われるかもしれないからである。また息を吸い込んだり吐き出したりすること、さらに睡眠と覚醒については、のちに考察しなければならない[4]。実際、以上の活動については多大の問題があることは確かである。だが、場所的な動について話を戻して、動物を前進運動という仕方で動かすものが何であるか、ということが考察しなければならない課題である。

さてまず、それが栄養摂取する能力ではないということは明らかである。なぜなら、問題となっている場

(1) プラトン『国家』第四巻四三八D以下、第九巻五八〇D、『パイドロス』二四六A、二五三C、『ティマイオス』六九C以下などで表明されている区分。

(2) プラトンの著作にもこのような区別が見られる（『国家』第十巻六〇二D以下、『法律』第十二巻九六一Dなど）が、それ以上にかなり一般的な区分であったであろう。なお『ニコマコス倫理学』第一巻第十三章一一〇二a二六―二八も参照。

(3) アリストテレスによれば、願望、気概、欲望ともすべて欲求の一種である。第二巻第三章四一四b二を参照。

(4) 『呼吸について』『睡眠と覚醒について』などにおいて考察される。

(432b) 所的な運動はつねにある特定の目的のためであり、また表象のはたらきかあるいは欲求[1]を伴っている。というのも、何かを欲求したり忌避したりするのでなければ、いかなるものも強制による以外は動かないからである。さらに、もしかりにそれが栄養摂取する能力であるとすれば、植物さえもそのような動きを引き起こすことができることになり、さらにはそのような動のためにふさわしいある道具的な部分をもっていることになったであろう。また同様に、それは感覚する能力でもない。なぜなら、動物のうちには、感覚をもっているが生涯を通じて一カ所に固着し動くことがないというものが、数多く存在するからである。そこで、もしも自然が何一つ無駄に作り出すことはなく[2]、また必要不可欠なものを何か作り残すようなこともないとすれば――不具なものの場合や完全に発達していないものの場合は例外であるが、しかし上述の動物は完全であり不具ではない。このことを示す証拠は、そうした諸動物が生殖能力をもつこと、そして全盛と衰弱の時期をもつという事実である――したがって、もし感覚する能力が動きを引き起こす能力をも含むとすれば、そのような動物たちが前進するための器官的な部分までももつことになるだろう。

しかしまた、動きを引き起こすものは、理知的な部分、つまりひとの呼ぶところの思惟［知性］[3]でもない。なぜなら、観想にかかわる思惟は行為されうることを何一つ観想することはないし[4]、また避けるべきものや追い求めるべきものについてまったく語ることもないのであるが、いま問題としている動きは、つねに、何かを避けたりあるいは追い求めるものに帰属するものだからである。だが、それが何かそのような行為されうることを観想する場合でさえも、それがそのまま避けたりあるいは追い求めることを命じることに直結するわけではない。たとえば、そのような思惟は、何か恐ろしいものやあるいは快いものを恐れよと命じるこ

433a

となしに観想することがしばしばある。心臓が鼓動したり、快いものの場合には他の部分が動いたりするだけである。(5)

さらにまた思惟［知性］が何かを避けたり追い求めたりすることを命じたり、思考がそうするように語ったりするときでさえも、ひとが動かされるというわけではなく、かえって、たとえば抑制のない人(6)のように、欲望に従って行為するのである。そしてまた一般的に言っても、われわれは、ひとが医術を身につけていても治療をおこなうとはかぎらないという事実を目にするが、このことは知識に従って行為する上で別のある決定的要因が存在すること、しかしそれは知識ではないということを示しているのである。けれどもまた、欲求もそのような動の決定的な要因だというわけではない。その証拠に、抑制のあるひとびとは、欲求しながらも、つまり欲望を抱きながらも、その欲求の対象となる事柄をおこなうのではなく、むしろ思惟［知性］

---

(1) 四三二b一六は、大部分の写本に従い *καὶ ἡ μετὰ φαντασίας ἢ ὀρέξεώς ἐστιν* と読む。
(2) アリストテレスの好んだ格言的表現。
(3) プラトン的な（とアリストテレスが理解する）意味での「思惟」ということ。アリストテレスはこれを、次に見るように、彼自身の「観想にかかわる思惟」と（不当に）同一視している。
(4) つまり、主体自身が忌避したり追求したりする対象としての行為されうる事柄。
(5) 食欲や性欲をそそるものを眼前にした場合のことが想定されている。アリストテレスがここで問題としている「動」は、このような器官の不随意的運動ではない。
(6) 「抑制のない人」とは、一方ではまっとうな判断をもちながら、それに反する行為を選択するようなひと。詳しい分析は『ニコマコス倫理学』第七巻第一－七章を参照。

(433a)

に従うのである。

第十章

しかしともかく、少なくとも、欲求にせよあるいは思惟［知性］にせよ、これら二つが動きを生み出すということまでは明らかである——もしひとが表象のはたらきを一種の思惟活動として考えるという条件のもとでは。というのは、多く場合[1]、ひとびとは知識に背いて表象のはたらきにつきしたがうのであり、また人間以外の動物においては、思惟活動も推論も存在しないが、表象のはたらきは存在するからである。したがって、思惟［知性］と欲求というこれら両方のものが、場所的な運動を引き起こすことのできるものである。ただし、この思惟［知性］とは何かを目的としてそのために推論するもの、すなわち「行為にかかわる思惟［知性］」であり、「観想にかかわる思惟［知性］」とは目的の点で異なっている。そして欲求も、すべて何かを目的とする。なぜなら、欲求が対象とするものは「行為にかかわる思惟」の始原［出発点］であるが、この思惟が到達する最終項が行為の始原［出発点］となるからである[2]。したがって、この二つ、つまり欲求と行為にかかわる思考とが動かすものであるというのは、もっともな理由があるように思われる。なぜなら、欲求されるものが動かすのであり、そして思考が動かすのは欲求されるものが思考の始原［出発点］であるということに基づく。そして表象のはたらきも、それが動かすときには、欲求を伴わずに動かすことはない。したがって、動かすものは、ある一つのもの、すなわち欲求する能力である。なぜなら、もし二つのもの、

30

すなわち思惟［知性］と欲求が動かすというのならば、その動かすということは、両者に共通の何らかの形相に基づくものであっただろう。しかし実際には、思惟［知性］は欲求を抜きにして動かすことはないことは明らかである。というのも、願望は欲求であり、推論に基づいてひとが動かされるとすれば、また願望に基づいても動かされているからである。これに対して、欲求の方は推論に反してもひとを動かす。なぜなら、欲望は欲求の一種だからである。ところで、思惟［知性］はいつも正しいが、欲求と表象のはたらきは、正しいこともあれば正しくないこともある。それゆえに、欲求されるものがそれを欲求するものをつねに動かすのであるが、しかしそれは、善いものであることもあれば、善いものとして現われている［表象されている］だけの場合もある。またそれはすべての善ではなく、行為されうる善である。(3) そして行為されうるのは、他の仕方でもあることが可能なものである。(4)

さてそこで、魂のうちでは以上のような能力、すなわちいわゆる欲求が、動きを起こすものであることは

(1) 四三三a一〇は、バイウォーターの改訂に従う底本とは異なり、写本の πολλά を読む。

(2) 行為にかかわる思惟は、目的を実現するための具体的手だてを考察する。「思案」とは主としてこのような実践的考察を指す概念である。欲求の対象はそれを獲得したり実現したりする目的となるのでこの思惟の始原（出発点）となり、その目的の実現を目指して、思案によって見出された具体的な手だてが、推論の「最終項」であるとともに行為の具体的な着手点（始原＝起点）となる。

(3)『ニコマコス倫理学』第三巻第四章一一一三a一五以下（とりわけ二五―二六、二九―三二、三三―b二）、第五章一一一四b一―三を参照。

(4)『ニコマコス倫理学』第六巻第五章一一四〇b二―三、第七章一一四一b一〇―一一などを参照。

433b 明らかである。だが、魂を複数の部分へと区分するひとびとは、諸能力の相違に従って区分し分離するとすれば、部分の数はきわめて多いということを見出すであろう。つまり栄養摂取する部分、感覚する部分、思惟する部分、思案する部分、さらにいまや欲求する部分が区別される(1)。実際、以上の部分の相互間の相違は、欲望する能力と気概をもつ能力との間の相違よりもはるかに大きい。

さて、互いに相対立するような欲求が生じ、そしてそのようなことは理と欲望が相反する場合に起こるのであるが、それは時間の感覚をもっているもののうちに生じることである（なぜなら一方で思惟〔知性〕は、将来のことを考慮して抵抗することを命じるが、他方で欲望はすでに目前にあることに眼を奪われて追い求めることを命じるのである。というのは、すでに現前する快いことが、将来のことが見えないために、無条件に快く、また無条件でよいことのように見えるからである）。以上のようであるから、動かすものは〈種〉においては一つであって、それはすなわち欲求しうるものであるという資格における欲求する能力であるが、すべてのうちで最初にくるのは欲求されるものである。なぜなら、欲求されるものは、思惟の対象となったり表象されたりすることによって、自らは動かずに他を動かすからである。だが、その動かすものは数的には多数である。

さて、動〔運動変化〕をめぐっては三つの契機が存在し、すなわちまず第一に(1)動かすもの、第二に(2)それを用いて動かすもの、さらに第三に(3)動かされるものであるが、(1)の動かすものについてはさらに二つのあり方があって、一方は(i)それ自身は動かずに動かすもの、他方は(ii)他を動かすとともに自ら動かされるものである。そして、(i)の動かずに動かすものとは行為されうるものとしての善であり、(ii)の動かして動かされるものとは欲求する能力である（なぜなら動かされるものは、それが欲求するかぎりにおいて動かされているのであり、また欲求は一種の運動変化、あるいは[2]現実活動態だからである）。また(3)の動かされるものは、動物である。そして(2)の欲求がそれを用いて動かすものに相当するものとなると、これはもはや身体［物体］的なものということになる。したがって、これについては身体と魂に共通する活動という主題のもとで考察しなければならない[3]。

だが、いまここではそれを要約して述べるならば、道具として何かを動かすものは、その始点と終点とがそこにおいて一致するところに見出されるのであり、たとえば関節がそうである。そこには、凸部と凹部とが存在し、それぞれ終点であり始点となっていて、だから一方は静止していても他方は動くのであるが[4]、それらは説明規定の上では異なるが大きさ［空間的拡がり］の上では分離され離存するものではない。なぜなら、すべてのものは押したり引いたりすることによって動かされるからである[5]。それゆえ、ちょうど円の中心のように[6]、何かが動かずにとどまっていなければならず、そしてそこから運動が始まるのでなければならない。

（1）ここで「～する部分」と訳されたのは、これまで「～する能力」と訳されてきたタームと同一である。

（2）ἡ ἐνεργείᾳ（四三三b一八）ではなく、ほとんどの写本の ἡ ἐνέργεια を読む。

（3）『動物運動論』第一章六九八a一四以下、第八章七〇二a二一以下などを参照。具体的には欲求活動の身体的基礎としてのプネウマ（気息）のことを指す。

（4）たとえば腕の場合に、関節の上腕部が相対的に静止していることによって下腕部が動く場合。

（5）『自然学』第七巻第二章二四三a一六以下を参照。

（6）円はある固定した点からつねに等距離にある別の点の運動によって成立すると想定されている。

そこで以上を総括的に述べるなら、すでに語られたように、動物は、欲求する能力をそなえているというそのかぎりにおいて、自らを動かす能力をもつものである。だが、表象のはたらきを伴わなければ、欲求する能力は成立しない。だが、表象のはたらきは、推論にかかわるものか、あるいは感覚にかかわるものかのいずれかである。ところで、感覚にかかわる表象のはたらきについては、人間以外の動物も与っている。(1)

第十一章

434a だが、不完全な動物についても、それを動かすものは何であるかを考察しなければならない。つまり、そのような動物には触覚(2)という感覚しかそなわっていないのであるが、こうした動物が表象のはたらきをもつことは可能であるか、それともそうではないのか。また欲望についてはどちらなのだろうか。実際、それらの動物には苦痛と快さが内在することははっきりとわかる。もしそれらを感じるならば、欲望も内在することは必然である。だが、表象のはたらきの方は、どのようにしてそれらの動物に内在することができるだろうか。あるいはむしろ、そうした動物の動き方が明確には規定できないのと同様に、表象のはたらきや欲求はたしかに内在してはいるものの、それは不明確な仕方なのではないか。

さてそこで、感覚にかかわる表象のはたらきは、すでに述べたように(3)、他の動物にもそなわっているが、思案にかかわる表象のはたらきは推論能力をもつ動物にのみそなわるのである。というのも、これをおこなおうか、それともあれをおこなおうか、と考えることは、すでに推論の活動だからである。そしてその比較

10
測定は一つの基準に基づくものでなければならない。というのも、追い求める対象は「より価値が大きいもの」だからである。したがって、推論できる動物は多くの表象［表象内容］から一つものを構成することができるのである。

そして、人間以外の動物が思いなしをもっていないと思われる理由は次のことである。つまり、それらの動物は、推論に基づいた表象のはたらきをもっていないのであるが、その推論に基づいた表象のはたらきの方は思いなしの存在を含意している(4)、ということである。欲求(5)が思案する能力の存在を含意しないのも、そのためである。だが(6)、欲求はときとして願望にうち勝ちそれを動かすことがあるが、またあるときには願望が欲求にうち勝ち、ちょうど天球が他のものを動かす場合のように動かすことがあり、あるいはひとが抑制のない状態となったときには、欲求が欲求を動かすのである。けれども自然本来のあり方では、より上位の

（1）最後の文は、内容的にはむしろ第十一章の議論に接続すべきかもしれない。

（2）ἀφῇ（四三四a一）ではなく、写本の ἀφῄ を読む。

（3）本巻第十章四三三b二九以下参照。

（4）αὕτη δὲ ἐκείνην（四三四a一一）を削除しない。

（5）このあたりの「欲求」は、思案や推論に基づく欲求あるいは知的欲求としての「願望」を含まない、欲望と気概に限定された狭い意味に解さなければならないだろう。

（6）この四三四a一二―一五のテキストは不良な状態で意味も理解しにくいため、さまざまな校訂案と多様な解釈が提出されている。この訳では暫定的に、ἡ ὄρεξις（四三四a一四）の前に ᾗ を挿入する（チャンドラー、スミス、トリコ）以外は多くの写本通りに読み、底本によるいくつかの改訂には従わない。

天球運動がいっそう支配的であり、それが動かすのである。したがって、すでに三つの種類の場所移動という形の運動が生じているのである(1)。

しかし知識の能力は動かされず、とどまっている。そして、判断であれ言表であれ、そのあるものは普遍にかかわるが、また別のものは個別的なものにかかわる(2)(なぜなら、前者は、「このような人はこのようなことをおこなうべきである」と告げるが、後者は「このことこそまさにそのようなおこなわれるべきことであり、また私もそのような人に該当する」と告げるからである)。直接に動かすのはこの後者の思いなしであり、前者の普遍にかかわる思いなしではない。あるいはむしろ、両方が動かすのであるが、普遍にかかわる方は静止したままで動かすが、個別的なものにかかわる方はそうではないのである(3)。

第十二章

ところで、およそ生きとし生けるものはすべて栄養摂取する能力をそなえた魂をもたなければならない。そして実際、生誕から死滅へ至るまで、魂をもっているのである(4)。なぜなら、生まれ出たものは、成長し盛りを迎えやがて衰微することは必定であるが、こうした過程は栄養の摂取を抜きにしては成立不可能だからである。だから、成長し衰微するもののすべてに、栄養摂取する能力が内在しているのでなければならない。

これに対して、感覚は必ずしもすべての生物にそなわっているとはかぎらない。というのも、その身体[物体]が単体的なもの(5)はすべて触覚をもつことが不可能であり(また触覚なしではいかなる動物も存在しえ

ない）[6]、また素材を伴わずに形相を受け入れることができないもの[7]もみな触覚をもちえない。だが、もし自
然が何一つとして無駄に作り出すことがないとすれば、動物が感覚をもつことは必然である。なぜなら、自
然的にあるものはすべて、ある目的のために存在するか、そうでなければある目的を目指すものにたまたま
付随して生じたものということになるからである。するともしも身体〔物体〕が前進する能力をそなえてい
434b るのに感覚を欠いているとすれば、滅び去ってしまい、目的に到達してそれの完全な状態を実現すること
――それこそが自然のはたらきである――はできないであろう。というのも、もし感覚を欠いているとす
れば、どのようにして栄養摂取することができるだろうか。実際、一箇所に固着して動かない生物には、そ

（1）三つの種類の場所移動とは、欲望などに基づく運動、思案を伴った願望に基づく運動、そして抑制のないひとの運動を示唆しているかもしれないが、厳密に比定することは困難である。

（2）つづいて説明されるように、行為をおこなうときの推論（実践的推論）の大前提と小前提を念頭に置いた議論。

（3）実践的推論において大前提は普遍的な判断であるから一定しており「動かない」が、小前提はそれが適用される個別的事例に応じて変化するので「動く」という相違がある。

（4）底本の ἔχῃ（四三四ａ一三）ではなく写本上有力な ἔχει を読み、ἕξῃ のあとにコンマを入れる。

（5）「単体的」とはそれを構成する物体が単一の基本要素であり、混合されたものでないこと。感覚器官の構成については、第二巻第十一章四二三ａ一一以下、本巻第一章四二五ａ六以下を参照。植物は土から（厳密にはそのほとんどが土から）構成されており、触覚をもたない。

（6）底本はこの括弧の部分（四三四ａ二八―二九）をトルストリクら多くの校訂者に従って削除し、さらにａ三〇のあとに挿入する。たしかに少し疑わしい語句ではあるが、挿入的な発言として、写本のまま読む。

（7）たとえば植物を指す。第二巻第十二章四二四ａ三二以下を参照。

れが生い立った環境にあるものが栄養として存在しているが(1)、固着するものでなく生殖によって生み出されたものの場合には(2)、その身体が、感覚をもたずに、魂や物事を判別できる思惟［知性］をもっているということはありえない。［また生殖によって生まれたのでないとしても、それは不可能である。(3)］というのも、生殖から生まれたものは、いったいどのような理由で、感覚をもたずに思惟［知性］をもつということがありうるだろうか。というのも、その理由は魂にとって、あるいは身体にとって、よりよいということであるかもしれないが、実際には、魂と身体のいずれについても、その方がよりよいということはないからである。なぜなら、魂は感覚をもたない方がいっそう思惟できるということにはならないし、身体も感覚をもたないことによっていっそう益を得るというわけでもない。——したがって、一箇所に固着しないのに、感覚も伴わずに魂をもっているというような身体はまったく存在しないのである。

しかしさらに、少なくとも感覚をもっているなら、その身体は単体的なものであるか、それとも複数の基本要素が混合されたものであるかのどちらかでなければならない。だが、それは単体的ではありえない。なぜなら、もしそうなら触覚をもたないことになるが(4)、しかしこれをもつことは必要不可欠だからである。この点は、以下の考察から明らかである。すなわち、動物とは魂をもつ身体であるが、あらゆる身体［物体］は触れられるものであり、触れられるのは触覚によって感覚されるものである以上は、もしその動物が生存し続けようとするならば、動物の身体も触れる能力をそなえていなければならない。なぜなら、それ以外のさまざまな感覚、具体的には嗅覚、視覚、聴覚は、他のもの(5)を媒介として感覚するからである。しかし何かに触れているときでも、かりに動物にその感覚がないとすれば、あるものを避けてあるものを捕まえるということはできないであろう。だが、もしそうできないとすれば、その動物は生き延びることは不可能になるだろう。

このことがまた、味覚もいわば一種の触覚のようなものであるということの理由である。なぜなら、味覚が対象とするのは栄養であるが、栄養は触れられる物体であるからである。だが、音や色や匂いは栄養となって生物を養うものではなく、また成長や衰微を生み出すものでもない。したがって味覚は、触れられかつ栄養となるものを対象とした感覚であるがゆえに、一種の触覚でもなければならないのである。こうして、この触覚と味覚は、動物にとって欠くことのできないものであり、また触覚なくしては動物が存在できないことは明白である。

これに対して、それ以外の感覚は「よく生きること」を目的としたものであり、また動物ならばどんな種類のものにもそなわっているわけではなく、むしろある特定の種類、つまり前進運動のできる種類の動物にこそそなわっていなければならない。なぜなら、もしそうした動物が生存しつづけようとすれば、何かに触れたときに感覚するだけではなく、対象から隔たっているときにも感覚しなければならないからである。そ

---

(1) 具体的には土や水。

(2) 運動する物体（身体）でも、天体などのように、運動はしても永遠的で生み出されたものではないものは、ここから排除されている。

(3) 多くの校訂に従ってこの［　］の部分は削除した方がよいだろう。

(4) 本章四三四a二七―二八参照。

(5)「他のもの」とは感覚器官自体とは異なるもの、すなわち媒体。ただし厳密には触覚の場合も感覚器官と媒体である肉とは区別されていた。

して後者のような感覚が成立するのは、中間の媒体が感覚対象によって作用を受けて動かされ［運動変化し］、また動物自身がその媒体によって作用を受け動かされるというかたちで、そうした動物が中間の媒体を通じて感覚する能力をもっている場合である。実際、これは次の事態と類比的である。つまり、場所的な動きを生み出すものがある一定のものに至るまでの変化を引き起こしたり、また、押すものが他のものに作用しその押されたものがさらに何かを押すようにして、つまり中間で媒介するものを通じて運動が成立する。そしてこの過程において、最初に動かすものは押されないで押すのであるが、最後のものは押すことなく押されるだけであり、中間のものは押されも押しもするという両方をおこなうのである。ただし、この中間に介在 435a するものは一つではなく数多くある。――性質変化についても、ちょうど以上と同様の過程が成立する。ただし性質変化が起こるときその変化を受けるものが同一の場所にとどまっている点は異なる[1]。たとえば、もしひとが封蠟のなかに何かを押し入れると、ちょうどそれを押し入れたところまで封蠟は動かされる。石ではまったくそのようなことはないが、水の場合はさらに遠くまで動かされる。そして空気は、一つにまとまってとどまっているときには、最も大きく動かされて、作用を受けるとともに作用をするのである。だからこそ反射についても、視覚が外へ出ていって跳ね返されて反射されるという見解[2]よりも、空気が、一つにまとまっているかぎりで、形や色による作用を受けると考える方がより優れた説明である。空気は滑らかなものの表面で一つにまとまっている[3]。それゆえ、その空気がこんどは視覚を動かすのであり、それはあたかも、封蠟に印された印形が刻印されたのとは反対側の端にまで貫通するのに相当するであろう。

第十三章

さて、動物の身体が単体的なものではありえないということは明白である。私が「単体的」というのは、たとえば火だけからできているもの、あるいは空気だけからできているものである。単体的ではないという理由は、触覚がなければ他のいかなる感覚ももつことは不可能だ、という点にある。実際、すでに述べたように、(4)魂をもつ物体［身体］はすべて、触れる能力をそなえている。また土を除いた他の基本要素は感覚器官を構成できるだろうが、その感覚器官はすべて他のものを通じて、すなわち中間の媒体を通じて感覚することによって、感覚を生み出すのである。これに対して触覚は、対象そのものに触れることによって成立するのであり、だからこそまたこの「触覚」という名称を与えられているのである。たしかに他の感覚器官が感覚するのも接触によってであるとは言えるが、しかしその接触は他のものを媒介してである。(5)だが、触覚だけは直接それ自身を通じて感覚すると一般に考えられている。したがって、いかなる動物の

(1) μένοντος... ἀλλοιοῖ（四三五a一—一二）と写本通りに読む。
(2) プラトン『ティマイオス』四五B—四六Cでの視覚の説明が念頭におかれている。そこでは、視覚の成立において眼から光線が出ていくことが一つの契機となっている。
(3) 第二巻第八章四一九b二七以下を参照。このことが鏡がよく反射することの説明となっている。
(4) 前章四三四b一〇以下を参照。
(5) また本巻第一章四二五a五によれば、火も除いた空気と水。

身体［物体］も、以上のような［土以外の］基本要素のどれであれ一つだけからでは成立しえないことになるだろう。

しかしまた、たしかに、それは土だけからできているのでもない。なぜなら、触覚は触れられる性質すべての間のいわば中間的状態に相当するものであり、その感覚器官は、土のすべての特性だけではなく、熱さや冷たさ、さらに他の触覚的性質のすべてを受容しうるものだからである。またこのことが、われわれが骨や毛髪、またそれに類した部分によっては感覚しない理由でもあって、つまりそれはそのような部分が土か
435b ら成立しているからである。さらに、植物が感覚をもっていないのもこの同じ理由に基づくものであり、それが土から成立しているからである。だが、触覚を欠いてはそれ以外の感覚をもつことは不可能であり、またこの触覚の感覚器官が、土だけから成立することも、他の基本要素のうちの一つだけから成立することも、不可能である。

すると明らかに、この触覚という感覚を奪われるだけで動物たちが死に至ることは必定である。というのも、動物でなければこの触覚をもつことはできないが、また動物であるために必要不可欠なのはこの触覚を除いて他にないからである。そしてこのことが、他の感覚される対象、たとえば色や音や匂いなどについては、それが度を越していることによって動物そのものを破壊するということには至らず、単に感覚器官を壊すだけである、ということの理由でもある。ただし、付帯的な作用による破壊の場合は別であり、たとえばそれは音と同時に圧力や衝撃が起こるとか、見られるものや匂いによって他のものが動かされ、その動かされたものが接触によって何かを破壊したりする場合である。また味も、同時に触れられるものであるという

ことがそこに伴うかぎりにおいて、そのことによって破壊をおこなう。だが、触れられる諸性質、たとえば熱い、冷たい、硬いなどが過度であることは、動物を滅ぼすにまでいたる。というのも、感覚される性質はすべて度を越すと感覚器官を滅ぼし、したがってまた触れられるものも触覚を滅ぼすのであるが、しかしまさにこの触覚によって動物は動物であると規定されているからである。なぜなら、この触覚を欠いては動物として生存するのは不可能であるということがすでに示されているからである。だからこそ、触れられる性質が度を越すと感覚器官だけではなく、動物をも破壊するのであり、その理由は触覚こそが動物が必ずもたなければならない唯一の感覚ということにある。

他の諸感覚については、すでに述べられたように[1]、動物がそれをそなえているのは生存のためではなく、「よく生きること」のためである。たとえば視覚をもっているのは、動物が水中や空気中に生息しているので、いやむしろ一般的に言えば透明なもののなかで生息しているので、見るということを目的としたものであり、また味覚をそなえているのは、快いものと苦痛なものとが原因であり、栄養物のなかの快いものを感覚し欲望して動くためである。また聴覚をそなえているのは、その動物に何かが告げ知らされるためであり、舌をもっているのは、他のものに何かを告げ知らせるためである[2]。

(1) 前章四三四b一二―四参照。
(2) 舌についての最後の記述(四三五b二四―二五)を削除する底本には従わず、ほとんどの写本通りに読む。

「可能的に『分けることが不可能』」という二重の様相概念を伴うものとして理解されるべきではないであろう。にもかかわらず、*ἀδιαίρετον* を「不可分」と理解するために、テミスティオス、ピロポノス、シンプリキオスなどは不必要な思弁に巻き込まれてきたし、Rodier、Hicks ら主要な注釈者たちもこの概念的区別に十分な注意を払ってこなかった（そのために Hicks のシンプリキオスらに対する反論自体もいささか不毛な議論に陥っている）。近年では Gohlke、Theiler らがこの言葉を 'ungeteilt' と訳し、また Hamlyn が、少なくともこの点に関するかぎり、'the word *ἀδιαίρετος*...... should be translated as 'undivided', rather than 'indivisible' throughout the chapter' と正当にコメントしている（そして Berti 1978 らによっても支持されている）。Ross もこの概念について 'in dealing with this chapter in English, we must not use either the word 'undivided' or the word 'indivisible', but rather some ambiguous word like 'unitary'' と指摘しつつ、パラフレーズでは「可能態において *ἀδιαίρετον*」を indivisible、「現実態において *ἀδιαίρετον*」を undivided としていた。しかしそののちも Jannone、Lawson-Tancred、Bodéüs、村治、桑子などの近年の翻訳はいぜんとして 'indivisible'「不可分なもの」などと訳しており、問題が存在することに言及さえしていないため、以上の注意が必要となった。

またこの *ἀδιαίρετον* を「不可分なもの」と理解することは、しばしばこの概念が思惟の対象となるもののある特殊な身分や性格を意味するという解釈に導いてきた。たとえば Hicks はこの *τὰ ἀδιαίρετα* を、第 3 巻第 4 章の議論を念頭において、形相と素材との「結合体」に対比された意味で「素材をもたないもの（*τὰ ἄνευ ὕλης*）」に重ね合わせている。

しかしこの第 6 章全体の議論の方向は、思惟活動のあり方と相関的な仕方で思惟される対象の分割や結合状態を問題とするものである以上、*τὰ ἀδιαίρετα* という概念自体が何らかの存在論的な身分や性格を表明するものではないであろう。

「この作用する思惟なしでは作用を受ける思惟はいかなるものをも思惟しない」、
「この作用を受ける思惟なしで何ものも思惟することはない」、
「この作用を受ける思惟なしで作用する思惟はいかなるものをも思惟しない」、

と訳すことも可能であり、そのような解釈も伝統的にはおこなわれてきたが、ここでは採らなかった。

O 「分かたれないもの（τὰ ἀδιαίρετα）」について

第3巻第6章では τὰ ἀδιαίρετα（この翻訳では「分かたれないもの」と訳された言葉）と表現される対象についての思惟が論じられる。しかしこの τὰ ἀδιαίρετα の意味と身分については、さまざまな見解がある。

ギリシア語 ἀδιαίρετος は、(i)「分かたれえない」「分けることが不可能である」と(ii)「分かたれていない」との両方を意味しうる（つまり「不可能性」という様相概念を伴う意味でも、伴わない意味でも使用される）が、伝統的には indivisible など(i)の意味で訳されてきた。しかしこの章の全体の論旨についても、またとくにこの語の意味を分析したこの章の次の一文についても、そのような解釈は困難である。

「分かたれないもの（ἀδιαίρετον）」ということにも、可能態においてそうであるか、現実活動態においてそうであるか、という二通りの意味があるので、思惟が長さを思惟するとき分かたれない長さを（というのも、その長さは現実活動態においては分かたれないから）、かつ分かたれない時間において思惟することを妨げるものは何もない。（430b6-9）

ここで可能態と現実態とのあり方が対比されているのは「分かたれない」あるいは「分かたれていない」ということであり、「分かつことができない」「不可分である」ということではない。アリストテレスが念頭においていることは、長さはある延長をもつのだから可分的である、つまり分けることが可能であるが、思惟されているという現実態においては一つのものとしてつまり分かたれていないものとして思惟されている、ということであろう。すると、「現実態において ἀδιαίρετον」とは現実には分割されていないという意味であり、現実において不可分であるという意味ではない。また「可能態において ἀδιαίρετον」ということもその句が全体として「可能的に分かたれない」、すなわち「不可分」ということであり、

はなかった。

そこでこの文については、解釈が大きくは二つのタイプに分かれている(Torstrik が否定詞 οὐ を挿入して「付帯的に感覚されるものではない」という意味をえようとしたが、これは行き過ぎである)。

(1) 第二巻第六章では、共通の対象を「自体的に感覚される」と規定されてはいたがそれが何によってそのように感覚されるのかについては言及がなかった。本章では、共通の対象を自体的に感覚するのは個別感覚ではなく「共通の感覚」── それが何を意味するのであれ ── であることが告げられるとともに、それが個別感覚によっては付帯的に感覚されることが認められているのであり、二つの章の間には矛盾はない(Hicks、Ross など)。

(2) ここでは「共通の対象」について固有の感覚器官というものはない(それを固有の対象とする感覚はない)ことが確認される。そして当の文は「もしそのような感覚器官が存在したとすれば、共通の対象は視覚などの個別感覚によっては付帯的に感覚されることになる」というあくまでも仮定の上での記述であり、共通の対象が個別感覚によって付帯的に感覚されることを認めているわけではない(シンプリキオス、ピロポノス、Rodier、Theiler、Tricot 他)。

文法的にはこの文は直説法(indicative)で述べられていることは(1)の解釈に有利かもしれないが、それだけで決着がつく問題ではないであろう。上記補註Kを参照せよ。

N　430a23-25 の解釈について

この章の議論は難解さをもって知られるとともに(「解説」221 頁註(3)参照)、数多くの解釈による論争の的になってきた。とりわけこの章の最後の二つの文は、文法的にもいくつかの読み方が可能であり、実際さまざまな読み方が提示されて論争の火種を提供してきたので、念のためいくつか記しておく。

まず「われわれが覚えていない……」という文の目的語は、ギリシア語の原文では示されていないので、目的語はこの訳のように「作用する思惟」以外にも「この世での生」などの内容が補われてきた。さらに、430a24 の ὅτι の節を目的節としてとって「われわれは、このような思惟は確かに作用を受けないが作用を受ける思惟は可滅的であるということを覚えていないのである」と訳することも可能である。

また最後の文は本文に与えられた訳以外に、

従来の読み方はきわめて長い前件から構成され、しかも、この解釈を採る人々自身も認めるように、それぞれの命題の内容、およびその連絡関係の理解は容易ではない。とくにアリストテレスが肯定するものとして理解するには困難な主張も含まれる。これと比較して、Maudlinの解釈に従うなら、論理の進行は、少なくとも上記の構成の(2)のアリストテレスからの反論とされる部分までは比較的明快に整理される。また共通の感覚の導入に際して、否定されるべき議論として物体主義的な感覚の理解を検討するという解釈は、ここで本来はアリストテレスのものではないいくつかの前提が使われているという従来の解釈の難点を免れて魅力的である。しかしこの解釈にもいくつかの疑問があり、そのままでは受け入れることはむずかしい。まず、感覚の数が五つであるということについて「ひとは以下の議論から信じるであろう(ἐκ τῶνδε πιστεύσειεν ἄν τις)」という冒頭の表現は、弱い意味で読むこともまったく不可能というわけではないが、アリストテレスはこの種の言い方でしばしば積極的な肯定を表現しているのが実際である(『自然学』第8巻第3章254a3、第6章259a20, b20、『弁論術』第2巻第1章1378a7ほか——この点は、Horn 1994も指摘している)。また仮想される論敵の議論の記述、アリストテレスの反論、そして論敵の再反論という問答・弁証的(dialectical)な構造として読むには、議論の転換がそれほど明確ではない。とくに(2)から(3)への移行(425a7)は διὸ(それゆえ)という推論関係に基づくものであり、そのあとの文もその理由を示す γὰρ(425a10)で結ばれているので、そこにアリストテレスによる批判から物質主義者による再反論という転換があるとは容易には信じがたい。そのほか ἀνάγκη τὲ(424b26)にかわって ἀνάγκη δὲ と弱小写本を採ることなど、ここで詳論することはできないが、いくつかの小さな弱点をかかえている。

この翻訳では、Maudlinの解釈のもつ一定の説得力を認めながらも、それがまだ十分に確立されたとは言えないこと、また従来はこのように読まれてきたということを紹介する意味も含めて、これまでの伝統的解釈を基本として訳した。

M 「共通の対象」の感覚のあり方について

この文は文字通りに読めば、「共通の対象」(動、形、数その他)が個別感覚(五感のそれぞれ)よっては付帯的に感覚されると告げている。しかし「共通の対象」についてはすでに第二巻第六章で「自体的に感覚される」と規定され、それが「付帯的に感覚される」という可能性については言及いう弁証論的な形式で遂行されると解される。

Maudlinの解釈によれば、第3巻第1章の前半部は、次のような論点から構成されている。

⑴感覚の数は五つでありそれ以上ではないという物質主義者の主張と論拠(424b22-30)。

物質主義者は感覚のあり方を直接と間接という点で、直接接触する触覚と媒体を介する他の四つの感覚とに区別する(この区別は、触覚を含めてすべての感覚に媒体を認めるアリストテレスの本来的な立場とは反することに注意)。このうち四つの間接感覚のそれぞれには四つの基本要素(火、水、空気、土)が対応し、各感覚器官がそれぞれの基本要素から構成され、またその基本要素を媒体として感覚される。他方で直接の接触によって感覚されるものは触覚によって感覚される。

⑵物質主義者の主張に対するアリストテレスの批判。彼らの矛盾の指摘(424b31-425a7)。

(a)空気が音と色の媒体であれば、物質主義者も採用する「似たものが似たものによって」という相似原則に従って、空気から構成される耳が、音を聞くだけでなく色も見ることになる。

(b)空気も水も、ともに色の感覚媒体であるならば、水から構成される感覚器官である眼が空気中の色を見ることになる(これは相似原則に反する)。

(c)四基本要素がそれぞれの間接的感覚の器官に対応するわけではない。直接感覚する触覚をのぞいて、火から構成される感覚器官はない。

⑶物質主義者の応答(425a7-13)。

もしアリストテレスが主張するように、間接感覚器官を構成するのは空気と水だけであるとしても、われわれは可能なすべての感覚を持つのでなければならない(表面的な応答)。

このように物質主義者は、(i)感覚を器官と媒体に依拠して理解し、さらに(ii)その器官と媒体をその構成要素に基づいて説明しようとする。以上の議論によって、アリストテレスは、まず(ii)の物質主義的見解を論駁するのである。これはさらに、特定の器官と媒体にのみ依拠して感覚を理解しようとする(i)の見解の批判にも道を開く。このあとに続く話題は共通感覚であるが、共通感覚は特定の感覚器官をもたないので、このような物質主義者たちの思考法では説明できないのである……。

が、それは(v)とは矛盾するであろう。単独説の成立のためには、(v)を記述している文をアリストテレス自身の見解とは考えない解釈(これが少なくない支持者を得ていることについては補註Mの(2)の解釈を参照)を選択することになるかもしれない(ただしそれ以外に(v)を単独説と両立させることも不可能ではない)。

以上の整理のうち単独説として示した解釈の方向は、基本的にBrunschwig 1996のそれと一致する。ただしBrunschwigは、感覚されるものが「感覚されうるもの」ではなく「感覚された(されている)もの」であり、「共通」が「固有のものと共通して(共に)」という意味であることをその解釈を支える論点として主張しているが、それに従う必要はないであろうし、私見ではそうすべきではないと思われる。以上に概要を記した単独説も、実際それに従うものではない。

L　感覚を五つに限定する議論の別の読み方

第3巻第1章では、感覚(αἴσθησις)の数を問題とする。感覚の数が問題とされる背景について、一般的には、これがデモクリトスの(少なくともデモクリトスを主要な唱導者とした)感覚の数についての主張と想定されるものに対する反論であり、その数が五つであるというアリストテレスの主張であると解されてきた(デモクリトスについてはA115、116(DK)参照)。ただしあまり言及されていないが、感覚の数という話題は、デモクリトスにかぎらず当時それなりの関心を呼んでいたと思われる。たとえばヒッポクラテス『食餌法について』23などでは感覚の数が七であると論じられている。(またこの感覚の様相(モダリティー)の区別をめぐる話題はアリストパネス『女の祭り』の冒頭などでも揶揄的に言及されているように見える)。

しかし、なぜアリストテレスはここでそのような問題を取りあげる必要があったのであろうか?

この疑問に答えつつ、従来きわめて錯綜した議論として読まれてきたこの箇所の議論をまったく別の角度から読解することを試みたのがMaudlin 1986である。彼によれば、ここでの考察はエンペドクレスを典型とするような、感覚対象や感覚器官を構成する素材(質料)ないし基本要素の観点から感覚の様相を区別しその数を規定しようとする物質主義者的な感覚の理解を反駁するものであり、そのような物質主義的理解の方向からは捉えきれない感覚としての「共通感覚」へと道を開くものである。つまりここでの議論は、物質主義的に感覚を理解する論者を仮想し、それの批判と

(425a15)

ことが主張されている（(v)については以下で述べるように別の解釈もあるが）が、これらの要件は共通の対象が単独の個別感覚によって感覚されるという単独説を否定するように思われるからである。なぜなら共通の対象は、上記の(i)によりそれ自体として感覚されるものであるが、(iii)はそのような仕方で感覚するのは共通の感覚であることを告げ、これは個別感覚が単独でそのように感覚することの否定を含意しているように思われるからである。むしろ共通の対象と個別感覚との関係は、(iv)の示唆するように共通の対象を単独の個別感覚によっては感覚することはできないか、あるいは個別感覚が単独で感覚するとしても、(v)の示すようにあくまで付帯的な仕方にとどまるのではないか。そしてもしそうならば、「共通の対象」を感覚するのは複数の個別感覚が何らかの仕方で共同することによるという共同説か、あるいは、(iii)の「共通の感覚」が個別感覚ともその共同作業とも異なる、別箇に成立する特別の感覚であるとすればそれによるという解釈（「特別共通感覚説」とでも呼ぼうか）のいずれかをとるべきであるということになる。

こうして「共通の対象」について第2巻第6章と第3巻第1章の間には、かりに矛盾ではないにしても理論的な緊張があるといわねばならない。

従来の比較的多くの読み方は、後者の第3巻第1章の議論を重視し、とりわけそこでの「共通の感覚」という概念の導入をアリストテレスのより正式な理論の提示であると考えて、第2巻第6章の議論は暫定的であると見てきた。ただし第3巻第1章についても単独説の成立する余地がまったくないわけではないので、ここでは思考の幅を広げるためにその可能性について指摘しておく。たとえば第3巻第1章で提示された見解のうち、(iii)については、そこでの「共通の感覚」が、まさにすべての個別感覚に共通する能力、つまり個別感覚以外の別の感覚（個別感覚が共同した感覚、あるいはそれらから独立の特別な共同感覚）ではなくむしろ個別感覚に「共通して」すでに存在する能力と読むことができれば矛盾は生じないであろう。(iv)についても、それが共通の対象を「固有の対象とするような感覚」が存在しないことを否定するだけであるとすれば、単独説を論駁するものではない。単独説は共通の対象を個別感覚にとっての固有の対象とするわけではないからである。ただし(v)は、そのままでは単独説と整合させるのは困難かもしれない。単独説によれば、個別感覚が（それぞれが共通の能力を分けもつとしても）単独で共通の対象を自体的に感覚することになると思われるような意味ならば、遠く上空に見える飛行機の運動を嗅覚や味覚によっても感覚していることになるが、これは明らかにナンセンスである。むしろ個別感覚はそれぞれ何らかの動きも感覚しているという意味でなければならないだろう。ともかくこの解釈では、それぞれの感覚は、単独でも、「共通の対象」を感覚することになる（したがって「単独説」と呼ぶ）。ただし、少なくともこの第2巻第6章では(i)の「それ自体として感覚する」その主体については言及がない。つまり共通の対象はそれぞれの個別感覚によって感覚されることは認められているが、その感覚のあり方が「それ自体として感覚する」というものであるとは、少なくとも明言されてはいない。

他方で以上のように「すべての感覚に共通」であることを文字通りの意味で解釈するならば、同時に、次のような解釈は斥けられることになるであろう。すなわちそれは、動を「すべての感覚が共同することによって感覚する」というような解釈である。このような解釈（「共同説」と呼ぶ）では、感覚される動はある同一の動でなければならない。すべての個別感覚が共同することによってはじめて感覚するということが積極的意味をもちうるのは、特定の同一の動の感覚についてだからである。しかしある同一の運動についてそのようなすべての感覚の共同ということはほとんど意味をなさないだろう。先ほどの例を用いれば、遠く上空に見える飛行機の運動の感覚において嗅覚や味覚がその動きを感覚することに参与、共同しているということは考えられない。さらにこの第2巻第6章では、共通の対象を感覚するのが（それが単独であれ共同であれ）個別感覚とは別個の特別な感覚 —— 俗に言う「共通感覚」とはそのようなものであろう —— であることを示唆するものは何もない。

したがって、「すべての感覚に共通」という要件をまともに受けとめるならば、以上のように、どの個別感覚をとっても「共通の対象」は感覚されているという単独説が、おそらくこの第2巻第6章の解釈としては説得的な解釈であると思われる。

ところがこのような単独説は、再び「共通の対象」が論じられる第3巻第1章での議論にはうまく適合しないように思われる。というのも、アリストテレスは第3巻第1章では、

(iii) 共通の対象は共通の感覚によってそれ自体として感覚される (425a27-28)

(iv) 共通の対象に対して固有の感覚は存在しない (425a28-29)

(v) 共通の対象はそれぞれの個別感覚によっては付帯的に感覚される

K 「共通の対象」について

アリストテレスはこの第2巻第6章で感覚の対象となるものを、(1)それ自体として感覚されるもの（自体的な感覚対象）と(2)何かに付帯するかたちで感覚されるもの（付帯的な感覚対象）とに分類し、さらに(1)を視覚、聴覚などいわゆる五感と呼ばれる感覚（個別感覚と呼ぶ）のそれぞれに「固有の対象（τὰ ἴδια）」と、個別感覚のすべてに「共通する対象（τὰ κοινά）」とに区分する。このなかでも共通の対象については、それが何によってどのような仕方で感覚されるのかという問題を中心に議論が多い。

この章で明確に述べられているのは、

(i) 共通の対象はそれ自体として感覚されること

(ii) 共通の対象はすべての個別感覚に共通すること

である。しかしピロポノスをはじめとして注釈者たちのほとんどすべてが、(ii)は言い過ぎであり実際には「複数の感覚」に共通であることを意味すると注記してきた。たしかにアリストテレス自身も、形や大きさについては、『感覚について』442b5以下で必ずしもすべての感覚ではなく視覚と触覚に共通であるという選択肢を提示しているように見える。しかしそうであるとしても、それ以外にも運動や数、一などの「共通の対象」があり、さらにアリストテレスがこの章で二度にわたって「すべての感覚に共通」と記述している（418a10-11, 19）以上、ひとたびはそのことをまともに受けとめた解釈が試みられるべきであろう。以下ではそのような方向での解釈の基本線を示すとともにその問題点を瞥見する。それは後世さまざまな意味をこめられることになる「共通感覚（sensus communis > common sense）」の原型であるアリストテレス自身の「共通の感覚」という概念について、これまで提出されてきたさまざまな解釈の方向を、ある程度整理して示すことにもなるからである。

もしも「すべての（個別）感覚に共通」ということが文字通りに理解されるとすれば、それは「どの個別感覚によっても感覚される」という意味でなければならないであろう。つまり、たとえば動きという共通の対象を例とすれば、視覚や聴覚などの個別的な感覚が色、音などそれぞれに固有の対象を感覚する場合に、どの感覚においても必ず動きは感覚されているという意味となるだろう。つまり共通の対象とされるものは、どの個別感覚によっても（その固有の対象とともに）共通して感覚されるものという意味で「共通」なのである。ただしそれは、特定の時空内で生起した同一の動きがすべての個別感覚によって感覚されるという意味ではない。もしその

のものに摂取されるものなのである。したがって、ここでのアリストテレスの見解は、「養われるものとは、魂をもつ身体［物体］——それが魂をもつものであるかぎりにおいて——であろう。したがって栄養とは『魂をもつものであること』に相関的」(b9-11) という主張と基本的に同一であり、いま問題としている限定句も、そこでの「魂をもつものであるかぎりにおいて (ᾗ ἔμψυχον)」と基本的には異なるものではない。現在箇所では、そのような直前の主張を「成長増大させるもの (αὐξητικόν)」と「量」との関係と対比することによって明確化するとともに、この「栄養 (τροφή)」と「魂をもつもの (τὸ ἔμψυχον)」との本質的な関係を、生殖の場面にも拡張しようするものであると思われる。

また少し後の「魂をもつものを、それが魂をもつものであるかぎりにおいて保持する能力」と訳された *δύναμίς ἐστιν οἵα σῴζειν τὸ ἔχον αὐτὴν ᾗ τοιοῦτον* (b18-19) という栄養能力の規定についても、従来のいくつかの解釈は、基本的に、*τὸ ἔχον* を *τὸ ἔμψυχον σῶμα ᾗ ἔμψυχον* (Hicks) あるいは *ἔμψυχον* (Tricot) と解釈し、*αὐτήν* を *δύναμις* として、*ᾗ τοιοῦτον* を *ᾗ τόδε τι καὶ οὐσία* の意味で理解してきた。つまり栄養摂取能力は「その能力を持っている有魂の身体 (生物) をそれが個体であるかぎり保持し続けるものである」と規定されたと解釈するのである (Hicks, tr. 'the above described principle of the soul is the power to preserve in existence that which possesses it in so far as it is a definite individual')。しかしより単純に、*τὸ ἔχον αὐτὴν* は *τὸ ἔχον ψυχήν* = *τὸ ἔμψυχον*、つまり「魂をもつもの」の意味で、*τοιοῦτον* はそれを受けた意味、すなわち *ᾗ ἔμψυχον* の意味で読むことも可能であり、むしろこちらの方が単純でわかりやすいと思われる。おそらくそのような自然な読み方が受け入れられないのは、Hicks の 'if *ᾗ τοιοῦτον* meant simply *ᾗ ἔχον αὐτήν*, the functions of nutrition and growth would be confused' というコメントに見られるように、「魂をもつかぎりにおいて (ᾗ ἔμψυχον)」と「それが＜あるこれ＞として、つまり本質において捉えられるかぎりで (τὸ ἔμψυχον ᾗ τόδε τι καὶ οὐσία)」との基本的同一性が理解されていないからではないだろうか。そしてそのことが理解されにくいのは、*τόδε τι καὶ οὐσία* が個体性を表わすかのごとく考えられてきたことに一因があるように思われる。しかし *τόδε τι καὶ οὐσία* とは、魂をもつものについては、それがまさに魂をもつ生きたものであるということを明確に含意しているのである。

は、一つには、この生殖能力の目的論的局面への注意を継承し展開するものである。そして魂の原因性は、目的因であるだけではなく形相因および始動因でもあることが確認された上で、エンペドクレスらによる成長の説明が批判されている（415b28-416a18）。このような議論の進行は、栄養摂取能力を火や土の単純物体の運動変化に求めるなどの素材的（資料）局面からのみ理解しようとする思考、すなわち、一面的ではあれ、栄養摂取能力については付きまといがちである思考を批判する意図を併せ持っていると考えられる。事実この脱線とも見える議論の内部においても、魂についての三つの意味での原因性を確認した後に、アリストテレスは栄養摂取にかかわる議論を展開しているが、それは素材的な局面にのみ注目する思考への批判と言いうる。植物の成長方向をめぐるエンペドクレスの「上」「下」の理解は器官のはたらき・機能という目的論的性格を無視したものであり、火を成長の原因とする考え方（ヘラクレイトスを想定している）も生物においては成長が一定の終極（限り）をもつということを無視している。こうして当該箇所は、栄養摂取活動の本格的な分析に先だって、その活動を単に四元の運動変化や量的増大として、いわば素材（質料）のレベルでのみ理解しようとする根強い傾向に対して、原理的な問題を指摘する役割を負っているのである。

J　416b13「それが＜あるこれ＞として、つまり本質において捉えられるかぎりでは（ᾗ δὲ τόδε τι καὶ οὐσία）」の意味

この言葉は、「個物あるいは個体として」という意味での限定であるかのようにしばしば解されてきた。'as it is a definite individudal' (Hicks), 'in respect of being a particular thing, a substance' (Ross), 'la nutrition [repose] sur l'individualité et la forme de l'animé, qu'elle conserve' (Tricot). このような翻訳や注釈は、しかし問題がある。とりわけ＜あるこれ（τόδε τι）＞を個体（性）(individual, individualité) と解することは、ここで栄養の規定が、あたかも「同一の＜種＞（の生産）」と対比された「個体（の保存）」と関連させられているかのような解釈を招きかねない。しかしこの ᾗ δε τόδε τι καὶ οὐσία という限定は、直前の「魂をもつもの（τὸ ἔμψυχον）」を量的な局面から捉えること（ᾗ … πόσον τι）と対比的に、それぞれの生物をその本質においてとらえることであり、そしてその意味での＜あるこれ＞あるいは本質は、それが「魂をもつ」=「生きている（ἔμψυχον）」という身分にあることを含むのである。そして「栄養」とはそのような身分にあると理解されるかぎり

γὰρ τοιούτου σώματος...... καὶ στάσεως ἐν ἑαυτῷ)、という論の展開となる。このような読み方によると、Torstrik が指摘した「もはやそれは斧ではないはずである（*οὐκ ἂν ἔτι πέλεκυς ἦν*）」と「しかし実際には斧である（*νῦν δ' ἐστὶ πέλεκυς*）」との対比も保持しつつ、人工品についても、機能の存在の有無による「同名異義」の原則を保持しうるであろう。

私の知るかぎり、*ταύτης* を *τῆς ψυχῆς* と解釈しているのはこの書の注釈や翻訳としては桑子だけである。もとより、いま試みに提示した解釈にも問題点がないわけではない。その一つは、ここでの考察を諸部分についても拡大した 412b20-21 *ὁ δ' ὀφθαλμὸς ὕλη ὄψεως, ἧς ἀπολειπούσης οὐκέτ' ὀφθαλμός, πλὴν ὁμωνύμως* と平行的ではないことだろう（この平行性を先の(1)の解釈は念頭においている）。しかしこの b20 では、*ἧς ἀπολειπούσης οὐκέτ' ὀφθαλμός* は現在箇所のような意味で反事実的な想定ではないということ、したがって実際にはそれは眼のままであるということが論じられてはいない、という相違を挙げられるかもしれない。

I 「脱線的議論」の意義

415b8-416a18 において、アリストテレスは魂の原因としての役割を分析、説明するが、この部分はそれまでの議論に照らして脱線的性格を持つこと、そしてその内容が当面する課題である栄養摂取能力ではなく、むしろ魂一般にかかわるものであることがこれまで多くの注釈家によって注意されてきた（e.g. 'this remarkable passage is at any rate a digression, as 416a18 might follow 415b7 without detriment to the argument'（Hicks）; 'Tout ce passage, jusqu' à 416a18, constitue une longue digression, qui interrompt l'argumentation générale du chapitre, laquelle devrait traiter uniquement de l'âme végétative.'（Tricot））。しかしそれでも、アリストテレスが当該の議論をまさにこの場所に位置づけたとすれば、それは次のような理由に基づくと思われる。

まず、この章で開始された探究の課題は栄養摂取する能力であるが、ここにいたるまでの議論でその能力が単に一個体としての生物の量的増大だけではなく、むしろ＜種＞の永続を目指す能力であることが確認されている。こうしてこの能力の目的論的側面が照らし出される。「そのような[生殖]活動は可能なかぎり永遠なるもの、また神的なものに与ることを目的としている」のであり「すべての生物はそれを求め」、「自然本性に即しておこなうことはすべてそのことのために（*ἐκείνου ἕνεκα*）おこなう」からである（415a29-b2）。当該箇所で魂の「原因」としての意味が確認されるのではないはずである（b13-14 *χωρισθείσης δὲ ταύτης οὐκ ἂν ἔτι πέλεκυς ἦν*）に対比される。その上で、

（2.1）「切るという能力が分離されても（*χωρισθείσης τῆς τμητικῆς δυνάμεως*）」斧は斧である（シンプリキオス、ソポニアス、Rodier の解釈も、基本的にはこの部類に分類されるであろう）。

（2.2）「切るという能力は分離できない以上は（*μὴ χωρισθείσης τῆς τμητικῆς δυνάμεως*）」斧は斧である（Torstrik）。

さて、従来の解釈については、もしその共通の前提である *ταύτης* が「（斧の）本質」を指すという解釈を認めるとすれば、（1）が最も説得的であろう（その点は Hicks によって十分に論証されている）。（2.1）、（2.2）のような意味で「もはやそれは斧ではないはずである」（b14）と対立させると、道具については、その本質である機能が奪われたものはその機能をもつものに対して同名異義的となってしまう、という原理が成立しなくなるが、しかし道具についても、そのような同名異義性の原理が自然的器官と同様に成立するということは、『気象学』390a10 においても表明されている。したがってもし（1）の解釈をとるならば、ここでの punctuation は、Hicks のように、*ἀλλ' ἢ ὁμωνύμως. νῦν δ' ἔστι πέλεκυς· οὐ γὰρ κτλ.* とするのが適切だろう。

ただし、この解釈にも難点がある。Torstrik が指摘するように、「しかし実際には斧である」という表現は、直前の反事実的条件からの帰結である「もはやそれは斧ではないはずである（*οὐκ ἂν ἔτι πέλεκυς ἦν*）」と対比される関係にあると解することがきわめて自然であり、また、直後の b15 以下の文が証明しているのは、斧が自然的物体ではないということではなく、その物体の形相が魂ではないということである。

しかしながら、もし以上の解釈の前提となっている *ταύτης* の指示対象についての解釈を認めないとすれば、問題となっている文の意味についても別の解釈の可能性が出てくるだろう。すなわち、*ταύτης* は *ἡ οὐσία*（b13）ではなく、それよりもさらに近い女性名詞 *ἡ ψυχὴ* を受けると解することができるのではないか。そのような解釈に従うなら、ここで想定される「ある一つの道具、たとえば斧が、かりに自然的物体であった」という反事実的状況（b12）においては、そのように仮定された斧から魂が分離されると、その本質が分離された以上、斧は斧ではなくなるはずである、しかし現実には（*νῦν δέ*）斧は斧のままである、なぜなら、道具のような物体はそれ自身のうちに運動と静止の原理をもつものではないからである（*οὐ*

上で次のように解釈できるであろう。── この文はいま確認した事実が含意する事柄を告げている。つまりそれは、身体が分割されたあとの魂と分割される以前の魂とでは、そこに含まれる諸能力（部分）とその間の関係は同一のまま保持されていているので、魂の諸能力（部分）間の関係は相互に独立離存したものではないこと、ただし魂は全体として、身体の分割に応じて、＜種＞的に同一なものに分割されること、を意味する。この解釈はこの点に関するかぎり、ピロポノスのそれと同一であるように思われ、Hicks のこの箇所の説明の一部と一致する（ただし Hicks は 413b18 を参照することに基づいて、現実態における同一と可能態における可分性という説明を与えているが、必ずしも適切ではない）。

したがって、底本（さらに Ross 1961 およびそれに従う Lawson-Tancred、村治、山本、桑子）のように、b27 *τῆς δ' ὅλης ψυχῆς ὡς διαιρετῆς οὔσης* という大部分の写本の読みを *τῇ δ' ὅλῃ ψυχῇ ὡς <u>οὐ</u> διαιρετῇ οὔσῃ* と否定文に変更し、「全体としての魂」についても分割不可能性を主張していると解するのはむしろ誤解に基づくと言わねばならない。

H　412b14 *ταύτης* の指示対象

「またそこから魂が切り離されたとすれば、同名異義的にそうである以外には、もはやそれは斧ではないはずである。しかし実際には、そこから魂が分離されたとしても、それは斧なのである」（412b13-15）と訳されたこの箇所について、まず、旧来の解釈を整理した上で、それとは別の解釈の可能性について述べる。

これまでの解釈のほとんどはまず、「切り離されたとすれば」と仮定される *ταύτης* の指示対象については「斧の本質（*τῆς οὐσίας*）」を指すと理解すること、そしてその意味が、具体的には、切断能力であるという点では一致する。その上で、次の文「しかし実際には、それは斧なのである（*νῦν δ' ἔστι πέλεκυς*）」の意味について、次のような解釈の選択肢を提示してきた（Hicks に従ってまとめて、解釈者のリストを補充する）。

(1) この言明は、もともとの仮定である「ある一つの道具、たとえば斧が、かりに自然的物体であった（b11 *καθάπερ εἴ τι τῶν ὀργάνων φυσικὸν ἦν σῶμα, οἷον πέλεκυς*）」と対比され、そのような類比が成り立たないこと、およびその理由を示す（アレクサンドロス（*De anima libri mantissa*）、テミスティオス、Hicks、Tricot 他）。

(2) この言明は「またそこから切り離されたとすれば、もはやそれは斧

⑴ *ὁμοειδεῖς εἰσὶν ἀλλήλαις* : ほとんどの写本、Biehl、Hicks、De Corte、Tricot、Jannone

⑵ *ὁμοειδῆ εἰσὶν ἀλλήλοις* : W（および E^{2}）写本、ソポニアス、Bekker、Trendelenburg、Rodier

⑶ *ὁμοειδῆ ἐστιν ἀλλήλοις* : Ross 1956, 1961（これは⑵の文法的手直しにすぎない）

⑴の読み方で十分意味は通じるであろう。もし⑴のように読むと、その主語は「（複数の）魂（*αἱ ψύχαι*）」となり、具体的には切断された両部分に存在するそれぞれの魂を意味することになるだろう。文全体の意味は、それらの魂は切断された切片に存在するので数的には異なるが、相互に＜種＞の上では同一であり、また分割される前の魂全体に対してもそれぞれ同じ能力を継承しているので＜種＞的に同一である、ということになるだろう。

これに対して⑵および⑶は、たしかに直前の「魂の部分すべて（*ἅπαντα τὰ μόρια τῆς ψυχῆς*）」をそのまま主語として受けることができるので理解しやすいように思われ、⑴を採る論者でも⑵との意味の差はないと考える者もいるが、実は問題がある。まず直前の文では、魂の諸部分は切断された身体部分の魂に内属するものであったので、それが相互に同じ＜種＞であるということは切断された一方の身体部分に内在する感覚能力や欲求能力などの異なった能力が相互に同＜種＞であるという、明らかに誤った主張のように解される可能性もあるだろう（Torstrik が指摘）。しかしかりにそう解さないとしても、いっそう重要な問題が残る。つまり⑵⑶の校訂および解釈に従うと、ここでは切断された二つの身体的部分に存在するそれぞれの能力の間での＜種＞的同一性が主張されていることになる ── しかし各能力が＜種＞的に同一であるのは当然とも言える ── が、アリストテレスの論点は必ずしもそのことではないように思われる点である。むしろアリストテレスが主張するのは、切断された部分において、切断される以前の魂における諸部分（諸能力）の「内容構成」とも言うべきもの（栄養摂取プラス感覚、あるいは栄養摂取プラス感覚プラス運動など）がそのまま切断された二つの（身体的）部分において実現している、すなわち二つの身体部分の魂は、そのような意味において同じということである。

さらにこれにつづく文（411b26-27）についても、とりわけ「魂は全体としては分割可能である」という記述をめぐってテキストの校訂と解釈に紛糾があるが、以上の解釈の方向が基本的に正しければ、写本どおり読んだ

レスが動物が強制されて動くという例も使って説明しているにもかかわらず、b8での「付帯的動」(*εἰ μὴ κατὰ συμβεβηκός*)を別の意味で理解しなければならないことであろう。この解釈によれば、魂の自己運動性を主張する論者が認めうるとされるのは後者の「たまたま一致した動」という意味での「付帯的動」であり前者の「付帯的動」は認めることは許されないことになるからである。おそらくそのためであろう、後者の「付帯的動」の意味をどのように理解するのかは、古来議論が多い(すでにピロポノスがこの種の問題を提起している)。

この翻訳ではこのような解釈とは異なり、試みに、次のような論旨であると理解し、その線で訳されている。

この文脈で問題となっているのは、魂について自体的な動が属するかどうかである。アリストテレスはこの箇所で、まず、

(1)付帯的な動としては、魂は他のものによって動かされる

という事実を認める。それは動物が強制的に動かされるという場合に相当する。(この例は、「自己自身によって動くものが他のものによって付帯的に動く」という一般命題を自己自身が動くものである動物を例として説明しているか、あるいはとくに魂についての付帯的な動、すなわち「それが属する動物が強制的に動かされることによって魂は付帯的な意味で他のものによって動かされる」という事態を具体的に示すものとしてか、のいずれかの意味で解釈されるだろう。)しかるに、

(2)自己自身によって動かされることをその本質とするもの(魂)は、「他のものによって動かされる」ということは、そのような意味での付帯的な動でしかありえない。だが、

(3)魂についてそれが動く(動かされる)という事態が最も特徴的に認められるのは、感覚対象によって動かされるという事態である。

このような最も特徴的と思われる魂の動きは、しかし、「(感覚対象という)他のものによって動かされる」動きであるから、(2)により、魂にとっては付帯的な動にすぎなくなってしまうという不合理を生ずる。

以上の解釈の利点は、先の二つの「付帯的動」に同じ意味を認めうること、そして感覚についての一文を反論のなかに組み込みうることである。

G　分断された魂の種的同一性をめぐる問題(411b25-27)

校訂および解釈の上で問題の多い箇所である。まず411b25 *καὶ ὁμοειδεῖς...... τῇ ὅλῃ* の部分については、次のような読み方がされている。

以上の確認に基づいて、406a16-22において、上記の分類での(a)「自分自身によって動く」に相当する、魂が自己自身を動かすという見解が検討される。そしてこの見解に従うなら、(上記の表が示すように)魂に自然本性的な動が属することが、そしてそれゆえ魂にトポスが属すること(という難点)が指摘されるのである。

また他方で、406a22-27においては、魂に自然本性的な動が属する(魂が自然本性的に動く φύσει κινεῖται a22)という仮定のもとでその難点が指摘されるが、これは主要には上記の(b)の運動形態の可能性の検討と言えるだろう。そこで想定されているのは、注釈者たちが注意するように、四元の運動形態だからである。その結果(b)(i)他のものによって自然本性的に動く(ὑπ' ἄλλου φύσει)ならば(b)(ii)も成立することになり、困難が顕在化する。それにつづく406a33までの考察も、魂に四元のような運動を想定することから帰結する問題を指摘している。

したがって全体として、上記の『自然学』での動の分類の枠組みに基づいて魂に対して運動を帰属させた上で、それぞれの想定が含む問題が摘出され、批判されていると考えられるだろう。以上のように具体的にアリストテレスの理論的枠組みに照らし合わせるとき、注釈者たちが特記するアリストテレスの記述の特質についての注意も、真に意味あるものとなるのではないか。

F　406b5-11の議論の構造

このパラグラフの反論がどのような論理構造をもっているのか、という点については、古来さまざまな解釈がおこなわれてきた。従来の解釈の主流は次のようなものであった。——魂については他のものによって付帯的に動かされることは認められる(b5-6)。しかし自己自身による運動をその本質であると主張する人々は、同時に他のものによって動かされるということを認めることはできない。認めうるのは、魂自身の運動と他のものによる運動への刺激とがたまたま一致するという意味での付帯的な場合である(b7-10)。さらに、感覚対象によって動かされるという事態は、魂にもっとも本来的に帰属する動と考えられるが、実際には他のものによって引き起こされた運動でもある(b10-11)。(なお、最後の感覚対象による動についての議論は、別の独立した反論として扱う解釈者も多い。)

Hicks、Tricotらによって採用されているこうした解釈の大きな問題は、406b5の「付帯的動(τὴν κατὰ συμβεβηκὸς κίνησιν)」の意味を、アリストテ課題設定と引き続く議論は、『自然学』でのアリストテレス自身の動の理論を前提としたものである。そのような理論的背景を確認することで、ここでの議論はかなりの程度整理されるであろう。

『自然学』第8巻第4章では、動かされて動くものの運動について分類を試みているが、それによれば「動く」すなわち「動かされる」ことは、次のように分類される。

(1) それ自体として (καθ' αὑτά)
  (a) 自分自身によって
    自然本性的に ── 動物
  (b) 他のものによって
    (i) 自然本性的に ── 四元
    (ii) 自然本性に反して (強制によって)
(2) 他のものに付帯して (κατὰ συμβεβηκός)

アリストテレスの『魂について』の本章での議論は、この概念的枠組みの中で、魂の自己運動性を主張する人々の見解、さらには一般的に魂がそれ自体として動くという見解を検討するものである。

まず、406a4-5において動く (動かされる) ことが、「他のものに依拠して (καθ' ἕτερον)」と「それ自体として (καθ' αὑτό)」とに区別される。前者の運動は、そこで説明されるように、「運動するものの内部にあることによって (τῷ ἐν κινουμένῳ εἶναι)」動くことであり、これは上記の自然学の分類では(2)「他のものに付帯して動く」ことに相当する。「他のものに付帯して」とは「動かすものあるいは動かされるものに属したりその部分であることによって (ὅσα τε τῷ ὑπάρχειν τοῖς κινοῦσιν ἢ κινουμένοις καὶ τὰ κατὰ μόριον)」(『自然学』254b9-10) ということだからである。

実際、つづく406a14-16においては、「魂が付帯的に動くのでないとすれば」と仮定されているので、話題は上記の(1)に属する動きを魂に帰属させる見解の検討に移っていると言える。そしてこの仮定の下では、魂には自然本性的に動が属するということ、および場所 (トポス) も属するということが認定される。(先の分類表では、「それ自体として動く (動かされる)」ことのうちには「自然本性に反して動く (動かされる)」ことも含まれてはいるが、しかしそれは『魂について』の当該箇所では自然本性的な動と表裏の関係をなす (406a22) と考えればよいであろう。)

用する－作用を受ける（ποιεῖν‐πάσχειν）」という関係には、二つの項の間に何か共通のものが存在しなくてはならない（『生成消滅論』第1巻第7章、とりわけ323b29以下参照）。そして感覚や思考も、単なる性質変化と同じではないにせよ、「作用する－作用を受ける」という関係のもとに捉えられる事態であった。すると思惟（知性）について、それが他のものと共通性をもたず、したがって非受動的であるとすれば、それにもかかわらず、なぜ思惟するという活動が成立しうるのかが当然問われるであろう。実際アリストテレスは、当該箇所において、アナクサゴラスの思惟概念に対して「そのような性格のものでありながら、それがどのような仕方で、またいかなる原因によって認識するのだろうか」（405b21-22）という疑問を提起し、さらに思惟についての本格的検討作業に入った第3巻第4章では、より明確にこの問題を記述している（429b22-26）。

しかしこのような問題提起は、アリストテレス自身の思惟概念に対しても潜在的に向けられていると言わねばならない。アリストテレスにとっても思惟は「作用を受けず」（429a15）、混じりけのないもの（a18）だからである。アナクサゴラスへの注目の背景には、自分自身の思惟概念との類似性が意識されている。

以上のことを念頭におくならば、ἀπαθής という形容詞の意味について、'A[ristotle] uses ἀπαθὴς combined with other adjectives like θεῖος and χωριστός to express immateriality.' という Hicks の注（p. 236）も有意義であろう。

E　アリストテレスの運動の分類

第1巻第3章では、魂を動によって規定した人々、すなわち魂をもつものが動くということに注目して魂が運動し動きを引き起こすと考えた人々の理解が批判される。アリストテレス自身も、魂がある意味で動の原因であるという理解を共有する（第3巻第9－11章）。しかしここでは魂それ自身が運動するということは帰結しないことが示される。

これまでトマスをはじめとして、注釈者たちの多くは、この章でのアリストテレスの論駁が運動についての彼自身の教説を前提としたものであることに正当に注意を促してきた。ただし重要なのは、そのような方法論的な注意を実質的なものとして以下のテキストの読解に生かすことであろう（実際には私の見るところ、十分に生かされているとは思われない）。

たとえばアリストテレスは当該箇所で、魂が「それ自体として動く（動かされる）」のかどうかという点に考察の課題を設定している。このようなわしいと思われる場面でもその訳語で一貫させた。ただしこのことは、アイステーシスが知覚という「より高度の」認知以前の段階であるというような加工処理的認識論を前提するものではなく、また「解釈に汚染されていない」無垢の感覚与件（sense-data）などの特殊なアイテムを想定することに結びつくものでもないことは断っておくべきだろう。アイステーシスは、アリストテレスにとって、動物や人間が環境から情報を得るための最も基礎的な判別能力である。

D　アナクサゴラスの思惟（知性）概念の意義

アリストテレスはこのようにたびたびアナクサゴラスの例外的見解に言及する（当該箇所以外に 405a16-17、429a19、b24）。アナクサゴラスが思惟（知性）概念を重視したことは、思惟概念を自分の哲学の中心概念として位置づけるアリストテレスにとって、注目に値するのは当然である。しかしそればかりでなく、アナクサゴラスの思惟は、「作用を受けない」あるいは「作用を受けることによる特定の様態にはない」（ἀπαθής）と特徴づけられることが、アリストテレスにとって重要な意味をもつ。

たしかにこの特徴づけ自体は、Hicks らの指摘するように、アナクサゴラス自身の形容というよりアリストテレスによる解釈であろう。しかしそのように解釈されることによって、アナクサゴラスの思惟概念はアリストテレスの哲学のかなり根幹に関わる場面へと導入される。たとえば『自然学』第 8 巻第 5 章では、あらゆる動きの最終的原因である「不動の動者」の概念へと連絡する議論のなかで、アナクサゴラスは思惟（知性）にこのような「作用を受けない」という特徴づけを与えたという点で評価されている（256b24-25）。そして本書『魂について』での思惟についての考察においても、アナクサゴラスの思惟概念はこのような特徴づけのもとで言及され、それが提起する問題がクローズアップされている（第 3 巻第 4 章 429b22-29）。そしてその問題は、次の第 5 章の「作用する思惟」（いわゆる「能動理性」）を導入する議論にまで影響している。

このようなアナクサゴラスへの注目の背景にあるのは、次のような事情であろう。まず、当該箇所において、アリストテレスがこの「作用を受けることはない」ということ（非受動性）をアナクサゴラスに帰す根拠の一つは、おそらく、すぐ続いて語られる「いかなるものとも何一つ共通性をもたない」（405b20-21）ということ（非共通性）である。

アリストテレスの理論的枠組みでは、通常の変化において成立する「作

い。したがってアイステーシスは、五感への直接的な刺激だけではない広範な経験的な認知を含む。

P3　アリストテレスは「アイスタネスタイしていることをアイスタネスタイする」という事態を問題としている（第3巻第2章）が、これはたとえば「色を見ていることに気づく」ような場合である。このとき少なくとも後者の（メタ認知的）用法は「感覚」より「知覚」と訳す方がふさわしい。

他方で、「感覚」という訳語を選択すべき理由は

S1　アイステーシスという概念を理解するための最も基本的場面は、視覚、聴覚、嗅覚、触覚、味覚という、いわゆる五感による判別能力である。したがってそれ以上にさまざまな意味があるとしても、やはり「感覚」という概念を基本とすべきである。

S2　アイステーシスには、「固有の対象」と「共通の対象」、さらには「付帯的対象」とが区別される。この区別を「知覚」というより広義の認知能力に当てはめると理解しにくい。たとえば共通な対象とは、「すべてのアイステーシスに共通なもの」であり、そのようなアイステーシスはまさに五感にほかならないため、「知覚」という一般的な認知能力を意味する語を当てはめることはできない（「すべての知覚に共通」とは訳せない）。また自体的にではなく付帯的にアイスタネスタイされる実体的なもの（例は「ディアレスの息子」）についても、知覚という概念からすると、直接それ自体として知覚されないとする理由はないであろう。

S3　それぞれのアイステーシスは眼、耳、鼻などの「アイステーテーリオン（αἰσθητήριον）」という器官をもつ。それらは「知覚器官」というあまり熟していない概念よりも端的に「感覚受容器」「感覚器官」を指すと解するべきである。

S4　アイステーシスは動物にも認められている。人間以外の動物が言語をもつことは認められていないと考えられるので（第3巻第3章427b14、428a24）、おそらく概念的な判断をもつことも認められないであろう。したがってあまり意味を広げない「感覚」の方がふさわしい。

S5　たとえば「共通感覚」など現代になじみのある言葉がこのアリストテレスにも由来するという連絡関係がわかりやすくなる。

これら以外に実際に訳していくなかでも、それぞれにふさわしい箇所が存在する。

この翻訳では、主としてS1, S2をはじめとしたこの語の基本的意味を考慮して「感覚」「感覚する」という訳語を採用し「知覚」という語がふさ

とも可能ではある)。

もちろん以上の解釈も、あくまで先取り的に読むことが許されるという前提の上での暫定的提案というにすぎない。

C 「感覚」という訳語について

ギリシア語「アイステーシス (αἴσθησις)」「アイスタネスタイ (αἰσθάνεσθαι)」は、従来「感覚」「感覚する」と訳されてきた (これまでの邦訳はすべてそうである)。しかし本書でのアリストテレスのこの言葉の用法には、「知覚」「知覚する」と訳した方が適切な局面もある。事実、最近の英訳では、以前の 'sense,' 'sensation' にかわって 'perception' が用いられていることがはるかに多い。

まず「感覚」と「知覚」との日本語上での区別であるが、「感覚」は「音、色、味、寒暖などから受ける印象や感じ。心理学では、感覚器官に加えられた刺激によって生じる意識をいい、刺激の加わる器官に応じて、視覚、聴覚、嗅覚、味覚、触覚などに分類される」、「知覚」は「心理学で、感覚器官を通して外部の物事を判別し、意識するはたらき」などとある (小学館『日本語大辞典』から)。一般的に言えば、感覚は「五感を通じての刺激に対する直接的意識」を、知覚は「感覚器官を通じて外界のあり方と身体の内部状態を認知するはたらき一般」を言うことになり、「感覚」は「知覚」の一部あるいは前段階を構成するがそれより狭義である。ただし「いちおう知覚と認知とは、感覚を介して生ずる一段高次の精神現象とされているが、実際には、三者の間、とくに感覚と知覚との間に判然とした区別をつけることはむずかしい」(小学館『大百科事典』) とも記述されている。

両方の訳語にはそれぞれ選択されるべき理由があるだろう。

「知覚」という訳語がふさわしいと考えられる理由は、

P1　アイステーシスは思考や思惟と並んで「存在するもののうちの何かを判別し (κρίνειν) 認識する (γνωρίζειν)」はたらきであるとされる (第3巻第3章 427a19-21)。このことは、五感を通じて与えられた直接的意識以上の認知活動を含むように思われる。

P2　アイステーシスは単に五感に固有の対象である色、音などだけではなく、運動、形、数などの「共通する対象」やそれらの性質が属する「実体」についても適用される (第2巻第6章、第3巻第2章)。とくに「共通の対象」は「それ自体として知覚される」のであり、色や音などの「感覚」的意識から推論などを媒介して構成される副産物のようなものではな概念がこれらすべてを包含し共通に術語づけられるものであることが表明されているので、「普遍としての動物」は、やはり＜種＞的には異なるが＜類＞的には同一であるものの＜類＞を指すように見える。またかりに、(B)に挙げられた馬、犬、人間、神の間に何らかの階層的序列関係が認められたとしても、その関係は魂の栄養摂取、感覚、思惟などの能力間の階層関係とはかなり異なることが指摘できるかもしれない（たとえば、魂の階層関係においては序列内で先行する栄養摂取能力が基礎となり、後続する能力の存在の前提となるが、馬、人間、神などにはそのような関係が成立しない）。

逆に解釈(2)の問題は、もし「普遍としての動物」が正規の＜類＞概念を意味するのであれば、(A)での「動物」との相違がわかりにくくなり、文脈上(A)と(B)に求められる二者択一的関係が構成されないように思われることであろう。現在箇所で提起されている問題は、魂間の相違が＜種＞の相違か、あるいは＜類＞における相違か、というものであった。そして「動物」は異なった＜種＞を含む類の典型的事例であるから、類的な同一性という魂という身分は、すでに(A)によって示唆されているように見える。すると(B)では、魂の相違が同一＜類＞の内部での＜種＞の相違とは別である可能性が検討されていると解釈する方が自然である。

この二つの解釈を選択する上で、いまのところ決定的といえる論拠はないように思われる。ただし、もしかりにこの著作でのちに表明される魂の規定を先取りして考えることが許されるとすれば、(A)での「動物」は、すでに＜種＞の相違を前提として成立する＜類＞ではなく、第2巻第1章の魂の一般的規定に連絡させて理解することができるかもしれない。そこでの魂の規定は、魂のそれぞれの能力の区分（＜種＞の相違にあたるもの）を前提とすることなく提示されており、その内容（簡単に言えば「身体の現実態」）も、魂の諸能力を＜種＞として前提した上での＜類＞としての定義とは少し性格が異なるように思われる。むしろ魂と呼ばれるものの範囲を定めるような、一般的・包括的特定というべきであろう。(A)の定義の例解もまた、そのように＜種＞としての区分と階層性を前提とせずに、ある包括的な規定を求めた場合を念頭に置いたものではないか。これに対して(B)は、同じ「動物」を例としながらも、それを馬、人間、神などの存在にそれぞれ固有の定義を前提としてそこに共通するものを求めた場合に得られる＜類＞的な定義という選択肢を提示するのではないか（その上でさらに、犬、馬、人間、神には何らかの階層性が認められていたと考えるこレス自身の見解ではないとまで解釈する（が、それは十分な根拠があるとは言えない）。

当該箇所の記述はまだ探究されるべき課題を提示し説明しているだけなので、いま述べた問題に対してどのように対処するのかは、アリストテレスの魂の定義の解釈に必ずしも大きく影響するものではないであろうが、古代以来問題とされてきた点なので、これまでの議論の概略を紹介しておく。以下に挙げる比較的有力な解釈は、すでにアレクサンドロスによって基本的には示されたものである（*Quaestiones*, 1.11b, 22. 21-23. 31）。すなわち、

解釈（1）（B）の「普遍としての動物」は種を包括する類概念ではないと理解する。つまり（A）での「動物」は魂が＜種＞において異なる場合の＜類＞を例示するのに対して、（B）は実際には共通の＜類＞が成立していない場合にそこに「動物」という普遍概念が適用される場合だと考える。なぜなら、（B）の記述で使用されている事例である馬、人間、神の間にはある階層的な序列が存在するのであり、そのようなものを包括する普遍は、さまざまな＜種＞に対する同一の＜類＞ではない。むしろその概念は同名異義的（equivocal）であるか、あるいは健康を生むものも健康の徴《しるし》も健康に照らして「健康的」と呼ばれるような、いわゆるアナロギア的ないしは帰一的（πρὸς ἕν）な形での統一性しかもちえない（Rodier、Tricot 他の解釈で、これはアレクサンドロスの最初の解答（*Quaestiones*, 22. 26-23. 21）でもある）。または、神は不死なるものであり、他とは類的にも異なる存在であるから、それをも含む「動物」の概念は多義的で非実在的でしかありえない（Bodéüs）。

解釈（2）（B）の「普遍としての動物」は＜種＞を包括する＜類＞の身分にある。ただし（B）は「普遍としての動物」がそれ自体では何ものでもなく、定義の固有の対象となる最も下位の＜種＞であるそれぞれの動物の＜種＞に対して、それを包括するものとしてあくまで第二次的な身分にとどまることを告げるものである（これはアレクサンドロスが示す第二の解答（*Quaestiones*, 23. 25-31）にほぼ相当し、Hicks もこの方向で理解している）。

解釈（1）に対する疑問点としては、Hicks らが指摘するように、たとえば「神」もアリストテレスは動物あるいは生物（ζῷον）として理解していることが挙げられる（『トピカ』第 5 巻第 4 章 132b10-11、『形而上学』*Δ* 巻第 26 章 1023b32、*Λ* 巻第 7 章 1072b28-30、*N* 巻第 1 章 1088a10）。とりわけ『形而上学』*Δ* 巻及び *N* 巻の参照箇所では、「馬、人間、神などがすべて同じく一つの動物（生物）である」と、現在箇所とほぼ同じ例を用いながら動物の

通じて「地球の遮蔽による月の蝕（光の欠如）」として、その原因を含む形で規定されうる。つまりわれわれが直接観察する事象は自体的属性を示す結論であるが、それがなぜ起こるのか、ということの探究から獲得されるその説明形式である論証は、全体として、「月蝕とは何であるのか」ということの実質的な定義も示すことになる。

では、以上の方法論は魂の探究 —— その課題が、魂の定義と自体的属性の探究であるとアリストテレスは表明している —— にどのように適用できるだろうか。アリストテレスはその適用によって生ずる問題の一端を、この第 1 章で論じているのである。魂の「何であるか」という定義はどのように示されるのか、そしてまた魂の「自体的属性」が、実際にはどのような論証によって説明されるのか。—— 以上の問題が第 1 章の議論の背景に存在する。またその問題は第 2 巻第 2 章において顕在化することになる（413a11-20）。

B　定義の一性と「動物」の例示

まず、*οἷον ἵππου, κυνός, ἀνθρώπου, θεοῦ*（402b6-7）の属格が支配する言葉については、「ちょうど馬、犬、人間、神では、それぞれの定義が異なり」と訳したように、「魂の説明規定（*ψυχῆς λόγος*）」を補うテミスティオスなどの解釈をとらずに、たんに「説明規定（*λόγος*）」だけを補う。

さてこの箇所では、魂の定義が、(A)「魂の定義は、動物の定義がそうであるように、一つである」のか、それとも(B)「たとえば馬、犬、人間、神」の定義に対して「普遍としての動物」のように「無に等しいかあるいは第二次的なものである」のか、という(A)と(B)の選択肢が提示されている。このような例示の仕方のせいで、魂の定義の一性の例解として用いられる「動物（の定義）」と「無に等しいか二次的」と言われる「普遍としての動物」のそれぞれの意味および両者の意味の相違（もしあるとすれば）が、古代以来問題とされてきた。というのも(A)での「動物」は、何らかの意味での定義の統一性を示唆するために用いられたにもかかわらず、(B)では「普遍としての動物」が「無に等しいか、あるいは第二次的なもの」であると表明されており、同じ「動物」が定義の一性とその否定という対立する説明の例示に用いられているように見えるからである。とりわけ多くの人々がさまざまに論じてきたのは、＜種＞に対する＜類＞の典型的事例であるように思われる「動物」の定義が否定的扱いを受けているように見える(B)の意味についてであった。Torstrik や Wallace は、(B)をアリストテ

補　　註

A　アリストテレスの探究の方法論

この冒頭箇所での探究の方法論をめぐる議論は、アリストテレスの学問の方法論、なかでも『分析論後書』で展開された考察を背景としている。そこで、アリストテレスの方法論的な見解を当該箇所の理解に役立つと思われる範囲に限定してここで瞥見しておく。

アリストテレスによれば、それぞれの探究領域においてある事柄の学問的な知識・理解（エピステーメー）を得るということは、当の事柄を論証という形式を通じて説明したということを意味する。論証を通じて事象の原因・理由が示されると考えられるからである。

例を挙げよう。いま、月蝕についての研究によって「月蝕とは地球の遮蔽による蝕（光の欠如）」という形で定義できることが判明したとする。この定義に対応して次のような論証を構成することができる。タームAに「(月) 蝕」、Bに「地球による遮蔽」、Cに「月」というタームを配分して、アリストテレス的な流儀に従って論証を構成すると、

［前提］　A－B　蝕は地球による遮蔽に属する（蝕が地球の遮蔽によって起こる）。

［前提］　B－C　地球による遮蔽は月に属する（地球による遮蔽が月において起こる）。

［結論］　A－C　月に蝕が属する（月において蝕が起こる）。

という形になる。

この場合の「蝕」とは月蝕として理解されている。月蝕は月に対して必然的・本来的に属する属性であり、月に付帯するさまざまな属性のなかでも、月にたまたま付帯するさまざまな出来事や性質と区別され、「それ自体として付帯する属性（自体的な属性）」── これが『分析論後書』でも『魂について』でもときとして「パトス（πάθος）」と呼ばれる ── として把握される。このように論証は、いわば事実として与えられる月蝕の生起という自体的属性を、「地球による遮蔽」というその原因を提示することによって説明するものである。このとき当の月蝕という事象の定義は論証の結論とはなりえず、したがって定義そのものが論証によって導かれることはない。しかし同時にまた「月蝕」の「何であるか」は、この論証の全体を

解説

これほど思想史上に出ずっぱりの書物も珍しい。

ここに訳された アリストテレスの『魂について』という書の歴史を紐解くと、そのような感慨を抱かざるをえない。もちろんアリストテレスの著作全体が西欧の思想的世界に与えた影響は、きわめて大きい。だがその作品群のなかでも、とりわけこの書は各時代の思想家たちの関心の中心でありつづけた。そしてまた現代においても、心について考えるために「アリストテレスの復帰」が求められたりもしている——。

そんな華麗な経歴は、しかし同時に、『魂について』がつねに論争の書であったことを物語る。この書の主要な論点の多くは、それぞれ真っ向から異なる解釈の争点となってきた。そして古代哲学研究において、再び主役の座を確保したように見える現在においては、戦火は拡大してこの著作の細部にまで及び、あちこちで局地戦が繰り返されるとともに、同時に対立の度も増しているように見える。累々と積み重ねられた解釈がかなり自由な(見方によっては杜撰《ずさん》な)ものであったことは事実だが、残念ながら論争的状況の一因は、『魂について』の不安定なテキストや平明さを欠く記述にもあることを認めざるをえない。ともかく、この書についてあたかも標準的な解釈があるかのようにその内容を「解説」することは許されないのである。

そこで以下では、この著作へと案内するための試みとして、この書が「これまでどのように読まれてきたのか」を大急ぎで復習し、また「現在どのように読みうるのか」を考えるための基礎的資料をいくつか提供するという方策を採用する。それを参考に、読者自身がこの書と格闘することを願う。

しかしそのためにも、まず最初この著作でアリストテレスが探究を試みるにあたってすでに前提となっていた事柄、すなわち「魂」という概念が当時もっていた含意を予備的に俯瞰した上で、この著作の内容をかいつまんで見ておいた方がよいだろう。

〈魂〉という概念

この翻訳では「魂」と訳された「プシューケー（ψυχή）」という語は、現代の欧米語では、それ単独でもまた複合語の部分としても、「心」「精神」を表わす言葉である。[1] けれども西洋古代においては、この言葉はかなり異なった含意をもっていた。最古の用例であるホメロスの作品などにおいては、死とともに人の肢体から去ってゆく霊《たま》であり、冥界においては人の影のような亡霊的存在であった。ここでは、人間の心のはたらきや精神状態――とわれわれが現在考えるもの――との直接的なかかわりは見出されない。しかしその後、たとえばヘラクレイトスによって一種の知的はたらきを示唆する言葉として用いられるなど、[2] 徐々に心のはたらきとのかかわりを強め、ギリシア悲劇などの用例では、意識や感情の座としての意味を獲得する

（1）たとえば英語では、psyche, psychology, psychoanalysis などの語。
（2）ヘラクレイトス「断片」B一一八（DK）。

に至っている。(1) 他方では、医術をはじめとした経験科学的な探究の進展に伴って、魂の機能を身体的あるいは物体的な状態や過程と連絡させて理解しようとする動きも出てくる。(2)

このような動向のなかにあって、この魂という概念に最大限の意味と価値を見出したのはソクラテスであった。ソクラテスにとって、人の生き方と幸福は、すべてこの魂のあり方に依存する。それゆえ彼は「何よりも魂が優れたものであるよう配慮せよ」と、そのために処刑されるに至るまで、身を賭して説き続けた。プラトンは、このソクラテスの教えを継承しながら、魂の概念に重要な理論的展開と豊かな表象を与えた。彼の著作では、魂は、身体との鮮明な対立のもとで(3)その不死性が論証され、最終的にはすべての運動変化の原理という宇宙論的な身分が与えられる。また他方では、魂のうちに欲求、気概、理知という三つの部分が認められ、そこからわれわれの生と行為のあり方が解明されている。

このように、「魂」という概念は、いくどかの変態を重ねて成長していった概念であり、本書でのアリストテレスによる歴史的回顧に至るまでにも興味深い変遷を辿ってきていた。しかし、そのようなさまざまな用例においても、この言葉は、濃淡の差はあれ、その芯《しん》に「いのち」あるいは「生きることの源」という意味を保持しつづけていたと言ってよいだろう。アリストテレスの考察も、この基本的意味を出発点としている。

内容概観

『魂について』の冒頭第一巻第一章は、この書での探究について基本的な見通しを与えている。すなわち魂についての知が諸学問のうちで占める位置や探究の方法論が論じられ、考察されるべき諸課題が提示される。この書での探究は、基本的にはこの最初の章でのプログラムに従って遂行されている。

まず、魂についての知が、さまざまな知のなかでもきわめて高い地位にあり、とりわけ自然の研究に対して多大な貢献をすることが告げられ、つづいてこの書での探究課題が「魂の本性・本質を、次いで魂に付帯する属性を認識すること」であると表明される。しかし同時に、魂をめぐってその本質（「何であるか」）を探究する上での方法論的問題――探究方法の選択および探究の出発点となる始原（原理）の措定にまつわる困難――に注意が喚起されている。

---

(1) アト・ランダムに例を挙げればソポクレス『オイディプス王』六四（「私の心（プシューケー）はいちどきに、国をうれい、わが身をうれいおまえたちをうれいて、嘆き悲しまなければならぬのだ」藤澤訳）、『アンティゴネー』三一七、エウリピデス『ヒッポリュトス』一七三、『エレクトラ』二九七他。この種の用例を含めてプラトン以前の「プシューケー」の使用例については、Claus 1981 が豊富な情報を与える。

(2) ヒッポクラテス『食餌法について』第一巻第三十五章など。

(3) ただしプラトンに魂と身体との二元論を帰すほとんど自明化している通念に対して、藤澤 1998 が明快な批判を展開している。

以上の確認の上で、考察すべき主要な課題が提示される。魂は実体、性質、量、その他のどのカテゴリーに属するのか、それは可能態なのか現実態なのか、等々。これらの課題はそれぞれ、「魂とは何であるか」という問いの追求に直接関係するものであろう。これに加えて、魂に「自体的に付帯する属性」としての「様態」[1]についても探究されるべき課題が確認される。この魂の様態については、主として身体との関係が問題とされている。

しかしながら、第一巻第二章からはじまる実際の探究は、直接上記の課題を論ずるのでなく、魂についての先行諸見解の整理、吟味、批判にあてられ、アリストテレス自身の魂概念を構築するための準備作業となっている。もとより、この魂論の前史は、中立性や歴史的な客観性を目指したものでなく、その記述には明らかにアリストテレス独自の概念装置という強力なレンズによる偏向が伴っている。それでも、彼以前の哲学者についての重要な資料集でもあることは間違いない。

アリストテレスは、魂についての先人たちの諸見解を、運動性と認知性という点に集約している[2]。彼によれば、これまで魂とは動かすものであるか、あるいは何かを認知するものと考えられてきた。アリストテレスもこのような先行理解を全面的に否定するわけではない。一般的に言っても、主要な先行見解の吟味を通じて問題となる事象の真理へ接近することは、アリストテレスにとって重要な探究方法の一つである。事実この書でも、感覚や思考、運動などの魂の機能の検討に向かうとき、彼はこうした先行見解に言及し考察の手がかりとしている。けれどもそのような先行見解は、アリストテレスが承認しえない別の見解を伴っていた。先人たちは、魂をもつものが動くということから魂がそれ自体として——物体のように、あるいは非物体的な何かでありながら――運動すると考えたり、魂をもつものが何かを認知・判別するということから、魂が認知される対象と同じ物体的な構成をもつ、あるいは魂がその対象の作用によって物体の性質変化と同様の変化を受けるなどと想定したりしているのである。アリストテレスはこうした見解を批判するとともに、第二巻以後においてはそれらとは異なる理論から、先行見解のもつ健全な部分にも適切な説明を与えようとする。

　第二巻に至って、アリストテレスは自分自身の積極的な理論構築に着手する。まずその第一章において、魂の最も一般的、共通的な定義が提示される。「可能的に生命をもつ自然的物体の、形相としての実体」「可能的に生命を持つ自然的物体の、第一次的な現実態」「器官をそなえた自然的物体の、第一次的な現実態」がそれであり、この定義を通じて、魂と身体との一性が主張される(3)。だがアリストテレスにとって本来的な定義とは、単に定義されるものに共通する特徴を述べるだけでなくそれの原因あるいは理由を示すものでもなければならない。そのような原因探究の視点から、第二章においてあらためて定義の探究が開始される。探究の出発点は、魂をもつものがすべて〈生きている〉という最も原初的な事実に定位される。生きること――それは実際には、栄養摂取、運動、感覚（知覚）、思考などの形態をとる。魂はこうした生のあり方のそれぞれの実現を可能とする原理あるいは能力にほかならない。したがって魂は「上述のはたらきの始原（原

(1) 知覚や感情など、魂が感受する状態。五頁註（4）参照。
(2) 第二章ではさらに非物体性も挙げられている。
(3) この魂の一般的定義とそれにまつわる諸問題については、「解説」二四五―二五四頁を参照。

理）であり、それらによって、つまり栄養摂取する能力、感覚する能力、思考する能力、動（運動変化）によって、規定される」のである。この規定は、魂がこれらすべての能力であるというのではなく、そのうちのどれかの活動の原理であることを意味する。さらに第三章では、それぞれの能力は栄養摂取を最も基層の能力とする階層的関係にあることも確認される(1)。アリストテレスにとって、以上の諸能力のそれぞれについて成立する説明規定こそが「魂についての最も本来的な説明規定」であった。したがって引き続く章では、各能力についての考察と説明が展開されることになる。

以下、第二巻第四章では栄養摂取能力が生命活動の最も基礎的な能力であるとともに、〈種〉を保存維持するための生殖の能力でもあることが論じられる。つづいて、感覚の分析が開始され、第二巻の残る章すべてがそれに費やされる。第五章では、感覚の成立における「作用する」「作用を受ける」「性質変化」などの意味が特定され、第六章では自体的な感覚と付帯的な感覚、固有な対象の感覚と共通する対象の感覚などの概念的区別がおこなわれる。以上の一般的考察に基づいて、つづく第七章からは、視覚、聴覚、嗅覚、味覚、触覚がそれぞれ分析されたのち、第十二章では再び感覚一般が論じられ、感覚とは「素材を伴わない感覚形相の受容」（四二四a一八―一九）であると規定される。

第三巻の第一―二章も、いぜんとして感覚が主題ではあるが、論究されるのはむしろ共通の感覚や感覚していることの感覚（知覚）など、五感の一つに限定されない感覚の局面である。つづいて、思考や理解のはたらきを司る思惟（知性）へと議論は進むが、その主題の移行過程である第三章において、表象のはたらき（パンタシアー）が論じられる。表象のはたらきは、感覚や判断などの認知能力に密接にかかわりながらもそれらのいずれとも同一視できないことが確認されたのち、「現実活動態にある感覚によって生起した動」（四二九a一—二）と規定される。(2)

第三巻第四章から第八章においては、思惟（知性）の機能についての分析が展開される。なかでも第四章から第五章にかけての思惟（知性）の分析は、作用する思惟（知性）、つまりいわゆる「能動理性」の位置づけを中心として、難解な議論として名を馳せている。(3)

第九章からは、話題は運動にかかわるものへと移行し、それにともなって、運動の原因としての欲求能力が議論の中心に登場する。アリストテレスの分析は、一方で欲求能力の独自性を確認しつつ、他方で感覚や実践的な思考との密接な関係、そして表象のはたらきの重要な関与を認めるものとなっている。

第十二—十三章の議論が『魂について』全体のなかで占める位置はいささか曖昧であるが、アリストテレスはこれらの章で魂の各能力がそなわる上での目的論的性格を強調するとともに、その物体的・身体的な基礎にも注意を促している。

（1）詳しくは「解説」二五四—二五五頁を参照。

（2）表象のはたらきの位置づけと意義については曖昧な点が多いが、他の諸能力と並ぶような能力の一つに数えることには解釈上多くの疑問がある。魂の諸能力の一つではないことを強く主張するのは Wedin 1988 である。

（3）「アリストテレスが書き記したなかで、たぶん最もひとを困惑させる」(Barnes 1982, p.68) とか「アリストテレスの教説のなかで、おそらくは最も不明瞭で、確実に最も議論された」(Ross 1961, p.153) と形容される。なかには（カントの「超越論的演繹」の議論と並んで）「哲学の歴史において最も難解な本の最も難解な章の最も難解な箇所」(Lesher 1998, p.112) という脅しに近い形容まである。

『魂について』はどのように読まれてきたか

以上のような内容をもつこの著作は、ほとんどいつも西欧の思想史の舞台上でスポットライトを浴びつづけてきた。

一　『魂について』の浸透

アリストテレスの弟子であり学園リュケイオンにおいて同僚でもあったテオプラストスが、すでにこのアリストテレスの書を重要視していたことは確実である。残念ながらこの書についてのテオプラストスの議論は、その一部が断片的に残存している(1)だけであるが、彼は本書への注解であると思われる同名の書『魂について』を著わしたと伝えられている。(2)またある程度まとまって伝承されているテオプラストスの著作『感覚について（*De sensu*）』においても、本書の思想的影響は顕著である。テオプラストスはこの『感覚について』のなかで、感覚知覚をめぐる多くの先行見解を詳しく紹介、検討しているが、その議論は本書『魂について』（とりわけその第一巻）の理論的・概念的枠組みに準拠したものである。そしてこのテオプラストスの『感覚について』とその記述の祖型であるアリストテレスの『魂について』という二つの書が、いわゆる「ソクラテス以前の哲学者」たちの魂をめぐる発言や思考を伝える最重要資料となる。こうしてそれ以後の学説誌的資料に対しても、本書は記述のマトリクスを提供しているのだ。だから、彼より以前の思想家に対しても、アリストテレスは本書を通じてその思想的刻印をくっきりと記していることになる。われわれは、本書が提示する理論的枠組みという規制のもとではじめて、初期ギリシア哲学者たちの思考に出会うのである。

アリストテレスの死後に展開されるヘレニズム期のいくつかの学派については、『魂について』の直接的な影響はそれほどはっきりと見てとれるわけではない。しかし紀元前一世紀にロドスのアンドロニコスの手によってアリストテレスの著作が編纂され、現代にまで伝承されているのと近い形態にまとめられたことを一つの契機として、古代後期においては、アリストテレスの著作群がしだいに広く読まれるようになり、アリストテレスの哲学は徐々に、しかし確実に、浸透していく。なかでもこの『魂について』はアリストテレスに関心をもつ人々がとくに重要視した著作である。(3) たとえば紀元前二―三世紀に活躍したアリストテレスの研究家アプロディシアスのアレクサンドロス――定冠詞付きで「注釈家」と呼ばれるほど代表的なアリス

(1) テオプラストスの魂論関係の「断片」は Fortenbaugh and Gutas 1992 に集成されている（Huby and Gutas 1999 はその注解）。

(2) Fortenbaugh and Gutas 1992, text 268 および Huby and Gutas 1999, pp.8-17 を参照。

(3) ちなみにアンドロニコスは、アリストテレスの著作として伝承されたテキストの真贋に批判的意識をもっており、『命題論』の冒頭箇所に本書『魂について』への言及があるにもかかわらず本書に関連箇所が見あたらないという理由から『命題論』の方を偽作と判定したと伝えられる（アンモニオス『アリストテレス「命題論」注解』(Bussse 1897) 5.28-6.4、ピロポノス『アリストテレス「魂について」注解』(Hayduck 1897) 27.21-27; 45.8-12、『古注集成』(Brandis 1836) 94a21-32)。このことはアリストテレスに帰される著作群のなかでも『魂について』の内容への厚い信頼を物語ると言えるだろう。

トテレスの研究者――は、『魂について』への注釈を試みた（ただし現存しない）だけでなく、自ら著わした本書と同名の『魂について（*De anima*）』や『諸問題集（*Quaestiones*）』などにおいて、本書の解釈に密接に関係する議論を展開しており[1]、その重視ぶりがうかがえる。また四世紀にはテミスティオスが『魂について』のパラフレーズという方法で自らの解釈を記し、その後の解釈に一定の影響を与えている。

二　新プラトン主義的な読解

さらに、古代後期に一大思想勢力となった新プラトン主義者の多くにとっても、本書『魂について』は重要なテキストとなった。なかでも後期新プラトン主義の代表的思想家でもあるピロポノス[2]とシンプリキオス[3]は、ともにこの書への詳細な注解を残している。しかしこのような新プラトン主義者による尊重と読解は、『魂について』の受容の歴史に――私見では「暗い」と形容せざるをえない――影を落とすことになる。

新プラトン主義者にとっても、魂や思惟（知性）について考察する上で、アリストテレスの魂論を構成する諸概念や理論は不可欠であった。ただし彼らには、それ以上に重要な思考の基盤が存在した。プラトンの――と彼らは考える――身体と魂との二元論である。新プラトン主義者たちにとって、魂と身体との分離こそが根本的教説である。したがって、魂は物体・身体的な影響（パトス）を被ることのない非受動的存在でなければならない。とくに魂の上位機能や思惟は、身体から魂へと達するようないかなる影響からも自由でなければならない。そのことは、魂や思惟が単に身体的影響にさらされないというだけではなく、身体を介在して交渉すべきいわゆる外的世界からも分離されていることを意味した。魂と思惟（知性）は、身体および外的世界とから、いわば二重に分離あるいは退却していることになる（彼らは彼らなりにその間を架橋することを試みているが、それは断絶を認めた上での次の――いささか手遅れの――作業である）。

しかし新プラトン主義者たちは、プラトンとアリストテレスとが調和するという自らの信条に忠実であった。そもそもアリストテレスの諸概念は、プラトン哲学を理解するために必要とされたのである。[4] だから彼

（1）アプロディシアスのアレクサンドロスの魂論についての概観は Sharples 1987 を参照。またとくに、思惟（知性）に関連するアレクサンドロスの発言は Moraux 1942 において集約され考察されている。

（2）ピロポノスのものとして現在に伝えられているギリシア語の『アリストテレス「魂について」注解』（Hayduck 1897）のうち、第三巻は別人の手によると推定されている。他方、ピロポノスの注解のラテン語訳（Verbeke 1966）は第三巻第三章から第八章および第九章の最初の部分までしかないが、これはピロポノス自身のものの訳であると認められている。

（3）現在われわれにシンプリキオスの手によるものとして伝えられている注解（Hayduck 1882）についても、実はシンプリキオスのものではないのではないか、という疑いを招いている。これはイタリアの人文学者フランチェスコ・ピッコロミニが十七世紀の初頭にすでに提起したものであるが、現在ではいくつかの理由から再度注目されることになった。懐疑的立場の論拠については Huby et al. 1997 に付された Steel の 'Introduction'（Bossier とともに一九七二年に記したオランダ語の論文の改訂版）および Urmson and Lautner 1995, pp.2-4 を参照。もちろん反論もある（e.g. Hadot 1987; 1996）。ただしいずれにせよ、この注解が新プラトン主義の強い支配下にあることは確実である。この注釈をシンプリキオスに帰すことへの現代の懐疑論も、本書への注解の方が文体的にも教義的にもシンプリキオスによる他の注解より新プラトン主義的色彩が強いということをその論拠の一つとしている。

（4）新プラトン主義の学習教程では、アリストテレス的な諸概念の修得は、プラトン哲学を学ぶために必要とされる準備的ステップだった。

らは、アリストテレス的諸概念によってその二元論的教説を説明し、また二元論的な視点からアリストテレスの魂論を解釈しようとする。当然のことながら、そのような「魂の哲学」は、原理的にも、また『魂について』の解釈としても、多くの問題を抱え込まざるをえない。[1] アリストテレスの魂論は、基本的に、魂と身体との関係を一元的に理解するからである。実際彼らは、『魂について』のなかで額面通りには受け取れないような記述に出会うことになり、さまざまな解釈上の工夫を余儀なくされる。たとえば「感覚とは何らかの作用を受けることである」という記述（第二巻第五章四一六b三三、第十一章四二四a一他）はその一例である。魂が作用を受けることを含意するこのアリストテレスの知見に対して施された新プラトン主義者たちの注解は、相当に牽強付会なものとなっている。しかし問題は、受け入れがたい一解釈が提示されたということにとどまらない。彼らはこうした解釈の作業を通じて、同時にアリストテレスの魂論を構成する基礎的諸概念を、「プラトン的な」思考基盤に適合するよう誘導あるいは改鋳してもいるのだ。アリストテレス自身、感覚におけるこの「作用の受動」「変化」が、ある物体が他の物体からの作用を受けることによって起こる通常の変化（たとえば鉄が熱せられて熱くなる場合の変化）とは異なる性格のものであると考えていたことは間違いない。[2] しかし新プラトン主義者たちは、その相違を、感覚における作用の受動あるいは変化とされるものは物体的・身体的変化を含まない別種の変化であるという方向で解釈し、それを「認知的な仕方で（γνωστικῶς）作用を受けることである」または「認知的な仕方で形相を受け入れることである」と概念的に区別して固定する。[3] 感覚において身体的変化が生起することを否定するような理論的ベクトルを伴ったこのような読み方は、そののち一つの有力な解釈の伝統となる。やがてそれは、十九世紀後半にブレンターノによる哲学的変奏を経て、二十世紀の末期には再び強力な擁護者を見出すことになるだろう。

こうして新プラトン主義的解釈の伝統は、それ以後の解釈史に大きな影響を及ぼすことになった。西欧中世の思想界が新プラトン主義者たちの注解に直接に触れるのは主として十三世紀以後ではあるが、中世の教父たちの哲学には新プラトン主義的思潮がさまざまな形で浸透していたので、この種の解釈が受容される土壌はある程度用意されていたと言えるだろう。さらに、アリストテレスの主要著作の多くについてラテン語への翻訳あるいは既訳の改訂を試みたメルベケのギョームが、新プラトン主義者たちの注解をも多く翻訳したこと——そのなかには『魂について』に対するピロポノスの注解の部分訳が含まれ、同じく彼によって訳されたテミスティオスの注解とともに中世思想家の解釈に影響を与えることになる——もその思想の普及に力を貸すことになる。

三　イスラム圏での受容

また、これは本来はもっと詳しく扱わなければならない話題であるが、『魂について』はアラビアの哲学

（1）新プラトン主義哲学の内包するこの問題についての全般的な扱いは Blumenthal 1996 に見られる。より詳しい考察は、同じ著者の個別的な論考（多くは Blumenthal 1993 に収録）を参照。

（2）本書第二巻第五章を参照。

（3）ピロポノス『アリストテレス「魂について」注解』303.5-6, 309.19, 25, 432.38, 437.11, 438.13、シンプリキオス『アリストテレス「魂について」注解』167.5, 170.34, 282.38。

圏にあってもその思想的展開の中核的位置を占めた。ファーラービー、イブン＝シーナー（アヴィケンナ）、イブン＝ルシュッド（アヴェロエス）などイスラムの代表的哲学者が、新プラトン主義的解釈などをはじめとしたそれまでのアリストテレス解釈の影響を受けながらも、自らの哲学を反映する形で独自の解釈を展開する。[1] 彼らにとってとりわけ重要な論題は、第三巻第四章および第五章で論じられる思惟（知性）の理解である。[2]

やがて彼らの著作は十二世紀以後にヨーロッパ世界に還流し、それ以後のヨーロッパの思想に大きなインパクトを与えることになる。なかでもアヴェロエスに帰されることになった「可能知性の単一性」という解釈は、中世スコラ哲学にとって深刻な問題を提起することになった。

四　中世後期

中世後期の思想家たちは、『魂について』をめぐるこうしたいくつかの思想的な潮流を背景としながら、この書にかかわった。アリストテレス哲学の受容が一つのピークを迎えたこのスコラ哲学の時代においては、各哲学者の認識論および魂論それ自体も、『魂について』の論点に対する応接の仕方と連動しているので、本書の解釈の系譜を跡づけることは、そのままこの時代の哲学のかなりの部分を辿ることになるだろう。さいわいこの時期の諸解釈については、トマスを中心として日本語でも読める研究がいくつもあるから、そちらに譲ろう。[3] この当時の受容と論争の中心にあったのは、やはり第三巻第四－五章の思惟（知性）論、なかでも第五章のいわゆる「能動理性」（この訳書では「作用する思惟」）の扱いである。卒直に言えば、アリストテレスのその章の記述はいささか舌足らずである。にもかかわらず——あるいはそのゆえに——展開された論者たちの熱のこもった議論は、アリストテレスの解釈という点では、あまりに多くを読み込んだものとなっていると言わざるをえない。

十六世紀以後にはアリストテレスに否定的な思想が拡大したとしばしば考えられがちではあるが、アリストテレスの影響が、以後衰退に向かったとは単純には言えない。(4) 十七世紀中葉まではヨーロッパのほとんどの大学の哲学課程において、『魂について』をはじめとしたアリストテレスの著作は哲学の学習の上で重要な課題でありつづけた。またアヴェロエスに帰された知性の単一性の主張は、アルベルトゥス・マグヌスやトマス・アクィナスらによって厳しく批判されたが、十五世紀後半において北イタリアでは一定の受容を見る。さらに注釈家アレクサンドロス自身の『魂について』のラテン語訳が刊行されたことを一つの契機として、十五世紀から十六世紀にかけては、魂が可死的であるというアレクサンドロスの見解がある範囲で支持を得るに至る。このような思惟(知性)の単一性や魂の可死性という主張も、トマスらの見解に反するもの

(1) アヴェロエスは、新プラトン主義とアリストテレス主義の折衷的思想をアリストテレスの『魂について』に読み込んだのでなく、彼自身がより正確にアリストテレスを理解しようとした注解者であったと Hyman 1981, 1999 は論じる。また、たとえばアヴィケンナには、魂の活動を非物質主義的に説明する解釈の傾向に対して、身体=物体的な説明もおこなうなど、独自の解釈が見られる(Riet 1968, vol.I, pt.2, chap.2, pp.120-122; chap.4, pp.148-154; pt.3. chap.7, pp.254-255)。

(2) 思惟(知性)についての彼らの解釈の全般的展望は Davidson 1992 などに与えられている。

(3) たとえば、マレンボン 1989。

(4) Schmitt 1984 の諸論考を参照。

ではあるが、やはりアリストテレスの魂論の一つの解釈と言うことができるだろう。

しかしこの非トマス的アリストテレス主義は、各人の魂が死後も存在することの否定を含意するものである。それゆえ、キリスト教にとっては異端的見解と目されざるをえない。これに対して教会側が採った施策が、レオ十世のもとで開催されたラテラノの公会議（一五一三年）における「哲学者は魂の不死性を自然理性に基づいて証明せよ」という要請であった。近代哲学の原点であるデカルトの『省察』でさえも、一面では、以上のような『魂について』にかかわる論争的状況の延長線上に書かれたと言ってよい。『省察』がラテラノ公会議の要請に応えるものでもあることを、デカルト自身その序文（ソルボンヌに宛てた書簡）において表明している。[1] そもそも『省察』初版の表題は「神の存在と魂の不死とを証明する第一哲学についての省察」であった。

五　転換――デカルトによる否定

しかしながら、『魂について』をめぐる思考の歴史のなかで最も重大な転換――それは「心」についての思考の系譜全体を見渡してもそう言えるかもしれない――は、まさにこのデカルトの『省察』において遂行された。それは、一言でいえば、アリストテレス的な魂の理解に対する拒否である。そしてその否定は、同時に、デカルトによる「思惟する実体」としての精神の概念を確立することであり、近代哲学の原点を措定することでもあった。

デカルトは『省察』の「第二省察」において、あらゆる懐疑をはねのける「アルキメデスの不動の一点」

として「私は思惟する（cogito）」という事態を発見する。デカルトはさらにその「私」とは何かを、自分自身が過去において抱いた想念に懐疑を向けて検討していく。すると、従来は魂に属するとされた機能のうち、「栄養摂取」や「運動（歩行）」、また「感覚」などは身体を伴い「私」から引き離すことができる。しかし残る「思惟」は、「私」とは不可分であり疑いえない。「私」とは「思惟するもの（res cogitans）」であり、この思惟するものこそが精神（mens）なのである。そして以上の考察から、思惟するものとしての精神と延長するものとしての物体という実在的な区別が導かれる。[2] この二つの実体から構成される世界には、「栄養摂取し、運動し、感覚し、思惟する」機能がすべて帰属するような「魂」に、もはや居場所は残されていなかった。――このようにしてデカルトが批判し葬り去ろうとした「魂」の概念は、中世哲学を経由して、明らかにアリストテレスに由来するものである。近代の「心」「精神」の概念は、アリストテレス以来の魂の概念から解放されて、ここに確立されたのである。

あとでも言及するように、デカルトの心身二元論は現代ではすこぶる評判が悪い。だが、デカルトの二元論への賛否にかかわらず、われわれは栄養摂取や運動と思考活動との間には根本的な相違があると考えているし、またそれぞれの座を身体と精神に割り当ててもいる。心的なものと物的なものとの対比あるいは関係

(1) Adam-Tannery（以下 A.-T.）1897-1913, VII. pp.2-3. そのほかメルセンヌ宛の書簡（A.-T. I. p.177）、レギウス宛の書簡（A.-T. III. p.508）などを参照。

(2) このとき感覚はある仕方で思惟のはたらきのうちに再回収される。

づけも、心をめぐる研究や言説の基層的構図でありつづけている。その意味では、われわれはいぜんとしてデカルトの後継者なのだ。この思考の圏内では、アリストテレス的な魂の概念は本来別々に収めるべきものを無理やり一つの器に押し込んだものとしか見えないだろう。事実デカルトは、このような魂の概念を拒否すべき理由を、それが多義的(aequivocum)であるというかたちでも表明している。(1)

六　デカルト以後――ブレンターノその他

もちろんデカルトのこの決定的な変革にもかかわらず、その後でもこの著作が多くの思想家にとって重要な源泉であり続けることをやめたわけではない。たとえばヘーゲルは青年時代に『魂について』の第三巻第四章、第五章の翻訳を自ら試みており、(2)ヘーゲル研究者のなかには本書の読解がヘーゲルの哲学の構想全体に影響を与えたと考える人々もいる。

だが、デカルト以後に『魂について』の辿った歴史のなかで、フランツ・ブレンターノの名を逸することはできない。哲学の歴史において、ブレンターノの名は「志向性」というタームとともに刻まれている。「心的現象」と「物的現象」とを区別する最大の指標として「志向性(intentionality, Intentionalität)」の概念――厳密にはその原型である「志向的内在」という概念――を提示したのが彼だからである。(3)やがてこの概念は、現代の「心の哲学」におけるキー概念の一つへと成長する。

志向性とは、われわれの心の状態、たとえば思う、欲求するなどの状態が、つねに何らかの対象や事象へと関係している、あるいは何かに向けられているという特徴を指す。たとえば、私がこの本は安いと思うとき、その思い（信念）はこの本は安いという事柄にかかわっている。私がこの本を買いたいと欲するとき、私の欲求はこの本に向けられている。単に信じているだけで何かを信じているのではないとか、欲求してはいるが何かを欲求しているわけではない、というのはナンセンスとなる。このような、つねに「何かについて」あるいは「何かに向けられる」という構造をとることは、考える、知る、期待する、などの心的事象に一般的に見られるだろう。ブレンターノはこのような志向性という特徴こそが心的現象と物的現象とを分かつ最重要の指標であると考えた。そして現代の哲学においても、志向性が心的状態の（唯一のではないとしても）中心的指標だという理解は、それを疑う議論も含めて、重要な論題となっている。[4]

ブレンターノ自身は、しかし、この概念を自分自身が新たに創造したものであるとは考えていなかった。彼は志向性（志向的内在）の概念が過去の哲学者たちによって先取り的に表明されていると理解していたが、

(1) A.-T. VII. pp.161, 355-356 を参照。デカルトによる魂概念の否定の経緯については、中畑 1993 にもう少し詳しい説明が与えられている。

(2) Kern 1961.

(3) ブレンターノ自身は「志向性（Intentionalität）」という概念を使用したわけではないが、彼がスコラ哲学から「復活」させた「志向的内在（intentionale Inexistenz）」などの概念が現代の志向性概念の原型となった。

(4) ただしブレンターノの「現象（Phänomen）」の概念は彼独特の含意を伴っているので、彼による「心的現象」と「物的現象」との区別は、一般的な意味での「心」と「物」との対比とは重ならないが、現在ではその相違は多くの場合に無視されている。

その先行者たちのなかでも最も重要な哲学者はアリストテレスだった(1)。事実、ブレンターノはこの志向性の概念を提示する数年前に、本書『魂について』についての詳細な研究を刊行しており、そのなかで彼の「志向的内在」の概念にほぼそのまま継承される考え方をアリストテレスに帰している(2)。ブレンターノのアリストテレス解釈は重大な問題を含んでおりそのままでは受け入れられないと考えられるが(3)、ともかくブレンターノを通じて、アリストテレスは現代の哲学とある重要な思考のラインを結ぶことになる。

このラインの延長上にはいくつかの思想的潮流を位置づけることができる。まず、フッサールをはじめとした現象学およびハイデガーの哲学を挙げなければならない。ブレンターノに学んだフッサールにとって、もちろん志向性はきわめて重要な概念であった。さらにそのフッサールの弟子であるハイデガーは、ブレンターノやフッサールの影響を受けながらも、むしろ自分自身でアリストテレスの著作——そのなかで『魂について』は非常に重要な位置を占めていた——と個性的な対話をしながらその哲学を構築していったと言える(4)。

また、それとは異なる延長線上には英語圏の「心の哲学」がある。ここでも志向性の概念は、明晰な定式化を経て(5)、重要な地位を獲得しているからである。

七　『魂について』の再評価

だが英米の哲学動向に目を向けるなら、別の意味でアリストテレスに対する評価が高いことが見てとれる。英語圏では二十世紀後半に「心の哲学（philosophy of mind）」と呼ばれる研究分野が隆盛を見るが、この分野において過去の哲学者からヒーローを一人選ぶとすれば、アリストテレスは有力候補ではないかと思われる。おそらく、このような高い評価は、デカルトに負うところが大きい。というのも、現代の心の哲学は、全体として、デカルト主義への否定を基調とするからである（同じ領域でアンチ・ヒーローを選べばデカルトのトップ当選は確実である）。すでに見たように、この敵役となっている当のデカルトの「心の哲学」、とくに彼の「精神」の概念の確立は、アリストテレスの魂概念を否定することを理論的跳躍台としていた。だから、二重否定が肯定に転ずるように、アリストテレスの魂論は現代の心の哲学の基調と一致し、それを先取りしたものと評価されることになるのである。

（1）Brentano 1874, S.112 n.; 1930, S.88.

（2）ブレンターノの「志向的内在」の概念は、アリストテレスの「素材（質料）を伴わない形相の受容」という考え方についてのブレンターノの解釈のうちにほぼ読みとることができる。Brentano 1867, SS.80-81 参照。なお『魂について』のブレンターノのこの研究は、あまり知られていないことだがJ・S・ミルが激賞したように（Mill 1875/1978, p.504）、当時の研究水準を大きく抜くものであり、アリストテレスの解釈としても一つの哲学書としても、いまでも参照されるに値する。

（3）問題点の一部は、この「解説」二五八頁および二五九頁註（2）において言及される。

（4）ハイデガーとアリストテレスとの関係については、近年数多くの、また精粗さまざまの研究や解説が刊行されている。なかでは細川 2000 が、『魂について』との関係を重視しつつ詳細に分析している。

（5）英語圏の哲学において志向性の概念に重要な位置づけを与えるにあたってはチザムの貢献（esp. Chisholm 1957 ch.12 'intentional Inexistenz'）が大きかった。彼のおかげで、志向性の概念はある明示的な定式化が与えられるとともに、その哲学的な重要性が明確になったからである。

実際、悪名高きデカルトの心身二元論に対比したとき、思惟（知性）について身体から離在することをほのめかすようなアリストテレスの発言は解釈者たちに不安を抱かせるものの、「魂と身体とが一つであるかどうかを探究する必要はない」という断言（第二巻第一章四一二b六）は心強く響く。加えてアリストテレスの魂論は、単に二元論の否定というだけでなく、逆に心の存在そのものを認めないような極端な考え方[1]にも抗するものであると（その点にかぎればおそらくは正当に）解釈されている。つまり、アリストテレスはいくつかの論点[2]に基づいて、心的なものの独自性をも何らかの仕方で確保していると考えられてもいる。事実アリストテレスは、この領域での主導的見解の一つである機能主義（functionalism）の提唱者によってその理論的始祖と目されたりした[3]。また最近では、この機能主義を含めた現代の心の哲学全体を再考するために、アリストテレスの復活が求められたりもする[4]。ともあれ、デカルト主義の拒否のあとにくる現代の心の哲学がアリストテレスの魂論と理論的に連絡しているという理解は、以上の歴史的経緯によって、ある程度まで正当化されるであろう。

以下で見るように、アリストテレスの魂論をそのまま現代の「心の哲学」の特定の立場として考えることは、時代錯誤的危険を冒すということ以上の問題性を孕んでいる。しかしともかくも、アリストテレスの魂の哲学は、現代においても、心に関する思考の重要な源泉であることをやめてはいないのである。

『魂について』の成立および統一性

さて、以上のような歴史的冒険をおこなうことになったアリストテレス[5]の『魂について』は、もともとはどのように成立したのだろうか。

西洋古代の哲学者たちの著作が、その執筆年代や成立過程などに着目して研究されるようになったのは、主として十九世紀後半からである。アリストテレスについては、とりわけ二十世紀の前半に、全体的・統一的な思想体系の構築者という従来の描像に対して批判が試みられ、その思想を時間的発展の相のもとで見よ

（1）心的なタームはすべて心的でないタームに置換可能であり心的な法則に見えるものもすべて生理的あるいは物理的法則によって説明できるというような還元主義 (reductionism)、あるいは心的な諸概念は、燃素（フロジストン）などがそうであったように、他の概念に還元されるというよりむしろ科学的には不適切な概念として抹消されるべきであるとする消去主義 (eliminativism) などがそうである。

（2）たとえば、心的状態を実現する身体状態を特定する上での目的論的制約など。

（3）Putnam 1973, p.302 n.; 1975, pp.xiii-ix; Wilkes 1978, chap.7 esp. pp.115-116.「機能主義」については「解説」二四九頁で直観的説明が与えられる。

（4）Putnam 1995 はその第一部を 'Return of Aristotle' と題して、アリストテレスの魂論の現代的意義について、興味深い考察を展開している。

（5）念のため確認しておくと、『魂について』がアリストテレスの書であるということは、アリストテレスの著作群全体の信憑性を否定するような根拠のない見解 (e.g. Zürcher 1952) を除けば、疑う余地がない。

うとする解釈が大きく展開された[1]。その結果アリストテレスの思想は、たとえば「プラトンからの離脱」という物差しをあてられ、それによって計測された思想的離反の距離に応じて、それぞれの著作やその部分までもが時間軸の特定の位置に割り振られた。そしてこのような研究傾向は、アリストテレスの魂をめぐる考察についても、その思想の時間的進展を描き出そうとした。一例を挙げれば、ある論者は次のように論じている[2]。アリストテレスは、まず最初期の著作である対話篇『エウデモス』などにおいて人間の身体のなかに魂がその本性に反して閉じこめられているという「プラトン的な」二元論を展開した。つづいて第二期には、動物学関係の著作群において、魂は身体と別個のものであり心臓における生命熱と結びつけられて考えられたが、初期の二元論とは異なり身体を道具として使用するという関係も設定された。そして第三期には、この『魂について』において、魂と身体は形相と素材（質料）という関係にあり、魂は身体の現実態であるという一元論的見解に到達した——。さらにこうした発展史的解釈は、『魂について』の内部にも適用されて、その成立過程についていくつかの推測もおこなわれた。たとえば、ある研究者たちは、この著作の第二巻第一章で表明される魂の一般的定義は、それまでに成立していた生物学的考察と対比されるような哲学的知見に基づいて新たに追加された第二稿に当たるという[3]。

しかし現在では発展史的解釈は一時の勢いを失っている。とりわけいま紹介した魂論の三段階論的発展図式はほとんど受け入れられていない[4]。「プラトンからの離脱」という物差しも自明ではなく、さらに発展を描き出す諸概念もあまり説得的ではないからである。たとえば、身体を使用するという「道具」的関係と「素材（質料）—形相」関係は概念的に両立可能である。また魂の生物学的・生理学的探究は、『魂について』

の原理的探究を前提とした上での個別的、実証的研究であり本書に先行するものではないと想定することも可能であろう。同じく、『魂について』の内部の成立過程についての先のような推測も、現在ではあまり省みられることはない。

もしこの著作の執筆時期について何事かを語らなければならないとすれば、以上の発展史的解釈とは独立に、用いられている概念、他の著作との参照関係、そしてその思想的内容から総合的に判断して、この著作がアリストテレスの比較的成熟した時期（学園リュケイオンでの研究生活の時代）の思考を表明していると推定できるだろう。しかし、かりにこの著作がある特定の時期にまとめて書かれたものであったとしても、それ以上に詳しく執筆の年代を確定することは困難である。

そしてその執筆時期がいつであれ、『魂について』が全体として内的な統一性をもっていることは明らかである。探究は冒頭に表明されるプログラムに従って遂行されており、追補的記述と受けとられることもあった第二巻第一章の魂の定義も、そのプログラムに基づく探究の道程の内に整合的な位置を確保している。このことは、この著作を異なった時期の異質な思想を張り合わせたものと見ることを拒むであろう。たしか

（1）先駆的試みがあるとはいえ、やはりイェーガーの研究（Jaeger 1923）の影響が圧倒的である。

（2）Nuyens 1948. 以下に述べる三段階説は、細部ではいくつかの異見を伴いながらもおおむね Ross 1961 によって受容されている（その結果、邦訳では村治 1966 と山本 1968 もそれに基本的に従っている）。アリストテレスの魂論についての別の発展史的試みとしては Block 1961 などがある。

（3）Düring 1966; Gohlke 1947; Theiler 1959 などの説。

（4）これに対する批判は多数あるが、大々的なものは Lefèvre 1972 などがある。

に第三巻は、テキストも記述内容も浮動的要素を多分に含んでおり、その成立過程についてさまざまな推測がおこなわれている(1)。しかしそれらの議論も、少なくとも『魂について』の思想的統一性を大きく損なうものではない。この書が全体として一つの基本的な視点から展開されていることは疑いえないだろう。

『魂について』の諸問題

以下では、「われわれはこの著作をどのように読みうるか」ということの手がかりとなるよう、この書でのアリストテレスの探究が提起すると思われる諸問題を、議論の進行におおよそ従って、現在の諸解釈や論争を念頭におきながら紹介する。

一 学としての位置づけ

アリストテレスは「万学の祖」と呼ばれる。この称号は単にアリストテレスの博識ぶりを物語るだけでない。自然学、倫理学などの各学問分野をそれとして特定し創出したこと、つまりそれぞれの知が自律的な原理に基づくものであるという見解をはじめて明確に提示した点でも彼にふさわしい。アリストテレスはそれぞれの学問の独自性と相互関係について自覚的であったのだ。とくに自然学と形而上学、そして実践的学問(倫理・政治学および制作知)という三つのタイプの知の間に境界を設けることは(2)、彼の公式的な見解のように見える。かりにこれを絶対的なものと受け取らないとしても、アリストテレスにとってこの三つのタイプの知の区別が重要なものであることは疑いえない。では、魂の探究は、彼の知の体系のなかでどのような位置を占めるのであろうか。

魂をめぐる探究がさまざまな知のなかでも重要な位置づけをもつことは、本書の劈頭の言葉が明言している。さらにこの探究が、自然学、なかでも生物についての知に深く関係し貢献するものであることも、彼が続いて証言するところである。しかしそのことは、この探究のすべてがいわゆる自然学の一部であるということを必ずしも意味するものではないだろう。自然学との関係については、魂と身体との関係――たとえば思惟（知性）が身体から離在するとすればそれは自然学の領域を逸脱することになる――の理解とも連動して、大いに議論の余地がある。

魂の探究が微妙な位置にあることは、しかし、ある意味では当然とも言える。魂とは、一方で、植物や動物などの生命活動の原理である以上、もちろん生物学的探究の中心概念である。だが、他方では、各人の行

（1）Torstrik 1862 は第三巻が異なる時期に書かれた二つのバージョンの結合であるとか、同巻第七章は連続性のない断片的思考がアリストテレスの死後に初期の編集者の手で集成されたものであると想定しており、とりわけ後者の想定は Ross 1961、Hamlyn 1968、桑子 1999 などにも受け継がれている。私はそのような想定に懐疑的である。一六一頁註（1）を参照。また、執筆時期の問題とは別に Hutchinson 1987 は、第三巻第十二章と第十三章が本来第二巻第四章と第五章の間に位置していたことを主張する。この見解は一部の研究者からは好意的に迎え入れられている。

（2）『形而上学』E巻第一章一〇二五b一八―二一、『ニコマコス倫理学』第六巻第二章。

為と生き方を決定的に左右する存在でもあるから、倫理学的考察の焦点ともなる。さらに形而上学の中心的探究課題である「実体」の最も典型的な事例でもある。だから魂の探究は、それぞれの学問において枢要的位置を占めるとともに、彼自身が設けた諸学の区別をいわば横断するような局面をもつと言ってよいであろう。それだけに、魂の探究がアリストテレス自身の知の区分および体系とどのような関係にあるのかは、いっそう興味深い問題である。

二 方法論

第一巻第一章では、この知の位置づけと並んで、探究の方法論についても考察がおこなわれている。その背景に『分析論後書』での学問の方法論についての見解があることは、解釈者が一致して認めるところだろう。また、方法論をめぐるこの考察が見かけだけのものではないことも、第二巻第二章での魂の定義についての議論が同じく『分析論後書』での定義論を踏まえたものであり、同時に探究全体の方向をも規制していることなどから知られるであろう。この方法論的意識の意味するところは、しかし、(おそらく従来考えられてきたよりも)大きいのではないか。

たとえば、『分析論後書』で論じられた方法論にとって、探究される事象の「何であるか」あるいは「本質」とそれに「自体的に付帯する属性」——事物に本来的・必然的に伴う属性でしばしば「パトス」と呼ばれる(1)——との区別および関係は、最も基本的なものである。アリストテレスによれば、「論証」(典型的には三段論法)という説明方法が明らかにするのはある事物・事象の自体的属性であり、それが論証の結論として前提から導かれるかたちで説明される。これに対して、ある事物・事象の「何であるか」についてはそれを導出するような推論も論証も成立しない。すなわちそれの「何であるか」を結論として示す論証を構成することはできない。けれども、問題となるある事物・事象そのものとは異なるものがそのものの原因であるものの場合には、その「何であるか」は推論・論証を通じて明らかにされる、という。(2)

この「何であるか」と「自体的属性」との概念の区別は、『魂について』では、魂の「何であるか」と魂の「様態(感受する状態)」――この著作における「パトス」の訳語――のそれと重なるものである。この点は議論の進行につれてしばしば忘れ去られがちで、たとえば第一巻第一章の後半部での魂のパトスの概念はいわゆる「感情」の意味に限定されていると受け取る解釈者も少なくない。けれどもアリストテレスの方法論的な問題意識の高さを考えれば、その箇所も含めて本書での魂のパトスという概念には、『分析論後書』の方法論的な考察からの理論的負荷が課せられていると理解しなければならない。その箇所で論じられているパトスについての探究課題は、「感情」をめぐる問題ではなく、魂の「自体的な属性」としての状態すべてにかかわるのである。

さらに言えば、魂の「何であるか」と魂の「諸様態(パトス)」の区別・関係は、魂の本来的定義の対象となる魂の諸能力とその諸能力の発現である現実態との区別・関係と(全面的に同一ではなくとも)理論的に密接に関係している。そのことは、たとえば「感覚する」という活動が、認知対象の作用を受けることによって

(1) 五頁註(3)参照。

(2) 以上の方法論については、補註Aを参照。

成立する状態（パトス）であるとともに、魂に属する感覚能力の発現としての現実態でもあることからも推察できるだろう。[1] ここでこの点を詳しく論証することはできないが、『分析論後書』での方法論的考察が『魂について』の探究を深く拘束していることは、次に見る本書での魂の定義のあり方からも明らかであろう。

第一巻第一章では、もう一つ、探究の方法論をめぐってアリストテレスが一般的な注意を促していることがある。それは魂のはたらきのそれぞれについて成立する、能力――その現実態――それがかかわる対象、という三つのアイテムのなかでどれを優先して探究すべきか、という順序の問題である。アリストテレス自身は、この問題に対して、対象――現実態――能力、という順序を指定している（第二巻第四章）。魂の探究は魂の活動がかかわる対象[2]の探究をもって始まる。

おそらくこの順位の指定は、たんなる考察の手続きの問題にとどまらない意義をもつだろう。いわゆる「対象」をまず探究すべし、という要請は、魂の活動が魂の内部で完結するものではなく、いわば魂に対して外的なものを巻き込んで成立しているという洞察に基づいていると考えられるからである。魂に対するこの外在主義的視点は、のちに見る近代の「心」「精神」の概念に潜んでいる内在主義的立場と明らかに対立するであろう。この対立は、この「解説」においても若干のコメントをするように、かなり根本的である。ここでも探究の方法論と具体的な知見とは密接な関係にある。

三　魂の定義

(1) 二つの定義

この書でのアリストテレスの第一の探究目標は「魂とは何であるか」を認識することであった。だから探究はまずこの目標の達成として結実するであろうし、アリストテレスの魂論の評価も、この「何であるか」を規定する定義を基本としなければならない。だが、アリストテレスは魂について異なる二つのタイプの定義を提出している。

第二巻第一章でアリストテレスは「可能的に生命をもつ自然的物体の、形相としての実体」「可能的に生命をもつ自然的物体の、第一次的な現実態」「器官をそなえた自然的物体の、第一次的な現実態」という、魂とは何かを示す一連の三つの規定(「定義A」と総括)を提示する。しかし、第二巻第二章では、「魂は、栄養摂取、感覚、思考、運動などの始原(原理)であり、それらによって、つまり栄養摂取する能力、感覚する能力、思考する能力、動(運動変化)によって、規定される」ことを確認し、続いてそれぞれの諸能力の規定を試みている(これらを「定義B」とする)。この二つのタイプの定義はどのような関係にあるのだろうか。

二つのタイプの定義が提示されるのは、第二巻第二章での議論のある転換に起因している。その転換とは、単純化すれば、事実・事象の一般的・共通的な概括から原理・原因を示す定義の探究へと特徴づけられるで

(1) 九頁註(2)参照。
(2) アリストテレスの「対象」の概念については九頁註(6)参照。

あろう。アリストテレスはその転換にあたって、明らかに後者の定義が本来的であると告げている。他方定義Aは、「輪郭的に素描された」(第二巻第一章)と総括されるような性格のものであった。

二つの定義の違いは、それだけではない。定義Aのために与えられた魂の定義の出発点は、自然的物体のうちでの「生命をもつ/もたない」(第二巻第一章四一二a一三)という区別であり、その生命とは、「自分自身による栄養摂取と成長・衰微」(四一二a一四―一五)として理解された。これに対して定義論の転換の後、アリストテレスは〈生きる・生きている〉ことの現実のあり方にあらためて刮目することから探究を出発させる。彼は〈生きる〉ということが、栄養摂取だけでなく、運動する、感覚する、思考するというそれぞれの活動について成立することを認定する。〈生きる〉こととは、植物・動物・人間などの相違に応じて実際にはこのような形で具体的に発現されるのだ。だから定義Bにおいては、魂とは以上のような〈生きる〉という活動のそれぞれの原理として規定されるのである。

アリストテレスはこの二つの定義の関係について、次のように指摘する。――魂の説明規定が一つであるとすれば、それは「形」の説明規定と同じ意味においてでしかない。つまり三角形、四角形などのさまざまな形を離れて「形」なるものが存在しないのと同様に、以上の各能力を離れて一般的な「魂」なるものも存在するわけではないのである。それゆえ、形についても魂についても、固有で本来的な定義とはそれ以上分割されない〈種〉に即したものであり、共通の定義もそのような個別的定義に基づくものでなければならない。さらに形の場合でも魂をもつものの場合でも、四角形のうちには三角形が、感覚する能力のうちには栄養摂取する能力が、というように、より基層的なものが上位のものに内含されている。したがって、たとえば植物の魂は何であるのか、人間の、あるいは獣の魂は何であるのか、というように、それぞれの魂はどのようなものかを、各々について個別的に探究しなければならない。そして最終的に次のように告げる――「以上の諸能力のそれぞれについて成立する説明規定こそが、魂についての最も本来的な説明規定でもあること、このことは明らかである」（第二巻第三章四一五a一二―一三）。

以上の事情はすべて、アリストテレスにとって後者の定義Ｂが本来的であることを明確に示している。このことは、しかし、われわれにとってのアリストテレスの魂論の意義を考えるとき、かなり重要な意味をもつであろう。というのも、現代においてアリストテレスの魂論が議論の俎上にのぼるとき、主要な評価対象となるのは定義Ａだからである。たしかに定義Ａは、デカルト的な心と身体の二元論と対比すると、魂を身体のあり方として捉え魂と身体との一元性を主張しているだけに、われわれにはなじみやすいかもしれない。けれども以上の考察が正しければ、もしアリストテレスの魂論の現代的意義を問おうとするならば、査定の対象はまず定義Ｂでなければならない。そしてこちらの定義Ｂを評価すること、いやその前に、栄養摂取から思考までをカバーするものを一つの概念の定義として受け入れることは、それが心と身体という対立の枠を崩すものだけに、そう容易《たやす》いことではないだろう。少なくとも定義Ｂは、定義Ａほどには口当たりがよくないことは確かである。

そこでまず、われわれにとって理解しやすい定義Ａを検討した上で、本来的には優先されるべき定義Ｂについてその意義を展望してみたい。それはまた、定義論の転換にあたって表明された「われわれにははっきりと現われている事柄から理に即してよりいっそう認識される事柄へ」（第二巻第二章四一三a一一―一二）というアリストテレスの基本的方法論に倣うことでもある。

(2) 魂と身体との関係

以上のように、魂を身体の現実態とする定義Aは、諸能力に依拠する定義Bに対しては一歩退いた身分であると考えられるが、その内容は、当時の知的風土においても、また現代の心身問題あるいは心身関係論に照らしても、それ自体として独立に考察されるに値する意義を内蔵している。

この魂の一般的定義によれば、魂は身体の現実態である。精神と身体＝物体とを実体的に区別する二元論と対比されるかぎりでは、これは一元論的見解であると言ってよい。またここには、プラトンに帰されるような魂と身体との二元論的理解に対する批判が含意されているというのも間違いではないだろう[1]。だが、魂と身体との関係をそれ以上に精密に語ることは容易ではない。アリストテレスのいくつかの発言が単純に総括することを許さないからである。まず何と言っても、第三巻第五章のいわゆる「能動理性」すなわち「作用する思惟」の問題、とくにそれが身体から離存するという主張（に少なくとも見えるもの）をどのように考えるか、という問題がある。第二に、その難問にはとりあえず目をつむるとしても、身体の現実態という魂の規定自体も、さまざまな解釈を施されうるし、事実そうされてきた。

おそらく最近解釈者たちの多く（けっしてすべてではない）の見解は、次の理論的範囲内におさまるだろう。それは、アリストテレスが、魂が身体性を伴わずに存在しうると考えるような二元論者でもなく、また魂の状態の各タイプが身体の状態の特定のタイプに完全に還元されるという強い意味での物質主義者（materialist）

でもないということである。[2] それでもこの二つの理論的極の間には、いまだ広大な理論的特定の可能性が残されており、実際、多種多様な解釈——そのなかにはある種の二元論さえもが含まれる——が提出されている。そのなかで比較的有力なのは、アリストテレスの見解を一種の機能主義と考える解釈であろう。[3] 機能主義（functionalism）とは、直観的な説明を与えれば、「心がある特定の状態にあること（例、痛み）にとって重要なのは、脳または身体が特定のタイプの生理学的ないしは物理的状態にあること（例、C-繊維の興奮）[4] それ自体ではなく、その特定の身体の状態が有機体全体の他の状態や行動との関係において果たす因果的役割（機能）である。その役割が果たされるかぎり、それを実現する状態がいかなる物理的性質であろうと、その心理状態であることには変化はない」という見解である。この機能主義は、たとえば、アリストテレスが魂を鋸における切断の機能に喩えていること（第二巻第一章四一二b一〇—一五）などとうまく整合するように見え

(1) しかしこの点は、アリストテレスの意図以上に特筆大書されていることがきわめて多いと言わねばならないだろう。アリストテレスが本書で少なくとも明示的な形で提示するプラトンへの批判は、むしろプラトンが魂あるいは思惟（知性）の活動を、円環運動と対象への接触というある種の物理的なモデルで捉えている点に向けられている（第一巻第三章四〇六b二六以下）。

(2) ただし最近の論者のなかでも、思惟（知性）の離在性をとくに強調してアリストテレスを二元論論者であると判定するRobinson 1978; 1983は、この枠からはみ出るかもしれない。

(3) Nussbaum 1978; Irwin 1991, Shields 1990; Wedin 1988 などが代表的論者（ただしNussbaum は Nussbaum and Putnam 1992では、少し論調をかえている）。

(4) 痛みをこのように特定することは生理学的には誤りだが、この種の議論の慣例（?）に従って例として用いる。

る。しかしそれ以外にも、たとえば魂の状態は身体の状態そのものではないがそれに付随して生起する状態（supervenient）である、という身体と魂との関係をより弱く捉える解釈などをはじめとして、多様な解釈が提示されつづけており、いぜんとして議論は収束しそうもない。

問題提起　ところで、いま概観した諸解釈は、基本的に、近現代の「心の哲学」のなかで、とりわけ心身問題という枠組みのなかでアリストテレスの魂論を（多くの場合はできるだけ説得的な形で）位置づけようと試みていた。しかし、そのような試みそのものに対して根本的な異義を唱える論者たちもいる。そうした批判の論拠のうち最も重要とされるものの一つを紹介しておこう。(1)

アリストテレスによる魂の一般的定義は、形相と素材（質料）という概念装置も用いているのでしばしば素材形相論（hylomorphism）と呼ばれる。しかしその名称にもかかわらず、魂と身体との関係は、他の事物における素材と形相の関係とは異なる独自の特徴をもっているように見える。たとえば、アリストテレス自身がしばしば例解に用いる彫像の場合と比較してみよう。彫像は、形相である特定の形（ダビデの姿）とその素材（青銅）から構成される。この場合、素材である青銅は、ダビデの姿をとることもあればビーナスの姿をとることもありうるが、それが青銅の固まりとして同一であるということは変わらない。しかし身体と魂との関係については、このことが成立しないように思われる。素材（質料）としての「身体」を表わす古代ギリシア語は「ソーマ」であり、これは英語の body と同じく、魂をもつものの「身体」もそうでない「物体」も表わす概念である。しかしアリストテレスによれば、魂を失った身体・物体としてのソーマは、魂をもつものの身体（これをとくに〈身体〉と表記しよう）としてのソーマに比して、同名異義的である、つまり呼称が同じでもその「何であるか」の規定は異なると主張する（「同名異義原理」と呼ばれる）。つまり〈身体〉（ソーマ）とは、魂という形相がすでにそこに実現しているという条件の下ではじめてその素材（質料）として〈身体〉となるのである。したがって同じく素材と形相という関係にあっても、〈身体〉と魂との関係は、必然的・本質的であり、青銅とダビデの形姿に見られるような偶然的関係とは異なるのである。

　魂と身体とのこのような関係は、素材形相論の理論的曖昧さということ以上に、次のような基本的問題を提起する。――心的状態や心的機能と身体的過程とを関係づけようとする近現代の多くの試みは、このようなアリストテレス的な意味での〈身体〉を前提としていない。近現代の「身体（body）」は、組織化のレベルやあり方の相違があるにせよ、生命をもたない「物体（body）」すなわち物理的存在でもある。そのことを否定するように見えるアリストテレスの〈身体〉概念は、もはやわれわれにとっては受け入れがたい特殊なものであるのではないか(2)。

　なるほど、魂と〈身体〉との関係に「同名異義原理」を適用することは、たしかに（生命なき）物体と（生命ある）物体（身体）とに断絶を設けることになり、物体としての一元性を侵すことになるかもしれない。動

(1) **Ackrill** 1972-3 が明確な形を与えた問題である。**Burnyeat** 1992 はこの **Ackrill** の議論を論拠の一つに用いながら、アリストテレスの心の哲学は、デカルト以後に生きるわれわれにはもはや承認しがたい身体概念を伴っているがゆえに投げ捨てられるべきであると主張し、論争を巻き起こした。

(2) これに加えて、**Burnyeat** 1992 は、アリストテレスの感覚（知覚）論に従うなら感覚知覚活動のさいに〈身体〉は何ら生理学的変化をこうむらないと解釈する。これが正しければ、アリストテレスの〈身体〉概念は、ますますわれわれからは疎遠なものとなるだろう。

物までも他の物体と同じくすべて機械論的に説明できる、というデカルト主義的な立場とは真っ向から対立するだろう。

この問題提起に対しては、アリストテレスの見解が機能主義的であると解する人々からの反論をはじめとしてさまざまな応答がある。(1) しかし次のような事情を考慮するならば、そのような〈身体〉の概念は、現代のわれわれにとっても、実際にはさほど奇妙な見方ではないかもしれない。――われわれは、たしかに生物も無生物も、ともにさまざまな原子あるいはさらに微細な存在から構成されている点では相違がないという見解を受け入れている。しかしそれでも、生命や心的能力はある特定の仕方で組織化された有機体にのみ成立すると考える。この二つの想定の関係を、どのように考えるべきだろうか。もしも生命や心的能力などが、特定の組織化の実現が見られるある上位のマクロなレベルよりも下位のレベルの存在にまで分析、分解すると見出されない性質(「創発的(emergent)」な性質などと呼ばれる)として存在すること、それらが下位のレベルの物体の状態(たとえば原子、素粒子など)などへと還元され尽くすことはできないことを認めるならば、そのひとはアリストテレスの友である。物体と〈身体〉との相違とは、生命や心的能力が生命なき物体の状態へとすべて還元されるものではなくそれ独自の実在性をもつものであることを示すものなのである。

したがって、定義Aの素材形相関係に対して提起された以上のような問題は、むしろ〈生きる・生きている〉という事態の、そしてその原理としての魂の原初的性格を照らし出すことになるだろう。とすれば、この問題には、それを提起した論者たちの意図とは異なるかもしれないが、たしかに機能主義的な解釈者たちが真剣に受け取るべき論点が含まれていることになる。というのも、ある問題が機能主義に対してこれまで提起されてきたからである。それは次のようなものである。機能主義において、機能的性質（たとえば斧の切断機能）はそれより下位の性質（斧をつくる鉄の固さ、その固さを実現する分子の配列、等）によって所有・実現される。しかしその機能的性質の因果的な効力は、実際にはより下位の、非機能的性質のもつ因果的はたらきによるものであり、機能的性質それ自体は因果的に無力ではないのかと疑われる。たしかにわれわれは、日常、心のあり方（欲求や判断）が具体的行為の原因であると考えている。しかし機能主義の主張するように心的状態が機能的性質であるならば、心的状態は、心的状態という資格では、原因という因果的効力をもちえないのではないか。[2]——しばしば機能主義はこのような嫌疑に悩まされてきた。もしこの疑問が妥当なものならば、魂を原初的な実在と考え、それこそが正式の意味で原因であるとするアリストテレスの理解とは異なることになるだろう。

さて、以上見てきたように、魂と身体との関係という基本問題についてさえ、かなり根本的な解釈の対立がある。そして、そもそもアリストテレスの魂の観念そのものが不整合であるという診断も含めて、議論は

（1）Cohen 1992; Nussbaum and Putnam 1992; Shields 1998 など多数。

（2）e.g. Block 1990. 機能主義に対するこのような問題提起については中畑 1996 を参照。

ますます縺《もつ》れていっているように見える。[1] おそらくいま必要なことは、『魂について』以外の著作も視野に入れて[2]もう一度論拠となるテキストを見直すことであろう。

もちろん、近現代のさまざまな見解をアリストテレスに帰すこと自体が、つねにアナクロニズムと呼ばれても仕方のない局面を伴っている。われわれはアリストテレスよりはるかに多くの情報を手に入れているとともに、当時の基本的想定の多くを忘却しているであろう。だが現代のさまざまな見解と照らし合わせたり、それに重ねたりすることは無意味ではない。そのような見立てによって、かえってその相違に気づかされ、われわれに見えていなかったものが見えてくることも多いのである。

(3)「魂」と「心」

定義Aが提示する魂と身体との関係は、以上のようにホットな論題を提供している。だが、アリストテレスの魂論の理解のためには、いっそう根本的な事柄として見届けられるべきこと——にもかかわらず必ずしもふさわしい注意を払われていないと思われること——がある。それはアリストテレスの魂の概念とわれわれの心の概念、とくに近現代の哲学において問題となる心の概念との基本的相違である。

ここでアリストテレスにとっては定義Aよりも定義Bの方がより本来的な規定であったことを、想起しよう。この定義Bは「魂とは栄養摂取、感覚、思考、運動の原理である」と規定する。この規定は「選言的かつ階層的」に読まれなければならない。つまりまず第一に、それは「魂とは、栄養摂取の原理であるか、感覚の原理であるか、……のいずれかである」というように選言的（disjunctive）である。生を表現する活動のそれぞれの原理が魂なのである。第二に、これらの諸能力は、「高階」の能力は「低階」の能力を基礎として成立するという階層的関係にある。栄養摂取能力は最基層の能力としてすべての魂をもつものに備わるのであり、他の諸能力はその能力の成立を前提としてその基盤の上に成立し、さらに他の諸能力の間にも、同様の階層関係が成立する。したがって、もし人間の生のあり方が〈思考する〉という活動によって規定されるのであれば、人間という種の魂は思考する能力によって規定されるが、同時に人間の魂には思考能力の基礎となる栄養摂取、感覚、運動の各能力も備わっているのである。(3)

諸能力が「選言的階層構造」をとるこのような魂の概念がわれわれの心の概念とかなり相違することは直感的にも明らかであろう。ただしその相違は、魂には栄養摂取など、心のはたらきとは考えられない機能も

(1) この問題についての比較的最近の諸解釈の見取り図は、Granger 1996 に与えられている。ただしその分類は「魂は身体の属性である」とする解釈と「魂は生命をもつ身体とは別個の実体である」とする解釈という独自の基準に依拠しているので、解釈の分類の仕方自体も異論の余地があるだろう。ちなみに Granger 自身は、アリストテレスの魂の概念は、不整合であると解釈する。

(2) これまでの魂と身体との関係をめぐる議論は、そのほとんどが『魂について』のうちに典拠を求めてきたが、本来『自然学小論集』その他で与えられている観察や知見を十分に考慮しなければならない。そのように視野を拡大するなら、かりに『魂について』ではアリストテレスが実際の身体の変化について語ることが少ないとしても、そのことが魂の状態の基礎となる身体的・生理的変化を無視ないしは軽視したということを意味しないことが知られるであろう。

(3) さらに、欲求能力は、以上の感覚、運動、思考の諸能力間の連絡あるいは相互規定的局面にかかわる重要な意義をもつが、ここでは論及する余裕がない。

含まれるというたんなる包括範囲の違いにとどまらない。魂の概念は、心の概念と共通するはずの感覚や思考についても、ある別の考え方を示唆している。

まず魂の規定の「選言性」は、魂が実在において多元的であるということを告げるであろう。すでに確認したように、すべての魂に共通するような定義は「そのすべてに当てはまるが、しかしどの魂にも固有ではない、というような共通の説明規定」という二次的身分にとどまり、いわばそれ自体としての実在性を欠くものなのである。つまり魂は、魂という身分においては、何らかの実質的な統一性をもつものではないのだ。実在するのは魂のそれぞれの能力およびその階層構造としてのそれぞれの〈種〉の魂であり、それらは〈生きる〉ことをそれぞれの形で実現しているのである。これに対して心の概念は、哲学的概念としても、また日常的な想念においても、何らかの実質的な統一性をもつであろう。もちろんその統一性の確保のためには、栄養摂取能力や運動能力は帰属先をかえる必要があった。

しかしふりかえってみると、デカルトのおかげで栄養摂取能力や運動能力が除外されたとはいえ、それでもわれわれの心の概念はいぜんとしてきわめて多様なはたらきを包含していることに気づく。親指に痛みを感じること、机の色を見ること、芳香を嗅ぐことなど、いわゆる五感を用いた感覚から、人物の認知、過去の記憶、将来への期待に至るまで、さらにはフェルマーの定理の証明や神への信仰等々……。われわれの了解では、それらはすべて等しく心の状態である。では、それらの心の状態とされるものに、何か共通する要素はあるだろうか。

心の諸状態・諸機能に共通するものとして有力な候補となるのは、それらがすべて、何らかの意識される内容をもつこと、あるいは意識に何かが与えられているということであろう。感覚の場合には感じられることの痛みあるいは目に見える特定の色、認識の場合には認知される人や物、記憶においては思い起こされる過去の事柄、さらに数学的思考においては数学の命題等々。心の状態とされるものには、そのように何かを意識したり何かが心に現われるというかたちで、何らかの「意識内容」を伴うという共通する要素が存在するように思われる。

近代哲学以後の「心」の概念も、そのようなわれわれの直観からさほど遠くない。事実近代哲学においては、体感から感覚、思考、数学的推論に至るまでをすべて包括するような理論的概念が用意されていた。「観念（idea, idée）」がそれである。「何であれ精神がそれ自体として知覚するもの、あるいは知覚、思考、または知性の直接的対象となるものを、わたしは『観念』と呼ぶ」とロックは語っている(1)。そしてこの雑多とも言える諸項目を包括する「観念」という概念は、デカルトが設営した「私」あるいはコギトという概念的枠組みに連携し、それによって支えられていると言ってよいだろう。思惟するもの（res cogitans）である「私」には、その「私」以外の存在にコミットすることなく内省することができる「対象」が存在し、それ

（1）『人間知性論』第二巻第八章八。

が観念にほかならない。(1) デカルトにとって観念とは「われわれの思惟のうちにありうるすべてのもの」であった。ここでは、「心」の統一性とその対象である観念の内在性とが相互に連携し支え合っている。心という概念の統一性は、心的活動のかかわる対象についての内在主義と通底しているのではないか――。

この点に関するかぎり、ブレンターノの志向性の概念も、彼自身はその起源をアリストテレスに見出したにもかかわらず、デカルト的思考の圏内から逸脱するものではないであろう。(2)「何かについて」あるいは「何かに向けられている」という志向性の概念は、もともと物的現象と対比・区別される心的現象の統一性を確立すべくその指標として提示されたものであったのである。そして志向性の概念の原型である「志向的内在」の概念も、少なくともブレンターノによって提示された当時は、その名称通り、心のはたらきの対象となるものをそれが外在するかどうかという問題とは独立したかたちで捉えようとする意図がそこにこめられていたのである。

(4) 魂の概念の示唆するもの

もし心の概念の統一性と心的状態の対象の内在主義的理解との間に以上のような連絡が存在するとすれば、アリストテレスの魂の理論は、その両方の局面において、心という概念と鋭く対立するものである。

第一に、少なくとも感覚について、また感覚されるものにかかわる思惟（思考）については、その対象となるものが外在的であることは、この書でもアリストテレスが明言している（第二巻第五章四一七b一九―二一、二六―二八）。他方それ以外の思惟については、その対象が「ある意味で内在する」と語られ（同四一七b二三一二四）、ほかにもある種の内在性を示唆する発言が見出されるが（第三巻第四章四二九a二七、第八章四三一b二九）、しかし思惟の対象である形相についてもそれがこの世界に実現されているものであるかぎりでは、思惟がまさにその外在的な形相にかかわることは動かない。

そしてすでに見たように、感覚や思惟のはたらきは、その対象のあり方と相関的に探究され理解されるべきであるというのがアリストテレスの基本的洞察であった。さらにアリストテレスによれば、とりわけ感覚は対象だけでなく対象と感覚者の間に介在する「媒体」をも重要な成立契機とするものである。このような理解の方向は、魂の認知能力をただしく理解するためには、魂がかかわる環境全体の理解——そこにはもちろん身体もその一部として含まれる——が必要とされることを示唆するものである。以上のような魂についての外在主義的視点は、近代の「心」「精神」の概念に潜んでいる内在主義的立場と明らかに対立するであ

（1）「観念という語によって、私は、われわれの思惟のうちにありうるすべてのものを知解する」（Descartes à Mersenne, 16. juin 1641, A.-T. III, p.383）、同様に「われわれがあるものを抱懐するときに、その抱懐の仕方がどうであろうとも、われわれの精神のうちにあるすべてのものを、私は「観念」の名で呼ぶ」（à Mersenne, juillet 1641, A.-T. III, pp.392-393）。

（2）ブレンターノがアリストテレスへ向けた視線には、（本来アリストテレスの魂論とは相反するはずの）デカルト哲学というフィルターが介在していた。このことは、たとえば一八八九年三月二七日のウィーン哲学協会での講演で、アリストテレスの「素材抜きの形相の受容」とデカルトの「対象的実在（realitas objectiva）」、そして彼自身の「志向的内在」を同一の思考の表現として語っていることからも明らかである（Brentano 1930, SS.17-18）。にもかかわらず、ブレンターノの系譜に連なるアリストテレス解釈は、現在に至るまで根強い支持者をもっている（e.g. Burnyeat 1992）。

ろう。

ただしそれでも、心という概念が何らかの意味である統一性をもつということは、近代哲学の内在主義的な知見と連動しなくとも、いやむしろ何らかの哲学的理論の手を借りなくとも成立するような原初的な直観であるかもしれない。それに比べて、栄養摂取や運動までをも包摂し、なおかつ選言的構造をもつような魂の概念は、われわれにはやはり受け入れがたいと言われるかもしれない。

しかし逆に、アリストテレス的な立場から、その心という概念の統一性を支えるものは何か、その根拠は正当か、ということを問い返すことはできるだろう。この問いへの解答と考えられたかもしれない「観念」の概念およびその理論は、多くの疑念を突きつけられている。そして「心的なもの」であることとの最も有力な基準として提出されたはずの志向性という指標が、かえって現代では心的なものを心的なものとして統一的に理解することの困難を示しているように思われるのは、いささか皮肉な事情である。

というのも、志向性は心的なものの必要条件ではないと最近の多くの論者が考えているからである。たとえば漠然とした不安は「何かに向けられている」わけではないし、痛みの感覚も「何かを対象とする」状態ではない。この考え方を少し押し進めれば、心的なものという概念の統一性への疑問へと辿り着く。近代の認識論に批判的なリチャード・ローティーは次のような不満を漏らしている。――「痛みと信念を一緒につなぎ留めようとする試みは、その場しのぎなものに見える。それらはわれわれがそれを『物理的（physical）』と呼ぶことを拒否するという点を除けば、何か共通なものをもっているようには見えない[1]」。ローティーはさらに、「心的」という概念を現象的と志向的という二つの項の選言からなるという提案をした上で、心的なものとは家族的類似によってひとまとまりにされているにすぎないことを指摘している。またキャスリン・ウィルクスも「痛みと、数学についての思考とを束ねる何かが、ある適切な自然種を指し示す信頼できる指標となるということはありそうもない(2)」と考える。

このような一部の論者の考えは、むしろアリストテレスのような、魂のはたらきについての選言的理解とある種の親近性をもつかもしれない。ともかく、アリストテレスの魂論がわれわれの「心」という概念の成立根拠を再度問い直させるような異質の思考をはらんでいることを確認しておこう。

他方でアリストテレスの魂の概念のもう一つの特徴は、その階層的な構造であった。感覚や思考などの活動も、栄養摂取と生殖という生物の最も基層にある能力を前提として成立するということがアリストテレスの根本的洞察なのである。われわれが「心的活動」とするものも生命のはたらきの一つの発現の形である。アリストテレスはいわゆる「心」の活動を生物学的活動との関係を視野に入れて捉えているのである。

心のはたらきを、このように〈生きる・生きている〉ということを基本として理解する視点は、心に対するさまざまな思考の可能性を開くであろう。たとえば生命活動と心的活動との連絡を承認することは、探究あるいは知のあり方という局面では、生理学と心理学とが連続したものであるという理解を示唆する。これはおそらく、心をめぐる現代の科学的探究の一部と共通する面があるであろう。また人間にとっての〈生き

(1) Rorty 1979, p.22.
(2) Wilkes 1988, p.38.

る〉ということが本来すでに社会的で規範的なものであることを、アリストテレスはよく理解していた[1]。とすれば、そのような生をも支えるものである魂についての探究は、規範や社会的価値との関わりをも射程に入れなければならないだろう。

しかし何よりも、われわれの「心」の概念に刻印されている「心と生との離別」という事態――これはやはり、栄養摂取し生殖する能力や運動能力と思考能力とを分断したデカルトに起源するであろう――が再考されるべきではないだろうか。アリストテレスの魂論は、ただ単に生理学などの自然科学との連続性だけでなく、われわれの生のあり方全体を解明する知が目指されるべきことを示唆する[2]。この示唆に従うなら、心理学（psychology）とは、その語源的意味に遡って、再び生の原理としての魂についての考究（psyche についての logos）という姿をとるであろう。――そう、忘れてはならない。psychology の直接の語源である psychologia というタームそのものが、もともとは本書『魂について』をはじめとしたアリストテレスの魂論をめぐる問題群や諸議論を指すために創出されたものであった[3]。

テキストおよび翻訳について

『魂について』のテキストは、全体としても安定しているとは言いがたいアリストテレスの著作群のなかでも、かなり劣悪な部類に属する。とりわけ第三巻は、「アリストテレスの残存する他のいかなるテキストにも劣らず悪い[4]」と判定されざるをえない状態にある。テキストの不安定さは、しばしばこの著作の研究者たちを、アリストテレスの議論が一貫性を欠いた寄せ集めであるとかいくつかのバージョンの混合であるなどと想定させる一因となっている。だがそのようなテキストでも、丁寧に議論を辿るならば、アリストテレスの思考の筋目はかなりのところまで見てとることができるように思われる。テキストの浮動性は、校訂や読み方の選択に、いっそうの慎重さを要求していると受けとめなければならない。

この翻訳では「オクスフォード古典叢書（Oxford Classical Text）」に収められたロスの校訂本を底本として用いたが、選択の理由はこれが一般的には最も入手しやすいテキストであるということ以外にはない。残念なことに、その校訂は、他の校訂と比べて優れているとは言いがたい。いやむしろ問題が多いと言うべきだろう。だからこの翻訳は、おそらくこの「古典叢書」のなかでもテキストの異同についての註がかなり多いものとなった（これでも私のテキストの読み方にかかわる異見のすべてではない）。

この書を翻訳する上で、テキストの校訂および注釈として最も参考になったのはヒックスの書である。もちろん著作の性格上、訳者が同意できない校訂や解釈も少なくないが、このヒックスの書は、私が参照しえた『魂について』の注釈書のなかではベストと言ってよい（アリストテレスの注釈書としても最高のクラスに属す

（1）たとえば『政治学』第一巻第二章を参照。「人間はその自然本性においてポリス的な動物」なのである。

（2）それはもしかすると、すでに述べたアリストテレス自身の知の区分をも横断する、あるいは乗りこえる試みとなるかもしれない。

（3）ドイツの人文主義者 Joannes Thomas Fregius によってこの言葉が構成されたと報告されている。

（4）Nussbaum and Rorty 1992, p.2.

るのではないかとさえ思う）。

とはいうものの、E写本を最も優れた写本であるとするヒックスの評価は、他の校訂者たちが指摘する通り、やはり訂正されなければならないだろう。(1) さまざまな写本の読み方については、現状では最も詳しい紹介をしているロスと、(2) Haという記号を与えられた写本 Marcianus gr. 214 saec. XI について高い評価を与え詳しくその読みを伝えるジャノン（Jannone & Barbotin 1966）の情報を参照することが最低限必要だろう。この翻訳もそれらの情報を勘案しながら、できるかぎり有力な写本の読み方を生かすという、かなり保守的な原則に従って選択した読み方に基づいている。

校訂および注解として、そのほかには、ヒックスがその注解で明示的に論究する以上に考慮していると思われるロディエの注釈が、ときとしてかなり無理な解釈を含むとはいえ、いぜんとして参考になる。両者を踏まえたトリコの注釈も簡便ではあるが有用性は高い。タイラーの校訂と注解やボデウスの訳注もときとして個性的である。

テミスティオスのパラフレーズ、ピロポノスやシンプリキオスの注解も、とくに後者の二つについてはすでに述べたような彼らの解釈の新プラトン主義的前提に注意を怠らなければ、いろいろな意味でそこから学ぶことは多い。またトマスの注解も、教説的説明だけでなく、意外にも(?)言葉の細かいニュアンスに対する彼なりの注意があるなど興味深い議論を含む。残念ながら「哲学的注解」であることを謳ったハムリンのコメンタリーは、それほど深い考察が展開されているわけではないし、ロスによる注解は、テキストの校訂（本書の底本ともまた異なるもの）とともに、かなり弛緩していると言わざるをえない。(3)

翻訳にあたっては、平明さというより以前に、アリストテレスの文章がともかく一応筋がとおり意味をなすような訳文を作ることを第一に心がけた。したがって当然、訳者自身の判断で言葉をかなり補い、また説明のための註も量が多くなっている。これはこの著作のテキストの状態と諸解釈の滞積を考えると避けがたい事態で、実際他の(海外の)翻訳においてもやはり同じような傾向がみられ、アリストテレスの著作のなかでもテキストの量に比して翻訳書は厚くなりがちである。しかし、難解で不安定なテキストであるとはいえ、訳者がどのように解釈したのかさえもわからない訳文は、読者に迷惑であろうと考える。

既訳では、上記のロディエ、ヒックス、トリコの訳のほかには、自由度が比較的高いスミスの訳が参考になった。また邦訳も、私の知るかぎりで、すでに四種類ある。このうち最も学ぶところが大きかったのは、最初に刊行された高橋長太郎の手によるものである。また、最近出版された桑子の訳も、訳語の創出などの点で参考になるところが少なくなかった(以前に都立大学での授業で桑子の提出した第一巻前半の訳文について意見を交わしたことが想起される)。ただし高橋以外の山本、村治、桑子の三氏の訳はどれもロスの注解本を底本として訳文もほとんどそれに従ったものである(高橋訳の刊行は幸いにも(?)ロスの注解の刊行以前である)。し

---

(1) もっとも、そのような写本についての評価は、ヒックスの実際の校訂にはそれほど悪影響を及ぼしてはいないように思われる。

(2) だからといってロスの情報が信頼できるものであるかどうかは残念ながらわからない。ロスの criticus apparatus が必ずしも当てにならないことは、彼の『弁論術』の校訂について Kassel 1971 が暴露していることである。

(3) ただしトマスはギョームの直訳的ラテン語訳に依拠している。

かしこの本でのロスのテキスト校訂は粗雑で、彼自身がそれ以前に刊行した校訂（本訳の底本）に比べても改悪されている。[1] したがってこれら三者の翻訳とは、テキストの選択、解釈、訳の作成において、意見を異にする箇所はきわめて多い。

訳語の選択については、もちろんこうした先行訳の影響や恩恵を受けているであろう。むしろアリストテレスの主要な概念については訳語がかなりの程度固定しているために、まったく別の訳語の創出には逡巡したというのが正直なところである。結果的には、従来のアリストテレスの邦訳の拘束を免れることはできず、いくつかの基本的語彙については訳語を補うなどの見苦しい工夫をしなければならなかった。アリストテレスの基本的概念の訳語については全般的な再考と改訂の必要があるが、それは別の機会を期すしかない。ここでは、この著作の探究対象であり、表題とも直接関係する「プシューケー（ψυχή）」という語の訳についてのみ、最小限のコメントを付しておく。「プシューケー」を「心」と訳すことは、意識的に避けられた。「植物がプシューケーをもつ」という文を「植物が心をもつ」と訳すならば、アリストテレスがその文で語ろうとしたこととと、やはり大きく隔ってしまう。また、「霊魂」という語も「精神のはたらき」と強く結びついているので、同様の難点をもつ。そして、「心」という言葉の和語あるいは漢語的な語源がどうであれ、われわれの「心」や「精神」という日本語の概念にも、この「解説」でもすでに述べてきたような、アリストテレスの「プシューケー」の否定という歴史が潜在的にまつわりついていると思われる。これに対して「魂」という日本語の意味内容は、それほど明確ではなく、受け取り方はおそらくさまざまであろう。[2] しかしここに訳された著作は「プシューケーとは何であるか」を探究するものであるから、「魂」という語のある種の曖昧さは、かえってよけいな先入見を少しは軽減するのではないかと思われる。

とはいえ、この訳書では、原文の選択理由、各箇所の解釈や翻訳の根拠などについて用意した議論や注釈のほとんどすべてを省略せざるをえなかった。いずれそのような根拠の提示も含めた注釈を公にする予定なので、識者の批判を仰ぎたいと思う。

解説のあとに参照文献表を付しておく。

*

翻訳自体はかなり短期間に作成されたが、この著作の多面的解明を研究のテーマの一つとしてからは、思いの外時間が経過した。その間におこなわれた九州大学および京都大学での本書を用いた演習において、参加者から学ぶことが少なくなかった。とりわけ九州大学での演習には、同僚であった新島龍美氏と細川亮一氏にも参加していただいて啓発されたことが楽しい想い出である。さらに訳文の校正では村上正治、早瀬篤

(1) ロスは、アリストテレスの他の重要著作については、現在でも多く参照される標準的なテキストの校訂と注釈を著わしている。それだけに、『魂について』の注解の出来の悪さは、彼の最晩年の仕事とはいえ、不思議なほどである。
(2) 英訳などでは soul という訳語が多く使われるが、ほとんどの場合この訳語ともとのギリシア語との相違について注意書きが付される。その背景には、soul という語のもつキリスト教的含意などがあるが、日本語の「魂」の場合は、それほどはっきりした意味内容を伴ってはいないように思われる。

の両君、索引の作成では吉沢一也君の協力を得た。また京都大学学術出版会にはさまざまなご配慮をいただいた。そのほか私自身は忘れてしまっている方々を含めて、多くのひとびとから貴重な示唆や助力をいただいていることは間違いない。ここに深く感謝申し上げる次第である。

参照文献表

テキスト、訳、注解（刊行年順。主として本訳書のなかで言及されたもので、網羅的ではない）

Bekker, I., ed. 1831. *Aristoteles Graecus*. Berlin: Reimer.（402a-435b）.［テキスト］

Trendelenburg, F. A., ed. 1833. *Aristotelis De anima libri tres*. Jena: Walz. 2nd edn. Berlin: W. Weber, 1877; Graz: Akademische Druck und verlagsanstalt, 1957.［テキスト、注解］

Torstrik, A. 1862. *Aristotelis De anima libri III*. Berlin: Weidmann.（repr.1970, Hildesheim-New York: Olms）.［テキスト、注解］

Wallace, E. 1882. *Aristotle's Psychology*. Cambridge: Cambridge University Press.［テキスト、英訳、注解］

Biehl, W. 1884. *Aristotelis De Anima libri tres*, Bibliotheca Teubneriana. Lipsiae: Teubner.（editio tertia, curavit O.Apelt, 1911）.［テキスト］

Essen, E. 1894. *Das zweite Buch der aristotelischen Schrift über die Seele*. Jena: Druck und Verlag von G. Neuenhahn.［独訳］

Rodier, G. 1900. *Aristote, Traité de l'âme*. 2 vols. Paris: Ernest Leroux.［テキスト、仏訳、注解］

Rolfes, E. 1901. *Des Aristoteles Schrift über die Seele*. Bonn: P. Hanstein. [独訳、注解]

Hicks, R. D. 1907. *Aristotle De Anima*. Cambridge: Cambridge University Press. [テキスト、英訳、注解]

Forster, A. 1912. *Aristotelis De anima libri III*, Editiones criticae scriptorum graecorum et romanorum. Budapestini: Sumptibus Academiae litterarum hungaricae. [テキスト]

Lasson, A. 1924. *Aristoteles Über die Seele*. Jena: E. Diederichs. [独訳]

Smith, J. A. 1931. *Aristotle: De Anima*, The works of Aristotle translated into English; 3. Oxford: Clarendon Press. [英訳]

Siwek, P. 1933. *Aristotelis De Anima libri tres graece et latine*, Textus et documenta. Series philosophica; 8. Romae: Pont. Universitatis Gregorianae. [テキスト、羅訳、注]

Tricot, J. 1934. *Aristote De l'âme. Paris: J. Vrin*. [仏訳、注]

Hett, W. S. 1936. *On the Soul, Parva Naturalia, On Breath*, The Loeb classical library; 288. London: Heinemann. [テキスト、英訳]

Gohlke, P. 1947. *Über die Seele*, Die Lehrschriften des Aristoteles. Paderborn: Ferdinand Schoningh. [独訳]

Gigon, O. 1950. *Aristoteles, Vom Himmel; Von der Seele; Von der Dichtkunst*, Werke / Aristoteles; 2. Züich: Artemis - Verlag. [独訳]

Ross, W. D. 1956. *Aristotelis De Anima*, Scriptorum classicorum bibliotheca Oxoniensis. Oxonii [Oxford] : E Typographeo Clarendoniano [Clarendon Press]. (Oxford Classical Text). [テキスト]

Theiler, W. 1959. *Aristoteles Über die Seele*, Aristoteles Werke in deutscher Übersetzung; Bd. 13. Berlin: Akademie-Verlag. [独訳、注解]

Ross, W. D. 1961. *Aristotle De Anima*. Oxford: Clarendon Press. [テキスト、注解]

Jannone, A. & E. Barbotin. 1966. *Aristote De l'âme*, Collection des universites de France. Paris: Les Belles Lettres. [テキスト、仏訳]

Hamlyn, D. W. 1968. *Aristotle's De anima: books II and III*, with certain passages from book I. Oxford: Clarendon Press. (2nd ed., with a survey of recent work and updated bibliography by C. Shields, 1993). [英訳、注解]

Apostle, H. G. 1981. *Aristotle's On the soul (De anima)*. Grinnell, Iowa: Peripatetic Press. [英訳、注解]

Barnes, J., ed. 1984. *The Complete Works of Aristotle: The Revised Oxford Translation*, Bollingen series; 71, 2. Princeton, N.J.: Princeton University Press. [Smith 1931 の訳を改訂]

Lawson-Tancred. 1986. *Aristotle De Anima* (*On the Soul*). Hammondsworth: Penguin Books. [英訳]

Bodéüs, R. 1993. *Aristote De l'âme*, Gf; 711. Paris: GF-Flammarion. traduction inédite, présentation, notes et bibliographie. [仏訳、注]

Durrant, M., ed. 1993. *Aristotle's De Anima in Focus*. London: Routledge. [Hicks 1907 の訳を一部改定]

Seidl, H., ed. 1995. *Aristoteles, Über die Seel*, Philosophische Bibliothek; 476. Hamburg: Meiner. [Biehl 1884 のテキストの Apelt による改訂版、Theiler 1959 の訳、Seidl の注]

日本語訳

高橋長太郎（一九四八）『アリストテレス心理学（総論）』（アリストテレス全集８）東京、河出書房。

村治能就（一九六六）『デ・アニマ』（世界の大思想２）東京、河出書房新社。

山本光雄（一九六八）『霊魂論』（アリストテレス全集６）東京、岩波書店。

桑子敏雄（一九九九）『心とは何か』東京、講談社（講談社学術文庫）。

インデクス

Purnelle, G. 1988. *Aristote: De anima: index verborum*, listes de fréquences, Travaux publiés par le Centre informatique de philosophie et lettres. Série du Laboratoire d'analyse statistique des langues anciennes.; fasc. 14. Liège: C.I.P.L.

古代および中世の主要な翻訳、注解、パラフレーズ（各著者について代表的な校本や資料集のみを挙げる）

テオプラストス

Fortenbaugh, W. W., and D. Gutas, eds. 1992. *Theophrastus: his psychological, doxographical, and scientific writings*, Rutgers University studies in classical humanities, v. 5. New Brunswick, N.J.: Transaction Books.

Huby, P. M., and D. Gutas. 1999. *Theophrastus of Eresus: sources for his life, writings, thought and influence* (Commentary vol. 4, Psychology), Philosophia antiqua, v. 81. Leiden: Brill.

アプロディシアスのアレクサンドロス

Moraux, P. 1942. *Alexandre d'Aphrodise, exégète de la noétique d'Aristote*, Bibliothèque de la Faculté de philosophie et lettres de l'Université de Liége. Fasc. XCIX. Liége; Paris: Faculté de philosophie et lettres; E. Droz.

Bruns, I., ed. 1887. *Alexandri aphrodisiensis Praeter commentaria scripta minora* Pars 1. *De anima liber cum mantissa* —— Pars 2. *Quaestiones. De fato. De mixtione.*, Supplementum Aristotelicum; v. 2. Berolini: G. Reimer.

テミスティオス

Heinze, R., ed. 1899. *Themistius in libros Aristotelem De anima paraphrasis*, Commentaria in Aristotelem graeca; v. 5, pars 3. Berolini: Typis et impensis G. Reimeri.

Verbeke, G., ed. 1957. *Themistius. Commentaire sur le Traite de l'âme d'Aristote*, Centre de Wulf-Mansion. Corpus latinum commentariorum in Aristotelem graecorum; 1. Publications Universitaires de Louvain; Paris Editions Beatrice-Nauwelaerts: Louvain. (traduction de Guillaume de Moerbeke).

ピロポノス

Hayduck, M., ed. 1897. *Ioannis Philoponi in Aristotelis De anima libros commentaria.* Commentaria in Aristotelem graeca; 15. Berlin: Reimer.

Verbeke, G., ed. 1966. *Philoponus. Commentaire sur le "de Anima" d'Aristote*, Corpus Latinum commentariorum in Aristotelem Graecorum; 3. Louvain; Paris: Publications universitaires: Beatrice-Nauwelaerts. (traduction de Guillaume de Moerbeke).

シンプリキオス

Hayduck, M., ed. 1882. *Simplicii in libros Aristotelis De anima commentaria.* Commentaria in Aristotelem graeca; 11. Berlin: Reimer.

ソポニアス

Hayduck, M., ed. 1883. *Sophoniae in libros Aristotelis De anima paraphrasis*. Commentaria in Aristotelem graeca; 23, pars 1. Berolini: typis et impensis G.Reimeri.

イブン=シーナー（アヴィケンナ）

Riet, S. v., ed. 1968. *Avicenna latinus: Liber de anima, seu sextus de naturalibus*. Louvain; Leiden: Editions orientalistes: E.J. Brill. [羅訳]

イブン=ルシュッド（アヴェロエス）

Scott, M., and F. S. Crawford, eds. 1953. *Averrois commentarium magnum in Aristotelis de Anima Libros*, Corpus commentariorum Averrois in Aristotelem. Versionum latinarum, vol. 6 [pars] 1. Cambridge, Mass.: Medieval Academy of America.

アルファーラービー

Dieterici, F. H., ed. 1892. *Alfarabi's philosophische Abhandlungen*. Leiden: E. J. Brill.

アルベルトゥス・マグヌス

Stroick, C. 1968. *Alberti Magni Ordinis Fratrum Praedicatorum De anima*, Sancti doctoris ecclesiae Alberti Magni Ordinis Fratrum Praedicatorum episcopi opera omnia ad fidem codicum manuscriptorum edenda apparatu critico notis prolegomenis indicibus instruenda curavit Institutum Alberti Magni Coloniense Bernhardo Geyer praeside, t.7, pars 1. Monasterii Westfalorum: Aschendorff.

トマス・アクィナス

Thomas Aquinus. 1984. *Sentencia libri de anima*. in Sancti Thomae de Aquino opera omnia iussu Leonis XIII edita. Roma; Paris: Commissio Leonina: Librairie philosophique J. Vrin.

『魂について』についてのその他の研究（本書の註、補註、解説で言及されるもの、あるいはこの訳を作成する上でとくに参考になったもの）

Ackrill, J. L. 1972-3. 'Aristotle's definition of psyche'. *Proceedings of the Aristotelian Society* 73: 119-133. repr. in Barnes 1979, 65-75.

Barker, A. 1981. 'Aristotle on perception and ratios'. *Phronesis* 26: 148-166.

Barnes, J., M. Schofield, and R. Sorabji, eds. 1979. *Articles on Aristotle*, vol. IV: Psychology and Aesthetics. London: Duckworth.

Beare, J. I. 1906. *Greek Theories of Elementary Cognition from Alcmaeon to Aristotle*. Oxford: Clarendon Press.

Berti, E. 1978. 'The intellection of "indivisibles" according to Aristotle, De Anima, III, 6'. In Lloyd and Owen 1978, 140-163.

Block, I. 1961. 'The order of Aristotle's psychological writings'. *American Journal of Philology* 82: 50-77.

Blumenthal, H. J. 1993. *Soul and Intellect: Studies in Plotinus and Later Neoplatonism*. Hampshire: Variorum.

——. 1996. *Aristotle and Neoplatonism in Late Antiquity: Interpretations of the De Anima*. Cambridge: Cambridge University Press.

Bonitz, H. 1873. 'Zur Erklärung einiger Stellen aus Aristoteles' Shrift über die Seele'. *Hermes* 7: 416-436.

Brentano, F. C. 1867. *Die Psychologie des Aristoteles, in besondere seine Lehre von NOUS POIETIKOS*. Mainz: Franz Kircheim.

Brunschwig, J. 1991. 'Les mustiples chemins aristotélicienne de sensation commune'. *Revue de Métaphysique de Morale*: 455-474.

——. 1996. 'En quel sens le sens commun est-il commun?'. In Dherbey 1996. 189-218.

Burnyeat, M. F. 1992. 'Is an Aristotelian philosophy of mind still credible? A draft'. In Nussbaum and Rorty 1992. 15-26.

Caston, V. 1996. 'Why Aristotle needs imagination. *Phronesis* 21: 20-55.

——. 1998. 'Aristotle and the problem of intentionality'. *Philosophy and Phenomenological Research* 58: 249-298.

——. 1999. 'Aristotle's two intellects: A modest proposal'. *Phronesis* 44: 199-227.

Cohen, M. S. 1992. 'Hylomorphism and functionalism'. In Nussbaum and Rorty 1992.

Code, A. 1992. 'Aristotle, Searle and the mind-body problem'. In *Searle and his Critics*, edited by E. LePore and R. von Gulick. Oxford: Blackwell. 105-113.

Corte, M. de. 1932. 'Notes critiques sur le «de Anima» d'Aristote'. *Revue des études greques* 45: 163-194.

Everson, S. 1997. *Aristotle on Perception*. Oxford: Clarendon Press.

Granger, H. 1996. *Aristotle's Idea of the Soul*, Philosophical studies series; v. 68. Dordrecht: Kluwer Academic Publishers.

Horn, H.-J. 1994. *Studien zum dritten Buch der Aristotelischen Schrift De anima*, Hypomnemata: Untersuchungen zur Antike und zu ihrem Nachleben; Heft 104. Göttingen: Vandenhoeck & Ruprecht.

Huby, P. M., C. G. Steel, P. Lautner, and J. O. Urmson. 1997. *Priscian: On Theophrastus' on Sense-Perception with 'Simplicius': On Aristotle's On the soul 2.5-12*. Ithaca, N. Y.: Cornell University Press.

Hutchinson, D. S. 1987. 'Restoring the order of Aristotle's De Anima'. *Classical Quarterly* 37: 373-381.

Irwin, T. H. 1991. 'Aristotle's philosophy of mind'. In *Companions to Ancient Thought*: 2 Psychology, edited by S. Everson. Cambridge: Cambridge University Press. 58-83.

Johansen, T. K. 1998. *Aristotle on the Sense-Organs*, Cambridge classical studies. Cambridge; New York: Cambridge University Press.

Kahn, C. H. 1966. 'Sensation and consciousness in Aristotle's psychology'. *Archiv für Geshichte der Philosophie* 48: 43-81.

Kosman, L. A. 1975. 'Perceiving that we perceive: 'On the Soul', III.2'. *Philosophical Review* 84: 499-519.

Kurfess, H. 1911. *Zur Geschichte der Erklärung der Aristotelischen Lehre von sog. ΝΟΥΣ ΠΟΙΗΤΙΚΟΣ* und *ΠΑΘΗΤΙΚΟΣ*. Tübingen: G. Schnürlen.

Lefèvre, C. 1972. *Sur l'évolution d'Aristote en psychologie*, Aristote. Traductions et études. Louvain,: Éditions de l'Institut supérieur de philosophie (de l'Université catholique de Louvain).

Lloyd, G. E. R., and G. E. L. Owen, eds. 1978. *Aristotle on Mind and the Senses: Proceedings of the Seventh Symposium Aristotelicum*, Cambridge classical studies. Cambridge: Cambridge University Press.

Maudlin, T. 1986. 'De Anima III, 1: Any sense missing?'. *Phronesis* 31: 51-67.

Nussbaum, M. C. 1978. *Aristotle's De Motu Animalium*. Princeton: Princeton University Press.

Nussbaum, M. C., and H. Putnam. 1992. 'Changing Aristotle's mind'. In Nussbaum and Rorty 1992.

Nussbaum, M. C., and A. O. Rorty, eds. 1992. *Essays on Aristotle's De anima*. Oxford: Oxford University Press.

Nuyens, F. J. C. J. 1948. *L'évolution de la psychologie d'Aristote*. Réimpression anastatique. ed, Aristote, traductions et études. Louvain: Éditions de l'Institut supérieur de philosophie.

Osborne, C. 1983. 'Aristotle's De anima 3.2: how do we pereceive that we see and hear?'. *Classical Quarterly* 33: 401-411.

——. 1998. 'Perceiving white and sweet (again): Aristotle, De anima 3.7, 431a20-b1'. *Classical Quarterly* 48: 433-466.

Robinson, H. 1978. 'Mind and body in Aristotle'. *Classical Quarterly* 28: 105-124.

——. 1983. 'Aristotelian dualism'. *Oxford Studies in Ancient Philosophy* 1: 123-144.

Romeyer-Dherbey, G., and C. Viano, eds. 1996. *Corps et âme: sur le De anima d' Aristote*, Bibliotheque d'histoire de la philosophie. Nouvelle serie. Paris: J. Vrin.

Shields, C. 1998. 'Body and soul in Aristotle'. *Oxford Studies in Ancient Philosophy* 6: 103-138.

——. 1990. 'The first functionalist'. In *Historical Foundations of Cognitive Science*. ed. J.-C. Smith, Dordrecht: Kluwer Academic Publishers. 19-33.

Shorey, P. 1901. 'Aristotle's De Anima'. *American Journal of Philology* 22: 149-164.

Siwek, P. 1965. *Le "De anima" d'Aristote dans les manuscrits grecs*, Biblioteca apostolica vaticana. 241. Città del Vaticano: Biblioteca apostolica vaticana.

Solmsen, F. 1950. 'Tissues and the soul'. *Philosophical Review* 59: 435-468.

——. 1955. 'Antecedants of Aristotle's psychology and scale of beings'. *American Journal of Philology* 76: 148-64.

Sorabji, R. 1971. 'Aristotle on demarcating five senses'. *Philosophical Review* 82: 55-71. repr. in Barnes 1979, 76-92.

——. 1974. 'Body and soul in Aristotle'. Philosophy 49: 63-89. repr. in Barnes 1979, 42-64 and Durrant 1993, 162-196.

——. 1991. 'From Aristotle to Brentano: The development of concept of intentionality'. *Oxford Studies in Ancient Philosophy* (Supplementaty vol.): 227-259.

——. 1992. 'Intentionality and physiological processes: Aristotle's theory of sense-perception'. In Nussbaum and Rorty 1992. 195-225.

——. ed. 1990. *Aristotle Transformed*. London: Duckworth.

Sprague, R. K. 1967. 'Aristotle, De Anima 414a 4-14'. *Phoenix* 21: 102-107.

——. 1996. 'A missing middle term: De Anima II, 2'. *Phronesis* 41: 104-108.

Tracy, T. 1982. 'The soul / boatman analogy in Aristotle's De Anima'. *Classical Philology* 77: 97-112.

van der Eijk, P. J. 1997. 'The matter of mind: Aristotle on the biology of 'psychic' processes and the bodily aspects of thinking'. In *Aristotelische Biologie: Intentionen, Methoden, Ergebnisse*, edited by W. Kullmann and S. Föllinger. Stuttgart: Franz Steiner.

Urmson, J. O., and P. Lautner. 1995. *Simplicius: On Aristotle on the Soul 1.1-2.4*. Ithaca, N. Y.: Cornell University Press.

Wedin, M. V. 1988. *Mind and Imagination in Aristotle*. New Haven: Yale University Press.

Zürcher, J. 1952. *Aristoteles' Werk und Geist*. Paderborn: F. Schöningh.

その他「解説」で引用される文献

Adam, C. E., and P. Tannery, eds. 1897-1913. *Oeuvres de Descartes*. 11 vols. Paris: Leopold Cerf.

Barnes, J. 1982. *Aristotle*. Oxford; New York: Oxford University Press.

Block, N. 1990. 'Can the mind change the world?'. In *Meaning and Method: Essays in Honor of Hilary Putnam*, edited by G. Boolos. Cambridge: Cambridge University Press. 137-170.

Brandis, C. A. 1836. *Scholia in Aristotelem*, Aristotelis opera; v.4. Berolini: Georgius Reimerus.

Brentano, F. C. 1874. *Psychologie von empirische Stundpunkt*. Leipzig: Duncker and Humblot. edn. rev. Osker Klaus, Leipzig: Felix Meiner, 1924, repr. Hamburg: Felix Meiner, 1955-59.

——. 1930. *Wahrheit und Evidenz; Erkenntnistheoretische Abhandlungen und Briefe*, ausgewählt, erläutert und eingeleitet, Der Philosophische Bibliothek, Bd. 201. Leipzig: Felix Meiner.

Busse, A. 1897. *Ammonios in Aristotelis De interpretatione commentarius*. Commentaria in Aristotelem graeca; 4, pt. V. Berlin: Reimer.

Chisholm, R. M. 1957. *Perceiving: A Philosophical Study*. Ithaca: Cornell University Press.

Claus, D. B. 1981. *Toward the Soul: An Inquiry into the Meaning of ψυχή before Plato*. New Haven: Yale University Press.

Davidson, H. A. 1992. *Alfarabi, Avicenna, and Averroes on Intellect: Their Cosmologies, Theories of the Active Intellect, and Theories of Human Intellect*. Oxford: Oxford University Press.

Düring, I. 1966. *Aristoteles: Darstellung und Interpretation seines Denkens*. Heidelberg: Carl Winter.

Fortenbaugh, W. W., and D. Gutas, eds. 1992. *Theophrastus: His Psychological, Doxographical, and Scientific Writings*,

Rutgers University studies in classical humanities, v. 5. New Brunswick, N.J.: Transaction Books.

Hadot, I. 1987. 'Les introductions aux commentaires exégétiques chez les auteurs néoplatoniciens et les auterurs chrétiens'. In *Les règles de l'interpretation*, edited by M. Tardieu. Paris: Cerf. repr. in I. Hadot (tr.), *Simplicius, Commentaire sur les Categories* I. Leiden: E. J. Brill. 1989.

——. 1996. *Simplicius: Commentaire sur le Manuel d'Epictete*, Philosophia antiqua; v. 66. Leiden; New York: E. J. Brill.

Hyman, A. 1981. 'Averroes as commentator on Aristotle's thoery of the intellect'. In *Studies in Aristotle*, ed. by D. J. O'Meara. Washington, D. C.: Catholic University of America Press. 1981.

——. 1999. 'Averroes' thoery of the intellect and the ancient commentators'. In *Averroes and the Aristotelian Tradition: Sources, Constitution, and Reception of the Philosophy of Ibn Rushd (1126-1198)*, ed. by G. Endress et. al. Leiden; Boston: Brill.. 188-198.

Jaeger, W. W. 1923. *Aristoteles: Grundlegung einer Geschichte seiner Entwicklung*. Berlin: Weidmann.

Kassel, R. 1971. *Der Text der aristotelischen Rhetorik*, Peripatoi, Bd. 3. Berlin: De Gruyter.

Kern, W. 1961. 'Eine Übersetzung Hegels zu De Anima III, 4-5'. *Hegel-Studien* 1: 49-88.

Lesher, J. H. 1998. *The Greek Philosophers: Selected Greek Texts from the Presocratics, Plato, and Aristotle*. London: Bristol Classical Press.

Mill, J. S. 1875/1978. *Essays on Philosophy and the Classics* (Collected Works of John Stuart Mill, v.11). Toronto: University of Toronto Press.

Putnam, H. 1973. 'Philosophy and our mental life'. In Putnam 1975. 291-303.

——. 1975. *Mind, Language, and Reality* (Philosophical Papers, vol.2). Cambridge: Cambridge University Press.

——. 1995. *Words and Life*. Cambridge, Mass.: Harvard University Press.

Rorty, R. 1979. *Philosophy and the Mirror of Nature*. Princeton: Princeton University Press.

Schmitt, C. B. 1984. *The Aristotelian Tradition and Renaissance Universities*. London: Variorum Reprints.

Sharples, R. W. 1987. 'Alexander of Aphrodisias: Scholasticism and innovation'. In *Aufstieg und Niedergang der römischen Welt*, Teil II: Prinzipat, Bd. 36.2 ed. W.Haase. Berlin/New York: Walter de Gruyter. 1175-1243.

Wilkes, K. V. 1978. *Physicalism, Studies in philosophical psychology*. London; New York: Routledge & Kegan Paul; Humanities Press.

——. 1992. 'Psyche versus the mind'. In Nussbaum and Rorty 1992. 109-127.

——. 1988. '–, yìshì, duh, um and consciousness'. In *Consciousness in Contemporary Science*, ed. by A. J. Marcel and E. Bisiach. Oxford; New York: Clarendon Press. 16-41.

ジョン・マレンボン（一九八九）『後期中世の哲学：一一五〇－一三五〇年』加藤雅人訳、東京、勁草書房（Marenbon, J. 1987. *Later Medieval Philosophy (1150-1350): An Introduction*. London: Routledge & K. Paul.）。

藤澤令夫（一九九八）『プラトンの哲学』東京、岩波書店。

細川亮一（二〇〇〇）『ハイデガー哲学の射程』東京、創文社。

中畑正志（一九九三）「心を理解するとはいかなることか」『アルケー（関西哲学会年報）』一、一五二－一六五頁。

中畑正志（一九九六）「因果的世界における心の位置」『哲学』第四七号、五五－七三頁。

索　引

イタリック体の数字とa, bはベッカー版の頁数と欄、および行数を示す。*2a*－*24b*は*402a*－*424b*を表わす。本書では本文欄外上部に示した数字がそれにあたるが、日本語訳に際して若干のずれが生じる場合があるので、その前後も参照されたい。矢印はその項および箇所を参照の意。

ア　行

アイテール（αἰθήρ）　*4b14*
アケロオス川（'Αχελῷος）　*20b12*
味（χυμός）　*14b11, 13, 18a13, 21a18, 26, 28, 29, 32, 22a6, 10, 17, 30, b8, 10, 14, 23a18, 19, 24a22, b12, 26a15, 18, 22, 31, 35b12*
　味わえるもの（γευστόν）　*22a8, 10, 17, 29, 34, b3, 15*
熱い、熱（θερμός）　*3b1, 4a1, 5b25, 27, 14b8, 12, 16b29, 20b25, 22b26, 23b28, 24a3, 10, 29a26, b15, 31a20, 35a23, b14*
アナクサゴラス（'Αναξαγόρας）　*4a25, b1, 5a13, b19, 29a19, b24*
アプロディテ（'Αφροδίτη）　*6b19*
甘い（γλυκύς）　*21a27, 28, 29, b1, 22a12, b11, 25, 25a22, 26b2, 5, 11, 13, 18, 21, 31, 31a20, b1*
アルクマイオン（'Αλκμαίων）　*5a29*
生きる（ζῆν）　*4a9, 15, 5b28, 9a9, 10b23, 11b3, 19, 12b23, 26, 13a22, 23, 26, 30, b1, 2, 4, 17, 14a4, 12, b8, 15, 15a11, 25, 27, b8, 13, 22, 34a23, 27*
色（χρῶμα）　*14b10, 18a13, 15, 27, 29, 31, b3, 6, 11, 27, 19a2, 6, 8, 10, 12, 13, 19, 22, 34, 20a28, 21a9, 14, 15, 22a14, 16, b11, 32, 23a9, 24a22, b4, 25b9, 14, 18, 19, 26a14, b1, 29b2, 30a17, 34b20, 35a7, b8*
動き、動、運動変化（κίνησις）　*3a26, b26, 4a9, 12, 22, 5a28, b11, 31, 6a2, 9, 12, 15, 16, 22, 26, 29, 31, b6, 12, 15, 7a2, 6, 20, 33, b1, 8a7, b4, 6, 15, 18, 9a5, b12, 10b21, 11a29, 12b17, 13a24, b13, 22, 15b10, 22, 17a16, 18a17, 19, 19b23, 20a9, 11, 17, 21, 33, b11, 23a10, 24a30, 25a16, 17, 21, b6, 26a2, b30, 27a18, 28b11, 13, 15, 24, 26, 29a1, 31a6, 32a17, b9, 13, 14, 15, 19, 28, 33a7, b18, 27, 34b32*
　動かすことのできる（κινητικόν）　*4b8, 28, 5a4, 11, 19, 25, 9a3, b20, 10b18, 19, 18b1, 19a10, 20a3, 26a5, 32b18, 33a13, b28*
　場所的に動かすもの（魂の運動能力）（τὸ κινητικὸν κατὰ τόπον）　*414a32, b17, 15a7*
生み出す　→生殖
運行　→場所移動
運動　→動き
栄養、栄養物（τροφή）　*12a14, b4, 13a25, 31, 14b6, 7, 10, 15a22, 23, 26, 16a10, 20, 22, 26, 27, 29, 33, 35, b1, 3, 6, 11, 12, 13, 19, 20, 23, 25, 28, 30, 21b12, 34a25, b19, 35b23*
　栄養摂取する能力（τὸ θρεπτικόν）　*13b5, 7, 12, 14a31, 33, b32, 15a1, 2, 17, 23, 16a19, 32a29, b11, 15, 33b3, 34a22, 26*
エンペドクレス（'Εμπεδοκλῆς）　*4b11, 8a19, 10a3, 28, b4, 15b28, 18b20, 27a23, 30a28*
大きさ（空間的拡がり）、大きさのあるもの（μέγεθος）　*7a3, 9, 10, 12, 14, 17, 8a6, 9a14, 16a17, 18a18, 22b30, 23a23, 24a26, 27, 25a16, 17, 18, b6, 9, 28b24, 29a12, b10, 31b19, 32a4, 20, 33b25*
恐れ（φόβος）　*3a17, b18*
　恐れる（φοβεῖσθαι）　*3a20, 24, 8b2, 8, 32b31*
　恐ろしい（φοβερός）　*3a23, 21a15, 27b22, 32b31*

音（ψόφος） 14b10, 18a13, 15, b27, 19a25, 27, 32, b4, 5, 6, 9, 10, 11, 14, 19, 28, 20a9, 17, 21, 27, 28, b5, 11, 13, 29, 32, 21a9, 22a23, 24, 25, b33, 23a8, 24a23, b10, 15, 34, 25b27, 29, 26a1, 3, 7, 8, 18, 29b1, 2, 34b19, 35b9, 10
　—を発する（ψοεῖν） 18a16, 19a29, b8, 12, 13, 22, 20a20, 23, 26, b12, 14, 30, 25b29, 30
　音響活動（ψόφησις） 26a1, 7, 12
思いなし（δόξα） 3b22, 4b23, 26, 7b27, 27b10, 25, 28a4, 19, 20, 22, 25, 26, 27, 29, 30, b5, 34a10, 20
　思いなす（δοξάζειν） 11a28, 13b31, 27b20, 21, 28a20, b1
オルペウス（の）（'Ορφικός） 10b28
音階の調和　→調和
音声　→声

カ　行

快、快い（ἡδύς） 14b5, 6, 21a12, 26b3, 5, 31a9, b9, 32b31, 33a1, b9, 35b23
快楽（ἡδονή） 9b16, 13b23, 14b4, 34a3
確信　→信ずる
活動、はたらき（ἔργον） 2b12, 14, 3a10, b12, 8a4, 9b15, 15a26, 27, 16a5, 21, 20b17, 32a16, 33b20, 34a8, b1
カテゴリー（κατηγορία） 2a25, 10a15
可能態、能力（δύναμις） 2a26, 3a27, 4a30, 11b15, 12a9, 20, 28, b26, 27, 13a1, 2, 26, 33, b19, 25, 14a17, 26, 28, 29, 31, b29, 15a19, 25, b14, 23, 16a19, 21, b18, 17a7, 10, 13, 14, 21, 30, b4, 5, 10, 12, 30, 18a4, b10, 31, 19b5, 22a7, 18, b15, 23b31, 24a2, 9, 25, 28, 26a4, 19, 24, 27a6, 28a3, 6, 29a16, 29, b8, 30, 31, 30a6, 8, 11, 16, 21, b6, 11, 23, 31a2, 4, b25, 27, 32a15, b4, 15, 33a31, b2, 34a26
神（θεός） 2b7, 7b10, 9b32, 10b5, 11a8
　神的（θεῖος） 5a32, 8b29, 15a29, b3
乾いた、乾（ξηρός） 14b7, 12, 22a6, b26, 23a26, b28
感覚、感覚能力（αἴσθησις） 4b23, 27, 5b12, 6b30, 8b17, 9b16, 10b23, 11b21, 30, 12b24, 13a23, b2, 3, 4, 6, 7, 9, 21, 22, 23, 14a2, b3, 4, 6, 7, 9, 15a4, 6, b24, 16b33, 17a3, 4, 5, 12, b22, 18a7, 10, 11, 25, 19a3, 27, 30, b1, 20a30, 21a9, 20, b4, 20, 22, 22a13, 17, b18, 23, 29, 23a2, 3, 6, 9, 16, 20, b2, 21, 31, 24a4, 15, 17, 18, 22, 27, 31, b22, 24, 25, 27, 25a9, 13, 15, 20, 21, 23, 27, 31, b1, 4, 16, 25, 26, 26a9, 23, b3, 7, 8, 15, 31, 27a9, b12, 15, 16, 28a4, 5, 6, 8, 25, 26, 28, 29, 30, b12, 14, 15, 18, 25, 26, 27, 28, 29a2, 3, 5, 31, 31b4, 23, 24, 32a3, 16, 18, b20, 33b7, 34a1, 27, 30, 33, b4, 8, 9, 15, 16, 22, 35a13, 16, b1, 5, 20
　感覚器官（αἰσθητήριον） 8b18, 21, 19a15, 26, 28, 29, 21a13, 24, b17, 27, 32, 22a7, b1, 5, 20, 22, 34, 23a5, 11, b19, 20, 25, 30, 24a24, 30, b27, 33, 34, 25a3, 8, 14, b23, 25, 26b9, 16, 29a30, 35a15, 18, 22, b3, 9, 15, 18
　感覚される（もの）、感覚対象（αἰσθητός） 2b16, 6b11, 14b9, 15a22, 17a13, b21, 25, 26, 27, 18a4, 7, 8, 20, 21, 24, 25, 22a9, b19, 24a5, 6, 18, 29, b2, 6, 18, 28, 31, 25b10, 23, 24, 26, 26a9, 11, 16, 23, b8, 10, 13, 15, 28a13, b20, 24, 30, 29a17, b1, 31a4, b22, 23, 28, 32a3, 4, 5, 6, 34b13, 29, 35b7, 15
　感覚することのできる（もの）、感覚する能力（αἰσθητικόν） 2b13, 16, 7a5, 8a13, 10b22, 26, 11b30, 12b25, 13b12, 29, 14a32, b1, 31, 15a2, 6, 17, 17a6, b16, 32, 18a3, 19a18, 23b23, 24a27, b9, 33, 25a6, 26a11, 16, 27a15, 29a17, 26, 30, b5, 15, 31a5, 11, 14, b26, 32a30, b19, 33b3, 29, 34a5, b28
　感覚様態（αἴσθημα） 31a15, 32a9
観想する、考察する、知を行使する（θεωρεῖν） 2a7, b17, 3a28, 8b24, 12a11, 23, 25, b17, 15a21, 17a28, 29, b5, 19, 32a8, 9, b27, 29
　観想にかかわる（θεωρητικός） 7a25, 13b25, 15a12, 30a4, 32b27, 33a15
願望（βούλησις） 14b2, 32b5, 33a23, 24
偽（ψευδής） 28a12, 15, 18, 19, b2, 8, 17, 29, 30b27
　—となる、誤謬をおかす（ψεύδεσθαι,

διαψεύδεσθαι)　*27b21, 28a4, b21, 22*
気概、憤激（*θυμός*）　*3a17, b18, 14b2, 32b6*
　気概的（*θυμικός*）　*32a25, 33b4*
技術（*τέχνη*）　*7b26, 30a12*
気息（*πνεῦμα*）　*20b20, 21b15*
規定　→定義
基本要素（*στοιχεῖον*）　*4a5, b11, 17, 25, 5a6, b8, 10, 13, 14, 17, 6b29, 8a15, 17, 9b24, 10a2, 7, 17, 19, 21, 28, b6, 8, 11, 15, 17, 22, 11a3, 25, 16a11, 17a5, 23b28, 29, 35a20, b3*
嗅覚（*ὄσφρησις*）　*21b6, 9, 23, 23a10, b19, 24b6, 23, 25a5, 26b2, 34b15*
吸入　→呼吸
強制（*βία*）　*6a22, 23, 25, 26, b6, 32b17*
　━的、激しい（*βίαιος*）　*6a26, 7b1, 22a26*
協和音（*συμφωνία*）　*24a32, 26a27, 29, b6*
空気（*ἀήρ*）　*4a3, 18, 5a22, b18, 11a10, 12, 15, 20, 18b6, 7, 19a14, 32, 33, 34, b18, 19, 20, 21, 23, 25, 27, 34, 20a3, 4, 6, 7, 12, 17, 19, 25, b11, 15, 16, 27, 28, 33, 21a5, b9, 11, 22a1, 23a8, 12, 29, b11, 18, 24a14, b11, 16, 18, 30, 33, 34, 25a1, 4, 5, 8, 31a17, 35a4, 6, b21*
空虚（*κενός*）　*19a16, 20, b33, 34, 20a18*
苦、苦痛（*λύπη*）　*9b17, 13b23, 14b4, 34a3*
　苦痛な（*λυπηρόν*）　*14b5, 21a12, 31a9, b9, 35b23*
　苦痛を与える（*λυπεῖν*）　*26b7*
　苦痛を感じる（*λυπεῖσθαι*）　*8b2, 6, 31a10*
区分　→分割
クリティアス（*Κριτίας*）　*5b6*
クレオン（*Κλέων*）　*25a25, 26, 27, 29, 30b5*
形相（*εἶδος*）　*3b2, 6, 4b24, 27, 7b24, 12a8, 10, 20, 14a9, 14, 15, 17, 24a18, b2, 27a8, 29a16, 28, 29, 30b15, b2, 28, 29, 32a2, 3, 5, 33a22, 34a30*
結合、組み合わせ（*σύνθεσις*）　*7b31, 33, 8a7, 10, 11, 12, 10a2, 8, 30a27, b2*
現実活動態（*ἐνέργεια*）　*14a10, 12, 15a19, 16b2, 17a7, 13, 14, 16, 18, 30, b19, 20, 22, 18b1, 9, 19a10, b5, 9, 20a27, 22a18, 24a2, 8, 25b26, 28, 31, 26a3, 5, 6, 11, 14, 16, 24, 28a6, 9, b13, 26, 29a2, 24, b7, 30a17, 18, 20, b7, 8, 25, 31a1, 5, 7, 12, b14, 17, 33b18*
　現実に活動する（*ἐνεργεῖν*）　*12a26, 16b19, 17a12, 15, b1, 25b29, 27a7, 28a13, 29b7, 31a10*
現実態（*ἐντελέχεια*）　*2a26, 12a10, 21, 22, 27, b5, 9, 13a1, 6, 7, 8, b18, 14a17, 18, 26, 27, 15b15, 17a9, 21, 29, b4, 5, 7, 10, 13, 18a4, b12, 30, 19a11, 22b2, 16, 29a28, b31, 30a1, 31a3, b25, 26*
減少、衰微、衰弱（*φθίσις*）　*6a13, 11a30, 12a15, 13a25, 27, 15b26, 32b9, 25, 34a25, b21*
行為（*πρᾶξις*）　*15a19, 31b10, 33a17*
　━にかかわる（*πρακτικός*）　*7a24, 33a14, 16, 18*
　━の対象となる（*πρακτός*）　*32b27, 33a29, b16*
考察　→観想
肯定主張（*κατάφασις*）　*30b27*
　━する（*καταφάναι*）　*31a9*
声、音声（*φωνή*）　*20b5, 9, 10, 13, 22, 29, 31, 33, 22b29, 26a27*
呼吸、吸入（*ἀναπνοή*）　*4a10, 5b28, 20b23, 25, 32b11*
　呼吸する、吸い込む（*ἀναπνεῖν*）　*4a13, 10b29, 11a1, 19b2, 20b17, 26, 27, 33, 21a2, 6, b14, 18, 20, 26, 22a2, 4, 5*

サ　行

盛り（*ἀκμή*）　*11a30, 32b24, 34a24*
作用する、生み出す（*ποιεῖν*）　*3a7, 4a16, 29, b10, 17, 31, 5b14, 19, 23, 6b18, 23, 7b10, 18, 9a4, 11a3, 10, b2, 9, 22, 13b33, 15a14, 28, b16, 17a2, 4, 19a3, 26, 30, b11, 14, 17, 32, 34, 22a5, 17, 23a3, b14, 24a1, 2, b6, 10, 12, 14, 25b10, 26a10, 27b19, 28b16, 29b26, 29, 30a12, 15, 16, 19, b6, 18, 31a5, 18, 32b21, 33a5, 34a10, 31, b20, 30, 31, 35a5, 16*
　作用（*ποίησις*）　*26a2, 9*
　作用することのできる（*ποιητικός*）　*14a11, 16b15, 17a18, b20, 26a4, 30a12*

作用を受ける（πάσχειν）　3a6, 18, 7b18, 8b23, 10a25, b27, 11b3, 14a11, 16a34, b33, 35, 17a2, 15, 17, 19, 20, b2, 14, 18a3, 5, 23, 19a18, 22b2, 24a1, 14, 23, 34, b3, 7, 13, 15, 16, 17, 18, 26a5, 10, 27a9, 28b17, 29a14, b25, 26, 29, 30a13, 19, 31a5, 34b29, 35a5, 7
作用を受けることのできる（παθητικός）　22b16, 24b14, 30a24
作用を受けない、作用を受けて特定の様態とならない（ἀπαθής, ἀπάθεια）　5b20, 8b25, 29, 10a23, 16a32, 29a15, 29, b23, 30a18, 24
思惟（知性）（νοῦς）　2b13, 16, 4a27, 28, 30, 31, b2, 3, 5, 22, 26, 5a9, 13, 14, 15, 18, b20, 7a5, 6, 9, 20, 21, b4, 8a12, b18, 29, 10b14, 22, 25, 11b18, 13a23, b24, 14b18, 15a12, b16, 27a26, 28a5, 18, 29a6, 7, 17, 22, 23, b3, 22, 23, 27, 31, 30a2, 7, 8, 14, 17, 25, b6, 27, 31b17, 32a2, 18, b26, 33a2, 8, 9, 13, 14, 16, 21, 23, 26, b7, 34b3
—活動（νόησις）　6b25, 7a7, 20, 21, 22, 24, 32, 27a1, 9, b17, 30a26, 33a10, 12
—された事柄、—内容（νόημα）　7a8, 30a28, 31b7, 32a11, 12
—される（もの）、—対象（νοητόν）　2b16, 15a22, 29a14, 18, b4, 26, 28, 29, 30, 30a2, 3, 7, 9, 31b22, 32a5
視覚（ὄψις）　12b19, 20, 13a1, 3, 15a5, 18a13, 20, 26, 19a13, 22a20, 21, 25, b24, 23a9, b18, 24a11, b23, 25a22, b7, 13, 14, 16, 18, 20, 21, 26a13, 21, b1, 11, 28a6, 29a3, 34b15, 35a6, 8, b21
—活動（ὅρασις）　12b28, 26a13, 28a7
時間（χρόνος）　11b22, 20a31, 26b24, 29, 31, 27b2, 30a21, b1, 8, 9, 12, 13, 15, 17, 19, 20, 31a2, 3, 33b7
思考（διάνοια）　4a17, 10b24, 15a8, 21a25, 27b15, 32a16, 33a2, 18, 19
—する（διανοεῖσθαι）　8b3, 6, 9, 14, 26, 14a13, 27b13, 29a23, 32b30
自然、自然本性（φύσις）　2a6, 8, 3b25, 4a5, 5a4, 15, b8, 6a15, 21, 22, 23, 24, 25, 7b2, 10b15, 11b24, 15b2, 17, 18, 16a1, 9, 16, 17b16, 18b2, 8, 31, 20b17, 22a33, 29a21, 30a10, 32b21, 34a14, 31, 32, b1
自然学者（ὁ φυσικός）　3a28, 29, b7, 11
自然的、自然本来の（φυσικός）　3b17, 12a12, 13, 15, 20, 28, b5, 12, 16, 15a26, b18
舌（γλῶττα）　20b18, 30, 22a19, b6, 9, 23a17, b17, 35b24
湿、湿潤な（ὑγρός）　5b3, 14b7, 13, 22a4, 5, 6, 11, 14, 34, b1, 4, 6, 7, 26, 23a24, b29
湿潤化する（ὑγραίνεσθαι）　22b2, 3, 4
湿り気（ὑγρότης）　22a18(bis), b9
実体　→本質
質料　→素材
種、種類（εἶδος）　2b3, 9a10, 11b21, 14b27, 15b7, 21a17, 22b10, 29b28, 31a6, 33b10
消滅（φθορά）　3b4, 17b3, 34a23
植物（φυτόν）　9a9, 10b23, 30, 11b19, 28, 29, 12b1, 13b16, 19, 14a33, b33, 15a3, 29, b20, 29, 16a4, 12, 24a33, 32a29, b18, 35b1
触覚（ἁφή）　13b5, 6, 14a3, b3, 7, 9, 15, 15a4, 18a14, 19, 19a30, 20b1, 21a19, 21, 22a10, 34, b6, 17, 18, 33, 23a11, 17, 20, b3, 31, 24a10, 12, b23, 24, 26, 28, 25a7, 26b6, 34a1, b10, 13, 18, 21, 24, 35a13, 17, 18, 21, b2, 12, 16, 17
思慮（φρόνησις）　4b5, 27b10, 25
—する（φρονεῖν）　17b8, 11, 27a18, 19, 22, 24, 28, b7, 29a11
真、真理（ἀλήθεια, ἀληθής）　2a5, 4a28, 31, 6a32, 23a28, 27b3, 10, 12, 28a11, 15, 19, b3, 5, 7, 17, 18, 28, 30a27, b5, 27, 28, 29, 30, 31b10, 32a11
真理を把握する（ἀληθεύειν）　27b21, 28a4, 17
信ずる、確信（πίστις, πιστεύειν）　2a11, 24b24, 28a21, b4, 28a20, 21, 22, 23
心臓（καρδία）　3a31, 8b8, 20b26, 32b31
身体、物体（σῶμα）　3a6, 10, 15, 17, 19, 22, 26, b11, 15, 4a10, 5a10, 6a20, 29, 30, b1, 2, 16, 22, 27, 7b2, 4, 8, 15, 17, 21, 23, 26, 31, 8a10, 17, 9a21, 25, 26, 27, 29, 32, b2, 3, 5, 7, 21, 10a30, 11b7, 8, 15, 16, 17, 12a12, 15, 16, 17, 18, 20, 21, 27, b5, 6, 11, 12, 15, 23, 25, 27, 13a2, 3, 4, 7, 8,

14a8, 18, 20, 21, 22, 23, 15b8, 11, 18, 16a11, 28, b10, 22, 18b9, 13, 15, 17, 22a9, 10, 23a6, 13, 15, 22, 23, 25, b21, 27, 24b11, 14, 25a12, 13, 29a25, b5, 33b20, 34a28, 33, b3, 6, 8, 9, 12, 13, 19, 35a11, 14, 20
吸い込む →呼吸
推論（λογισμός, συλλογισμός） 7a27, 34, 9b16, 15a8, 9, 10, 33a12, 24, 25, 34a8, 11
—する（λογίζεσθαι） 31b7, 33a14
数（ἀριθμός） 2a22, 4b23, 24, 27, 29, 6b29, 7a8, 8b32, 9a1, 6, 7, 8, 17, 25, 26, b4, 6, 8, 12, 29, 11b21, 15b5, 7, 18a18, 25a16, 19, b6, 27a2, 5, 31a23, 33b12
鋭い、（音が）高い（ὀξύς） 20a29, 30, 32, b1, 2, 21a30, 22b14, 24, 26a31, b4, 6
性質変化（ἀλλοίωσις） 6a13, 8b11, 15b23, 24, 16b34, 17b7, 15, 35a1
—させる、—する（ἀλλοιοῦν, ἀλλοιοῦσθαι） 17a31, b6, 9, 18a3, 24b13, 31a5, 35a2
生殖（γέννησις） 15a23
—する、生み出す（γεννᾶν） 15a26, 16b16, 24, 17b17
—することのできる、—能力（γεννητικός） 16a19, b25, 32b10, 24
生成（γένεσις） 12a26, 15a27, 16a23, b15, 34a23
生物 →動物
生命（ζωή） 12a13, 14, 15, 17, 20, 28, 15b27, 16b9
善 →善い
増大、成長（αὔξησις） 6a13, 12a14, 13a25, 27, 15b23, 26, 29, 16a10, 15, 17, 24, 32b9, 34a24, b20
素材（質料）（ὕλη） 3b1, 3, 7, 10, 12, 18, 10b11, 12a7, 9, 19, b8, 20, 14a14, 16, 26, 16a18, b1, 17a27, 22a11, 24a19, b3, 25b24, 29b14, 22, 30a3, 6, 8, 10, 13, 19, b30, 32a10, 34a30

タ 行

対象、相対するもの（ἀντικείμενον） 2b15, 11a4, 15a20, 16a34, 24a12
ダイダロス（Δαίδαλος） 6b18
（音が）高い →鋭い
魂（ψυχή） 2a4, 9, b2, 4, 9, 10, 3a3, 4, 10, 16, 28, b17, 20, 28, 29, 31, 4a2, 6, 8, 18, 21, 23, 24, 25, 28, 31, b3, 8, 10, 12, 17, 28, 29, 5a4, 9, 14, 20, 23, 26, 30, b4, 5, 6, 11, 16, 18, 19, 24, 26, 29, 30, 6a1, 11, 17, 21, 26, b2, 10, 13, 16, 24, 26, 7a2, 3, b6, 8, 10, 14, 15, 20, 22, 26, 27, 33, 34, 8a3, 4, 14, 16, 18, 20, 25, 27, 28, 29, 33, b1, 7, 12, 13, 14, 15, 23, 30, 33, 9a7, 10, 17, 18, 26, 27, b1, 2, 4, 5, 13, 16, 20, 27, 30, 10a7, 11, 16, 19, b8, 13, 17, 18, 21, 25, 27, 29, 11a2, 10, 12, 16, 17, 18, 21, 25, 27, 30, b1, 6, 8, 10, 12, 16, 20, 25, 27, 28, 12a4, 5, 17, 19, 24, 27, b4, 6, 10, 13, 16, 19, 26, 13a1, 3, 4, 8, 10, b1, 8, 11, 13, 14, 18, 20, 26, 28, 14a6, 12, 18, 20, 29, b20, 22, 25, 29, 32, 15a13, 24, 25, b8, 9, 11, 14, 15, 18, 19, 20, 22, 25, 16a8, 15, 18, 19, b18, 22, 25, 17b23, 20b28, 27a17, 21, b2, 29a10, 11, 22, 23, 27, 30a13, b15, 31a14, 17, b7, 20, 21, 26, 29, 32a1, 15, 19, 20, 23, b3, 33a31, b1, 20, 34a22, 23, b3, 5, 7
—をもつ（ἔμψυχος） 3b26, 4b7, 11a20, 13a21, 14a17, b30, 15b11, 16b10, 11, 13, 29, 20a7, b6, 31, 23a13, 34b12, 35a14
—をもたない（ἄψυχος） 3b26, 13a21, 20b6, 8, 24b13
タレス（Θαλῆς） 5a19, 11a8
単位的一（μονάς） 9a1, 5, 6, 8, 11, 16, 19, 22, b9, 10
血（αἷμα） 3a31, 5b4, 5, 6, 7
知識、知識の所有（ἐπιστήμη） 4b22, 26, 12a10, 22, 23, 27, 14a5, 8, 17a24, b6, 13, 18, 22, 26, 27b6, 10, 25, 28a5, 17, 30a4, 20, 31a1, b22, 24, 33a5, 6, 11
—ある者（ἐπιστήμων） 17a23, 24, 25, 30, 29b6
知性 →思惟
中間、中間的状態（μεσότης） 24a4, b1, 31a11, 19, 35a22
中間の媒体 →媒体
抽象、抽き去る（ἀφαίρεσις, ἀφαιρεῖν） 9a8, 29b18, 31b12, 32a5

聴覚（ἀκοή） 15a5, 18a13, 19b4, 8, 20a4, 21b4, 22a23, b24, 33, 23a9, b18, 24b23, 25a4, b28, 31, 26a3, 7, 8, 18, 28, 29, 31, 31a18, 34b15, 35b24
—活動（ἄκουσις） 26a1, 7, 12
調和、音階の調和（ἁρμονία） 6b30, 7b30, 31, 32, 34, 8a2, 4, 6, 18, 29
土（γῆ） 5b8, 6a28, 10a30, 16a1, 7, 17a4, 18b22, 23a14, 25a6, 35a15, 23, 25, b1, 3
冷たい、冷（ψυχρός） 5b25, 28, 14b8, 13, 22b26, 23b28, 24a3, 10, 29a26, b15, 35a23, b14
ディアレス（の息子）（Διάρους υἱός） 18a21
ディオゲネス（Διογένης） 5a21
定義（ὅρος, ὁρισμός） 2b26, 3a25, 4a9, 7a26, 30, 9b13, 13a14, 16, 18, 31a22
—する、規定する（ὁρίζειν, διορίζειν） 2b11, 3a29, 4b19, 5b11, 13, 7a25, 9b19, 12a5, 13a9, 21, b12, 15a21, b10, 16a20, b32, 17b29, 18a1, 19b4, 26, 33, 20a19, b5, 23a10, b28, 27a16, 29, b29, 31b3, 32a15, 18, 25, 35b16
ティマイオス（Τίμαιος） 4b16, 6b26
哲学（φιλοσοφία） 4b19
哲学者（φιλόσοφος） 3b16
デモクリトス（Δημόκριτος） 3b31, 4a27, 5a8, 6b17, 20, 9a12, 32, b8, 19a15
動 →動き
動物、生物（ζῷον） 2a7, 10, b6, 7, 3b18, 4a9, 11, 14, b4, 6, 20, 6b5, 6, 25, 8a26, 9a9, 16, b7, 11, 10a30, b20, 21, 24, 11a1, 10, 13, 15, 16, 20, 29, b20, 29, 12b18, 13a3, b2, 4, 8, 32, 14a1, b3, 15a5, 28, b17, 19, 16a4, 13, 19a35, 20a5, b9, 13, 29, 21a10, 21, 23, b27, 23a31, 25a9, 27a15, b1, 8, 13, 29a6, 32a16, 30, b8, 14, 20, 23, 33a12, b18, 28, 30, 34a6, 29, 30, b12, 13, 14, 18, 23, 24, 25, 35a11, 20, b5, 6, 8, 14, 16, 17, 19, 20
透明な、透明なもの（διαφανής） 18b4, 7, 10, 11, 12, 14, 16, 19, 28, 29, 30, 19a10, 11, 13, 24, 25, 33, 21b31, 25a1, 35b22

ナ 行

名、名称（ὄνομα） 5b26, 18a3, 19a4, 21b1, 29a3, 35a17
匂い（ὀσμή, ὀδμή） 14b11, 15a6, 19a25, 27, 32, 34, b1, 21a7, 8, 16, 18, 27, 28, 29, 30, 32, b7, 10, 21, 24, 22a6, 23a9, 24b4, 6, 8, 10, 14, 26b2, 29b2, 34b20, 35b9, 11
匂う（ὄζειν） 24b16
苦い（πικρός） 21a27, 22b8, 12, 25, 25b1, 26b2, 11, 27a1
肉（σάρξ） 8a15, 25, 9b32, 22b21, 23a1, 2, 14, 19, b17, 25, 26, 26b15, 29b12, 13, 16, 17, 31b15
熱 →熱い
能力 →可能態

ハ 行

媒体、中間の媒体（μεταξύ） 19a20, 27, 32, 21b9, 22a9, 13, 16, b22, 23a15, 27, b14, 15, 26, 24b29, 34b28, 35a16
場所（τόπος） 6a16, 21, 8a33, 9a24, 10b20, 11a29, b22, 13a24, 28, b3, 15, 22, 14a32, b17, 15a7, b22, 20b26, 27a5, 18, 29a28, 32a17, b8, 13, 33a13, 34b30, 35a2
場所移動、運行（φορά） 6a13, b1, 31, 7a2, 8b10, 10b23, 19b13, 34a15
はたらき →活動
反響（ἠχώ） 19b25, 28
反射、はねかえる（ἀνάκλασις, ἀνακλᾶσθαι） 19b16, 29, 31, 35a5, 6
判断（ὑπόληψις） 27b16, 17, 25, 28, 28b3, 34a17
—する、想定する（ὑπολαμβάνειν） 2a1, 3b31, 4a8, 22, 5a5, 20, 30, b7, 8a12, 11a2, 16, 14a19, 16a13, 27a27, 29a23
火（πῦρ） 4a1, 2, b14, 5a5, 13, b18, 6a28, 11a9, 10, 15, 16a2, 6, 15, 18, 27, 17a4, 9, 18b12, 14, 16, 19a23, 25a5, 31b5
光（φῶς） 18b2, 3, 9, 11, 14, 18, 20, 22, 31, 19a1, 2, 8, 9, 11, 22, 23, b29, 30, 33, 20a28, 24b10, 25b22, 29a3, 4, 30a15, 16
ヒッポン（Ἵππων） 5b2
否定主張（ἀπόφασις） 25a19, 32a11

—する（ἀποφάναι） 31a9, 16
瞳（κόρη） 13a3, 20a14, 25a4, 31a17
ピュタゴラス派（Πυθαγόρειοι, Πυθαγορικός） 4a17, 7b22
表象（φάντασμα） 28a1, 31a15, 17, b2, 4, 7, 32a8, 9, 13, 14, 34a10
—するはたらき、—機能（φαντασία） 2b23, 3a8, 9, 13b22, 14b16, 15a11, 20b32, 25b25, 27b14, 23, 28, 29, 28a1, 9, 10, 12, 18, 22, 24, 26, 29, b9, 11, 29a1, 8, 32a10, 16, 33a10, 11, 12, 20, 27, b29, 34a2, 4, 6
表面 →面
比例 →類比
ピリッポス（Φίλιππος） 6b17
物体 →身体
部分（μέρος） 2b22, 3a27, 8a10, 11, 21, 10a5, b25, 11a4, 12b1, 18, 22, 24, 13a4, 6, b21, 20a7, 32b25, 33b1; （μόριον） 2b9, 10, 12, 6a8, b3, 7a11, 12, 16, 18, 8a26, 27, 11a17, 19, 23, b3, 14, 16, 18, 21, 24, 25, 13b7, 14, 27, 14a7, 20b14, 23, 24, 28, 21a5, 23a6, 18, b31, 24a33, 29a10, 32a19, 21, 23, 28, b2, 18, 33a1, 35a25
プラトン（Πλάτων） 4b16
分割、分割法（διαίρεσις） 2a20, 30b3, 20
分割する、区分する（διαιρεῖν） 2a23, 25, 6b32, 7a1, 9a9, 30, 10a15, 11b19, 13b17, 27a4, 29b30, 30b11, 12, 33b1, 2
憤激 →気概
ヘクトル（Ἕκτωρ） 4a30
ヘラクレイトス（Ἡράκλειτος） 5a25
ホメロス（Ὅμηρος） 4a29, 27a25
本質、実体（οὐσία） 2a8, 13, 15, 24, b18, 24, 5b32, 6a17, b7, 14, 15, 7b1, 7, 8b19, 10a17, 20, 21, 12a6, 11, 15, 16, 19, 21, b10, 13, 19, 14a15, 15b11, 12, 13, 16b13, 14, 16, 18a25, 30a18

マ　行

混じりけのない（ἀμιγής） 5a17, 26b4, 29a18, 30a18
味覚（γεῦσις） 18a13, 19a30, 20b18, 19, 21a17, 19, 22a29, 31, 32, 33, 34, b3, 25, 23a20, b3, 24b23, 26a14, 18, 22, b1, 11, 34b18, 21, 35b22
水（ὕδωρ） 4b13, 5b2, 16a26, 27, 18b6, 7, 19a33, b18, 19, 31, 20a11, 21b9, 22a12, 23a12, 25, 26, 27, 28, 30, 31, b11, 18, 24b30, 25a1, 4, 8, 29b11, 35a4, b21
耳（οὖς） 20a9, 13, 16, 17
眼（ὄμμα, ὀφθαλμός） 8b21, 12b18, 19, 20, 21, 13a2, 19a5, 21b28, 22a1, 23b22, 25a11, 27b18
名称 →名
面、表面（ἐπίπεδον） 2a22, b19, 3b19, 4b23, 9a4, 20a2
目的（τέλος） 7a27, 15b17, 16b23, 24, 33a15, 34b1

ヤ　行

闇（σκότος） 18b11, 18, 31, 19a3, 23, b30, 22a21, 23, 24b10, 25b21
有節類（昆虫）（ἔντομος） 11b20, 13b20
善い、善（ἀγαθός） 2a2, 6b9, 7b4, 9, 10, 8b13, 10a12, 11a11, 13, 26b25, 28a30, 31a11, 15, b11, 33a28, 29, b9, 16, 34b5, 35a6
様態（感受状態）（πάθος） 2a9, 3a3, 16, 24, 25, b10, 12, 15, 17, 8a4, b26, 9b15, 19a33, 24b25, 25a12, 26a2, 27b18, 29a7, 32a6
欲望（ἐπιθυμία） 13b24, 14b2, 5, 12, 32b6, 33a3, 26, b6, 8, 34a2, 3
—する（ἐπιθυμεῖν） 3a7, 11a28, b6, 33a7, 35b23
欲求（ὄρεξις） 3a30, 11a28, 13b23, 14b2, 6, 15, 31a12, 32b7, 16, 33a6, 8, 9, 13, 15, 16, 18, 21, 22, 23, 25, 26, b1, 5, 18, 19, 34a12, 14
—する能力、—することのできる（もの）（ὀρεκτικόν） 8a13, 14a32, b1, 31a13, 32b3, 33b3, 11, 17, 28
—される（もの）、—対象（ὀρεκτός） 33a18, 20, 21, 27, 28, b11

ラ　行

離存する（χωριστός） 3a12, b10, 14, 11b26, 13a4, b14, 28, 29a11, b5, 16, 21,

30a17, b18, 26, 32a20
流出、流出物（ἀπορροή, ἀπόρροια）
18b15, 22a15
類（γένος）　*2a23, b3, 10a18, 12a6, 13b26, 17a27, b7, 21a16, 23, 24b32, 30a11, 31b11, 34b24*
類比、比例（ἀνάλογον）　*12a25, b3, 23, 20b1, 21a17, 28, 22b21, 23a15, 31a22*
冷　→冷たい
レウキッポス（Λεύκιππος）　*4a5*
論証（ἀπόδειξις）　*2a15, 19, b25, 7a26*

訳者略歴

中畑正志（なかはた　まさし）

京都大学大学院文学研究科教授

一九五七年　長野県生まれ

一九八六年　京都大学大学院文学研究科博士後期課程修了

二〇〇六年　九州大学助教授、京都大学助教授を経て現職

主な著訳書

『プラトン的探究』（共編著、九州大学出版会）

『イリソスのほとり　藤澤令夫先生献呈論文集』（共編著、世界思想社）

『講座哲学１　いま〈哲学すること〉へ』（共著、岩波書店）

『魂の変容　心的基礎概念の歴史的構成』（岩波書店）

魂《たましい》について　　西洋古典叢書　第Ⅱ期第11回配本

二〇〇一年六月十五日　初版第一刷発行

二〇一二年六月五日　初版第五刷発行

訳　者　中《なか》畑《はた》正《まさ》志《し》

発行者　檜山爲次郎

発行所　京都大学学術出版会

606-8315　京都市左京区吉田近衛町六九　京都大学吉田南構内

電　話　〇七五-七六一-六一八二

ＦＡＸ　〇七五-七六一-六一九〇

http://www.kyoto-up.or.jp/

印刷・土山印刷／製本・三省堂印刷

ISBN978-4-87698-127-4

定価はカバーに表示してあります